Kurze Vorbemerkung

An wen hat der Autor während des Schreibens gedacht? An all die großen Jungs, die mittlerweile selber Väter von Jungs geworden sind. Und die sich immer wieder fragen: Wie werde ich ihnen gerecht? Warum können sie keinen Moment ruhig sitzen? Gibt es zwischen Videospielen und Sackhüpfen ein Entweder-oder oder ein Sowohl-als-auch? Warum wollen die Jungs plötzlich angeln gehen? Warum hängen sie an ihrem Kuscheltier, um sich eine halbe Stunde später mit den Nachbarkindern zu prügeln? Und was zeichnet heutzutage überhaupt noch einen echten Jungen aus? Was einen Mann?

Und auf all diese Fragen gibt dieses Handbuch eine Antwort? Ja, und noch auf ein paar andere mehr. Dabei hat sich der Autor allerdings bemüht, die Väter nicht noch mehr unter Druck zu setzen, als sie ohnehin schon gesetzt werden: durch den Job, die Mütter der Jungs, die eigenen Ansprüche, die unzähligen Väter-und-Erziehungsratgeber.

Worum geht es stattdessen in dem Buch? Den Großen deutlich zu machen, dass sie nicht allein sind mit ihren Bedenken. Und dass es keinen Grund zur Aufregung gibt – vielmehr jede Menge Gründe, das Abenteuer „Jungs" mit einiger Gelassenheit in Angriff zu nehmen. Dafür finden sich in diesem Buch viele Empfehlungen und Hinweise; sie reichen von der Planung eines wilden Wochenendes bis zur Durchführung spektakulärer Experimente.

Wobei sollten die Väter gelassen bleiben? Bei der Frühförderung zum Beispiel. Derzeit herrscht ja unter Eltern die Panik, dass jeder Tag, den die Jungs spielend verbringen, verlorene Zeit ist: Mozarthören im Mutterleib, Englischlernen mit einem Jahr, Celloüben mit drei, Intensivmathekurse absolvieren mit fünf. Das ist leider ziemlicher Quark, denn das Wichtigste, was Jungs in ihrer Kindheit zu erledigen haben, ist: spielen! Die Großen müssen bloß darauf achten, es ihnen zu ermöglichen. Das reicht vollkommen, damit sich die Kleinen zu liebenswerten und klugen Menschen entwickeln. Allermeistens.

Zu welcher Gruppe gehört der Autor: zu den Theoretikern, die sich ihre Ratschläge zusammensuchen? Oder zu den Praktikern? Eher zu den Zweiteren – wobei er zweifellos auf viele Erkenntnisse, Studien und Erfahrungen der Theoretiker angewiesen ist und gerne darauf zurückgreift. Jedenfalls ist der Autor gemeinsam mit seinen beiden (kleineren) Brüdern und seiner (ganz kleinen) Schwester in Österreich auf dem Land aufgewachsen und lebt heute in Berlin – mit Frau, zwei Söhnen (der eine geht in die Grundschule, der andere in den Kindergarten) und vielen kleinen wie großen Freunden.

Und von Jungs dieses Alters handelt das Buch? Nicht nur, aber auch. Generell kann man sagen: Es behandelt Themen, die zwischen dem dritten und zwölften Lebensjahr wichtig sind. Obwohl das heute nicht mit letzter Sicherheit zu sagen ist, denn: Viele Jungsthemen sind für Kleine und Große gleichermaßen interessant. Beispiel: das Rutschauto „Bobby-Car". Während die Kleinen sich draufsetzen und durchs Wohnzimmer kurven, tunen es die Großen, um anschließend mit 60 km/h den Berg hinunterzurasen. Und solche Themen gibt es genug.

Sollen Mütter dieses Buch lesen? Gerne. Sie riskieren freilich, dass sie anschließend ein paar rätselhafte Verhaltensweisen der kleinen und großen Jungs zu verstehen beginnen – mit all den Folgen, die so etwas hat.

Gibt es auch eine Internetseite zum Buch? Ja. Adresse: www.wir-jungs.net
Dort finden die Leser viele Texte, die im Buch keinen Platz gefunden haben. Etwa den über europäische Vergnügungsparks oder eine kleine Meditation über die Dominanz der Frauen in den Kindergärten und Schulen. Außerdem haben die Leser dort Gelegenheit, mit anderen Lesern zu debattieren und Erfahrungen auszutauschen. Der Autor würde sich jedenfalls sehr darüber freuen. Genauso wie über Anregungen und Verbesserungsvorschläge via E-Mail: ankowitsch@wir-jungs.net

Christian Ankowitsch — Berlin, im Juli 2008

PS: An diesem Buch haben viele Menschen auf verschiedene Weise und in unterschiedlicher Intensität mitgewirkt. Besonderer Dank gebührt folgenden, in alphabetischer Reihenfolge angeführten Personen: Peter Ankowitsch (für hilfreiche Tipps), Heike Bräutigam (für ihr Lektorat und ihre Geduld), Oliver Domzalski (für die erste Anregung zu diesem Buch), Ingolf Gillmann (für die Hilfe bei der Titelsuche), Elisabeth Gronau (für die geduldige Recherche unzähliger Details, das ebenso geduldige Zuhören in krisenhaften Momenten und die Verfertigung vieler Graphiken), Gordian Grüntuch (für die Überlassung eines prima Witzes), Jörg Meyerhoff (für einige Tipps), Oliver Schmitt (für viele wunderbare Graphiken), Bettina Schneuer (für hilfreiche Tipps sowie die Geduld und Loyalität während des langwierigen Schreibens an diesem Buch), Erik Turek und dem Wiener buero8 (für den großen Schritt vom bloßen Manuskript zu einem gestalteten Buch) und meinen beiden Söhnen (für sehr, sehr vieles).

Flagge zeigen

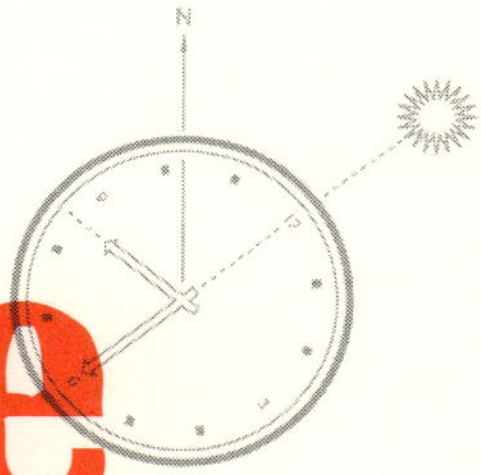

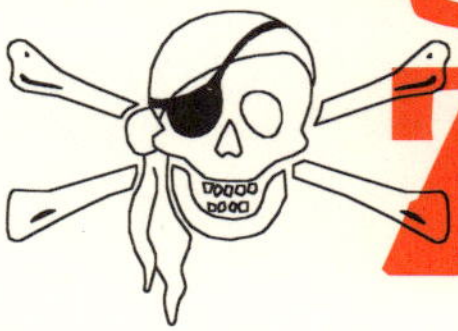

Über jene wichtigen Momente im Leben eines Jungen, in denen es gilt, seine **Meinung** zu sagen, sich die passenden **Vorbilder** zu suchen, den **eigenen Weg** zu finden, eine Piratenflagge zu hissen, im Stehen zu pinkeln – und klein beizugeben, wenn es sich denn gar nicht verhindern lässt.

Das bin ich!

Wenn Papis wissen wollen, wer die kleinen Jungs sind, mit denen sie da täglich zu tun haben, sollten sie deren Vorlieben und Abneigungen ebenso kennen wie ihre Kleidergröße, ihr Kuscheltier, ihren Klassenlehrer und den Typ ihres Handys. Hier eine hilfreiche Liste für alle Väter; am besten gleich kopieren und ausfüllen, um sie stets bei sich zu tragen. Und um gegebenenfalls unauffällig nachsehen zu können.

Familienname ______________________________

Vorname(n) ______________________________

Spitzname ______________________________

Eltern (Namen) ______________________________

Telefon ______________________________

Großeltern (Namen) ______________________________

Telefon ______________________________

(Tauf-)Paten (Namen) ______________________________

____

Geburtsdatum __________ **Geburtsort** __________ **Geburtszeit** __________

Sonstige Daten (Taufe, Jahrestage, Namenstag) ______________________________

____

____

Blutgruppe __________ **Augenfarbe** __________ **Haarfarbe** __________

Besondere Kennzeichen ______________________________

____

Allergien ______________________________

Kinderarzt/-ärztin ______________________________

Telefon ______________________________

____

Zahnarzt/-ärztin ______________________________

Telefon ______________________________

Größen/Gewicht (Jahr)	20..	20..	20..	20..	20..
Körper					
Schuh					
Kleider					
Gewicht					

Krankenversicherung Nummer Elternteil

Pass (Nummer) Ausstellungsort Ausstellungsdatum

Ausweise (Schwimmen) Fahrrad Diverse

Konto (Bank) Nummer BLZ

Kindergarten (Name) Adresse

ErzieherIn/Telefon

Grundschule (Name) Adresse

KlassenlehrerIn/Telefon

Gymnasium (Name) Adresse

KlassenlehrerIn/Telefon

Sportvereine (Name) Adresse

TrainerIn/Telefon

Musikinstrument LehrerIn/Telefon

Kuscheltiere (Name) Gattung Aussehen

Bester Freund (Name) Geburtstag E-Mail

Bester Freund (Eltern)

Handynummer Adresse

Haustier (Name) Rasse Alter

Sammlungen (Pokémon etc.)

Schlafgewohnheiten Lieblingsdecke Haltung

Computer (Typ) Betriebssystem

Handy (Typ) Rufnummer

E-Mail-Adresse Homepage

Videokonsole (System) Spiele, vorhandene

Videokonsole (tragbare) Spiele, vorhandene

Accounts (MySpace etc.)

Eine Piratenflagge basteln

Die klassische Piratenflagge kennt jeder. Sie zeigt einen Totenkopf, darunter zwei gekreuzte Knochen. Fertig ist der „Jolly Roger“, wie die schwarze Fahne auch genannt wird.

Doch wer sich ein flatterndes Zeichen für sein Floß oder sein Baumhaus basteln will, das individueller gestaltet ist, sollte sich ansehen, welche anderen Symbole bekannte Seeräuber verwendet haben – um sie dann nach eigenen Wünschen zu kombinieren.

Wer eine Piratenflagge basteln will, braucht dazu:

- ein starkes schwarzes Leinentuch *(ca. 30 × 50 cm)*
- einen starken Karton
- ein scharfes Messer
- weiße Stoffmalfarbe
- einen dünnen Pinsel

Anschließend eines oder mehrere der hier gezeigten Symbole auswählen und per Bleistift auf den Karton übertragen. Mit Hilfe des scharfen Messers eine Schablone anfertigen und das Motiv auf das schwarze Leinentuch übertragen. Flagge hissen.

Totenkopf, Knochen, Kopftuch, Augenklappe

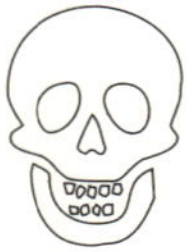

Totenkopf

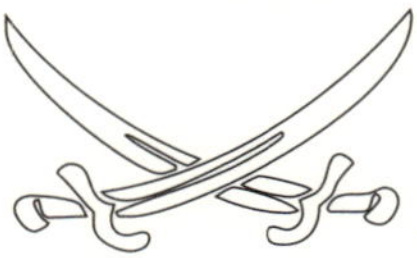

Schwerter

Totenkopf, Knochen

Arm mit Schwert

Herz und Stundenglas

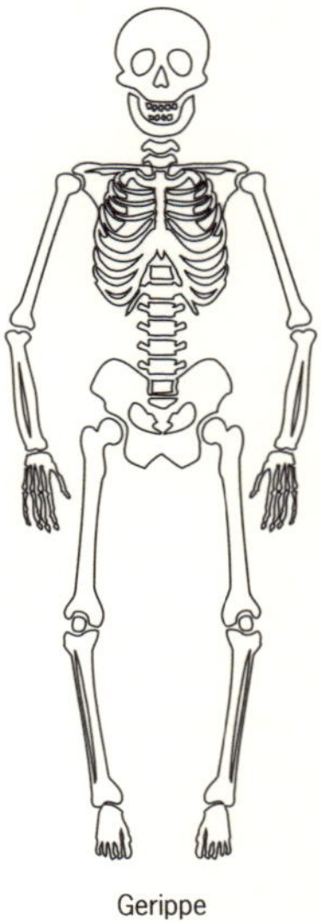

Gerippe

Wo ist Papa?

Tja, wahrscheinlich ist Papa nicht da. Musste irgendwo hinreisen. Etwas Wichtiges erledigen. Überstunden im Büro oder in der eigenen Firma machen. Auch mal seine Freunde treffen. Einfach mal Zeitung lesen. Wenn man den Experten glaubt (und das tun wir in diesem Fall), dann antworten die meisten Jungs auf die Frage, ob denn Papa mehr zu Hause sein sollte, mit einem lauten JA! Also: Heimkommen, Papis! Hier wartet jemand auf euch.

Wir Väter sind für die Entwicklung unserer Söhne und Töchter von existenzieller Bedeutung. Das hat man lange nicht so gesehen, aber mittlerweile kann diese Frage als beantwortet gelten. Fragen Sie den nächstbesten Familientherapeuten oder Psychologen.

Wieso wir Papas so wichtig sind? Nun, weil – von der in modernen Beziehungen einigermaßen selbstverständlichen Aufgabenteilung abgesehen – die Väter die Sache mit der Erziehung ganz anders angehen als Frauen. Die Betonung liegt auf *„anders"* (nicht besser)! Wo Mütter mehr dies machen, machen Väter mehr das, und miteinander ergeben die Eltern nochmals ein höchst interessantes Studienobjekt für die sie ganz genau beobachtenden Kinder ab. Etwas pädagogischer formuliert: Mütter und Väter leben ihren Kindern verschiedene Rollen vor und zeigen ihnen, dass es unterschiedliche Arten gibt, das Leben hinzubekommen.

Nur leider haben das noch nicht alle Väter verstanden. Trotz des ganzen Geraunes vom *„neuen Mann"* und vom *„neuen Vater"* sind viele im alltäglichen Leben ihrer Kinder nicht präsent. Das müssen die Papas ändern, denn die innere Verunsicherung der Männer *(„Wer bin ich?" – „Was ist ein Mann?")* wirkt sich zwar auch auf deren Söhne aus, vielmehr jedoch ein simpler Umstand: deren häufige Abwesenheit. Die führt dazu, dass sich die Jungs von ihren Vätern weniger unterstützt fühlen als von ihren Müttern. Noch Fragen? Ja, die eine noch: Was tun?

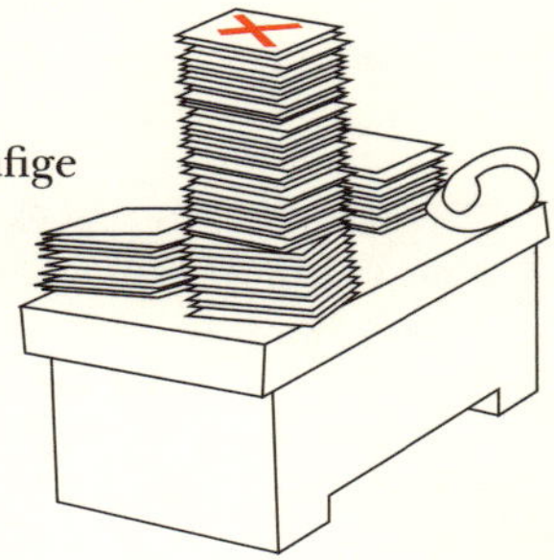

Nun, das lässt sich recht leicht beantworten. Und zwar so:

♥ **Erst mal ein wenig an den eigenen Vater denken:** Daran, warum er ein richtig guter Vater war bzw. ist. Und daran, was an ihm nicht ganz so gelungen ist. Dieses Nachdenken ist deshalb wichtig, weil die Beziehung zum Vater die Beziehung zum Sohn mitprägt. Anschließend ist jeder einigermaßen sensible Mann in der Lage, diverse Lehren daraus abzuleiten. Unter anderem die, häufiger zu Hause bei den Jungs zu sein.

♥ **Ausreden gelten nicht! Keine!** Vor allem die nicht, dass die Beziehung zur Mutter der Jungs kaputtgegangen ist und die Jungs jetzt bei der Mutter leben. Man wolle da nicht stören, sagen manche Papas. Oder auch: Ich mische mich dann später wieder ein. Alles großer Unfug. Die Jungs haben schon genug damit zu tun, dass ihre Eltern nicht mehr zusammen sind. Das heißt: Reißen Sie sich zusammen. Suchen Sie das bestmögliche Verhältnis zur Mutter Ihrer Jungs. *(Denken Sie daran: Sie haben sie mal sehr geliebt!)* Nachtragend sein gilt nicht. Sehen Sie zu, dass Sie nicht aus dem Leben des Teuersten gedrängt werden, was Sie haben: Ihrer Jungs.

♥ Nur so als Orientierung, wie Sie als Vater idealerweise sein sollten: **stark, verlässlich, aktiv, großzügig, zärtlich, verständnisvoll, kooperativ, tolerant, klar, streng und nachsichtig im richtigen Moment.** Das sind Absichtserklärungen, wir wissen es. Gleichwohl muss man sie irgendwann einmal abgeben, auch wenn sie nicht gleich Realität werden mögen.

♥ Jetzt wird es praktisch. Um sich in das Leben Ihrer Jungs nachhaltig einzuklinken, **planen Sie erst mal kleine, realisierbare Dinge.** Eine halbe Stunde früher nach Hause kommen. Zweimal die Woche. Und einmal vielleicht sogar 45 Minuten?

♥ Sollten Sie ein vielbeschäftigter Mann sein, **tragen Sie ab sofort alle Termine mit Ihrer Frau und Ihren Jungs in Ihren Geschäftskalender ein.** Wenn es sein muss, in einer anderen Farbe, aber sie gehören gleich neben das Meeting mit dem Großkunden, der *„Glotzkowski AG"*. Wenn der Jungstermin kommt, halten Sie ihn ein, als hinge der Umsatz des ganzen Jahres davon ab.

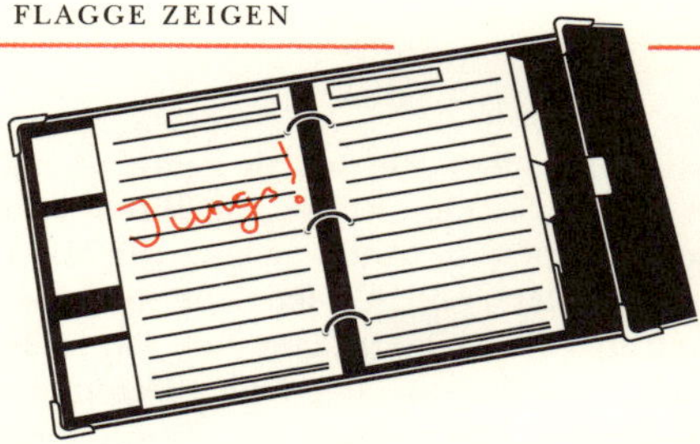

♥ **Nehmen Sie am Alltag Ihrer Jungs teil** – und gehen Sie zum nächsten Elternsprechtag, zum nächsten Elternstammtisch. Sollten Sie sich davor fürchten, weil Sie niemanden kennen bzw. nicht wissen, wohin Sie gehen sollen – fragen Sie die Mutter der Jungs. Sie wird Ihnen gerne weiterhelfen.

♥ Kommen Sie nicht, wie Sie sind *(nämlich abgekämpft und gestresst)*, sondern **möglichst entspannt** zu Ihren Jungs. Sonst brauchen Sie den größten Teil der gemeinsamen Zeit erst mal für das Chillout. Drehen Sie nötigenfalls eine Runde ums Haus, um sich zu beruhigen. Denn: besser fünfzehn Minuten kürzer und entspannt mit den Jungs spielen als länger und genervt.

♥ **Entwickeln Sie kleine Rituale mit den Jungs,** für die nur Sie zuständig sind. Zwanzig Minuten vorlesen vor dem Schlafengehen. Einmal die Woche gemeinsam etwas unternehmen. Sie einmal die Woche von der Schule abholen und mit der U-Bahn nach Hause fahren, ein Brötchen kaufen, über Gott und den Tag reden.

♥ Jetzt wird es noch praktischer. Wenn Vater und Sohn in Kontakt treten, dann tun sie das klassischerweise, **indem die beiden etwas gemeinsam unternehmen** *(siehe Kasten nächste Seite)*: das Auto in die Werkstatt bringen und anschließend waschen lassen; die Zutaten für das Abendessen einkaufen und dafür einen Ausflug in die Fischhalle unternehmen; den Hammer schwingen und etwas basteln, was Ihnen zudem die Möglichkeit bietet, Ihren Jungs ein paar handwerkliche Fähigkeiten beizubringen und sich als ratgebender Fachmann zu zeigen. Ein weiterer angenehmer und erwünschter Nebeneffekt all dieser Unternehmungen: Es ergeben sich viele Gelegenheiten für Fachgespräche über Fische ebenso wie über die ungerechten Zensuren bei der letzten Mathearbeit und die Enttäuschung, vom besten Freund schlecht behandelt zu werden.

♥ Zweiter Klassiker: **Werden Sie gemeinsam körperlich aktiv.** Entweder raufen Sie eine Runde mit Ihrem Sohn (was Sie übrigens jeden Tag fünfzehn Minuten lang tun sollten) oder Sie spielen miteinander Fußball (vielleicht sogar bei einem Vater-Sohn-Fußballcamp) oder Sie tragen eine Partie Tennis aus oder Sie angeln einen Nachmittag lang oder Sie rennen nebeneinander einen Berg rauf und wieder runter oder Sie graben den Garten um auf der Suche nach einem Schatz.

♥ Dritter Klassiker: **Sie machen sich mit Ihren Jungs auf, um ein Abenteuer zu erleben** – ob nun im Rahmen eines *„wilden Wochenendes“* *(siehe Seite 164ff.)*, einer Fahrradfahrt durch den dunklen Wald, des Besuchs eines überfüllten Indoorspielplatzes oder einer aufregenden Oldtimerrallye. Nebeneffekt: Sie können zeigen, dass Sie in schwierigen Lagen kompetent sind und wissen, wie man Ihren Jungs das Gefühl gibt, beschützt zu sein.

Sollten Sie das Passende noch nicht gefunden haben – machen Sie sich auf die Suche danach. Sie sind doch in Ihrem Beruf so stolz darauf, dass Sie auch die schwierigsten Kunden zufriedenstellen. Stimmt's?

☛ **Apropos: Etwas gemeinsam machen**

Eine weit verbreitete Ansicht lautet, dass wir erst motiviert sein müssen, um eine Aufgabe gerne in Angriff nehmen zu können. Daher warten viele darauf, dass sie Lust bekommen, etwas zu erledigen – und warten und warten, aber nichts geschieht. Die Sache klappt nämlich genau anders herum: Meistens beginnen wir mit einer Sache und haben keine wirkliche Lust dazu. Je länger wir aber dranbleiben, umso stärker motivieren wir uns, sie zu erledigen. Das bedeutet: **erst mal anfangen!** Auch gegen einen gewissen Widerstand. Die Lust am Tun kommt mit der Zeit von alleine *(außer es ist eine wirklich ungeliebte Tätigkeit, der wir da nachgehen müssen).*

Gepinkelt wird im Stehen!

Die Frage, ob kleine und große Jungs im Stehen oder im Sitzen pinkeln sollen, ist nur scheinbar harmlos. In Wirklichkeit verbirgt sich dahinter – so muss man aus den unzähligen Debatten, Witzen, Grundsatzerklärungen und Analysen schließen – ein klassisches Jungsdilemma: Sollen sie tun, was Jungs eben tun müssen? Oder sich an Regeln halten, die andere für sie gemacht haben und die ihrer Natur widersprechen? Ein Handbuch, das den Jungs den Rücken stärken will, kann gar nicht anders, als einfach festzustellen:

Gepinkelt wird im Stehen! Und zwar grundsätzlich!

Dafür gibt es auch einige sehr gute Gründe. *(Der erste ist medizinischer Natur.)*

1. Nach eingehender Forschung haben Urologen festgestellt, dass das Pinkeln im Stehen vollkommen unbedenklich ist. Und zwar ohne die geringste Einschränkung.

2. Die klassischen WCs sind mehr auf die Bedürfnisse von Frauen abgestimmt als auf jene von Jungs. Denn während es kleinen Jungs im Sitzen immer wieder gelingt, zwischen dem Beckenrand und der WC-Brille hindurch zu treffen, beklagen sich große Jungs darüber, dass sie mit ihrem besten Stück irgendwo dagegenstoßen. Zu wenig Platz.

3. Im Sitzen zu pinkeln ist in der Regel deutlich unhygienischer, als es im Stehen zu tun. Vor allem auf fremden Toiletten lauern Bakterien. Wenn schon die Frauen leiden müssen, warum sollten das die Männer auch?

4. Jungs sind von Natur aus daran gewöhnt, an beinahe allen Orten zu pinkeln, und zwar ausschließlich im Stehen. Wer offenen Auges durch die Welt geht, wird das bestätigen. Das beweist, dass es der Natur und der Kultur des Mannes widerspricht, sich beim Pinkeln hinzusetzen. Kein

Wunder, dass es die meisten Männer als Eingriff in ihre Männlichkeit verstehen, wenn man sie zwingen will, auf dieses archaische männliche Privileg zu verzichten. Und erst recht müssen daher kleine Jungs im Stehen pinkeln, weil sie damit sich selbst und den anderen beweisen: Ich bin ein Junge! Womit diese Frage ein für allemal geklärt wäre.

Na gut, eine kurze Nachbemerkung vielleicht noch.

Wenn man ganz fair ist, dann haben die Untersuchungen der Urologen ergeben, dass es medizinisch keinen Unterschied macht, ob Jungs im Stehen oder im Sitzen pinkeln. So gesehen könnten sie es also auch im Sitzen tun.

Und noch etwas. Die in Europa verbreiteten WCs sind für das Stehendpinkeln vollkommen ungeeignet. Wie immer wir Jungs es auch anstellen mögen, es wird uns nicht gelingen, die unliebsamen Spuren auf dem Beckenrand zu vermeiden. Etwas geht immer daneben. Das heißt: Irgendwer muss nachher die Sauerei wegmachen. Und das könnten doch auch die Verursacher selbst sein, keine Frage.

Und noch etwas: Kann es sein, dass eine so nebensächliche Frage wie die, ob man dabei sitzt oder steht, vernünftige Jungs länger als eine Minute beschäftigt? Und kann es sein, dass man nicht kurz darüber nachdenkt und zu dem Schluss kommt: Wo es ein Urinal gibt, wird das benutzt. Und wo nicht, setzen sich coole Jungs hin?

Hmm. Klingt nicht ganz unlogisch.

Weil wir gerade dabei sind: Was dringend geändert gehört: Den öffentlichen Toiletten fehlt es an Urinalen, die für kleine Jungs geeignet sind. So stehen sie meist ratlos herum und wissen nicht, was tun: gen Himmel pinkeln in die zu hoch hängenden Dinger oder doch im Stehen ins Becken oder doch im Sitzen. Kein Wunder also, dass Jungs manchmal nicht wissen, wohin mit sich und der Welt.

Helden

1. Einige bewundernswerte Anarchisten, Abenteurer, Menschenfreunde und Stoiker

Jungs brauchen Helden. Dienen ihnen jene doch als Leuchtfeuer, als Rolemodel in unsicheren Zeiten und als Referenzsystem eigener Lebensentwürfe.

Hier eine kleine, garantiert unvollständige Galerie.

= Buch

= Film

Der kleine Nick. Liebenswerter kleiner Junge, der vor allem durch die ausgeruht-lapidare Art überzeugt, mit der er aus seinem Leben mit Eltern, Freunden und Lehrern erzählt. Wie nervenaufreibend seine Abenteuer auch sein mögen – nie wird man bei ihm einen falschen Ton hören. Er bleibt stets bei sich. Ist weder einer Schlägerei noch einer Debatte mit seinem Vater abgeneigt.

René Goscinny, Jean-Jacques Sempé: „Der kleine Nick“, Diogenes

Die (namenlose) Maus aus dem „Grüffelo“. Der Idealtypus des körperlich unter-, aber rhetorisch überlegenen Helden, der mit nichts als ein wenig Reden sämtliche Tiere davon abbringt, ihn zu fressen. Und selbst als der bloß zur Abschreckung erfundene „Grüffelo“ tatsächlich auftaucht, gelingt es der Maus, ihn in die Flucht zu schlagen.

Axel Scheffler, Julia Donaldson: „Der Grüffelo“, Beltz

Der kleine Nick

Findus. Freche, selbstbewusste, zum Übermut neigende Katze, die Angeln, Pfannkuchentorten und Spiele mit den doofen Hühnern liebt. Ihr gelingt es, den depressiven alten Pettersson ins Leben zurückzuholen und ihm jene Leichtigkeit beizubringen, die man für eine fröhliche Existenz braucht. Davon kann man sich einiges abschauen.

Sven Nordqvist: „Wie Findus zu Pettersson kam“, Oetinger

Justus, Peter und Bob. Eigentlich kaum zu unterscheidende Jungs, die in Rocky Beach unweit von Los Angeles am Meer leben und die als „Die drei ???“ ständig Kriminalfälle lösen. Nur bedingt als Helden geeignet, weil sie ständig Ferien und keinen Alltag zu bewältigen haben. Größtes Plus: Besitzen ein astreines Hauptquartier, „*Kaffeekanne*“ genannt, wo alles zu finden ist, was Detektive brauchen.

Ulf Blanck, Stefanie Wegner: „Die drei ??? Kids“ – viele Bände, Franckh-Kosmos
Verschiedene Autoren: „Die drei ???“ – viele Bände, Kosmos

Karlsson. Überaus selbstbewusster und zur Gefräßigkeit neigender Junge unbestimmten Alters, der auf einem Hausdach lebt und sich mittels eines Propellers auf seinem Rücken fortbewegt. Nur bedingt zum Helden geeignet, da er einen hemmungslosen Egozentrismus vorlebt, der freilich schüchternen Jungs durchaus helfen kann.

Astrid Lindgren: „Karlsson vom Dach“ – Gesamtausgabe, Oetinger

Michel. Klassischer Anarchist, der sich keiner Autorität beugt und Strafen gleichmütig in Kauf nimmt (er wird regelmäßig in den Holzschuppen gesperrt und schnitzt dort zum Zeitvertreib Holzmännchen). Was ihn zudem auszeichnet: mutig sowie entschlossen im rechten Augenblick und voller Lebensfreude.

Astrid Lindgren: „Michel aus Lönneberga“, Oetinger

Pu der Bär

Pu der Bär. Nicht ohne Grund ein Klassiker. Ein Bär, der von sich behauptet, von geringem Verstand zu sein. Das stimmt aber nicht. Vielmehr ruht er vollkommen in sich, ist rundum menschenfreundlich und folgt ausschließlich seiner Berufung. Ein Zen-Meister.

Alan A. Milne, E. H. Shepard: „Pu der Bär“ – Gesamtausgabe, Dressler

Sams, das. Klein, rothaarig, anarchistisch. Macht, was es will, und fühlt sich bestens dabei. Schafft es, aus dem kleinbürgerlichen Herrn Taschenbier einen liebenswerten Vater zu machen. Hat außerdem jede Menge Wunschpunkte im Gesicht, durch die man seine heimlichen Sehnsüchte erfüllen kann. Pädagogisch besonders wertvoll, weil Herr Taschenbier (und der Leser) lernt, dass man beim Wünschen ganz genau sagen muss, was man will, weil sich sonst die Wünsche gegen einen wenden.

Paul Maar: „Eine Woche voller Samstage“, Oetinger

Sparrow, Jack. Eigenartig flirrender Held der „Fluch der Karibik"-Filme. Man weiß nicht so recht, was man von ihm halten soll – allein dieser wenig heroische Name! Einerseits ein klassischer Pirat mit allen entsprechenden Accessoires und einem wirklich coolen Schiff. Andererseits metrosexuell, an Frauen mäßig interessiert, dann wieder verwegen, furchtlos, fatalistisch, selbst im Jenseits ungerührt. Die Begeisterung der Jungs für ihn lässt ihn als beispielhaft-zeitgenössischen Helden erscheinen.

„Fluch der Karibik" – Teil 1–3: Mit Johnny Depp, Geoffrey Rush, Orlando Bloom, Keira Knightley, Walt Disney (freigegeben ab 12 Jahren)

SpongeBob

SpongeBob Schwammkopf. Stets an das Gute im Menschen glaubender gelber Schwamm, der im Meer lebt. Es ist vor allem sein ungebrochener Optimismus, der ihn bewundernswert macht. Weniger seine Naivität, die ihn völlig übersehen lässt, wenn ihn jemand ausnützt oder beschummelt.

„SpongeBob Schwammkopf" – viele Folgen auf DVD und „Der SpongeBob Schwammkopf Film", Paramount (freigegeben ab 6 Jahren)

Totoro. Ein riesengroßer Waldgeist, den nur Kinder sehen können und der ihnen wohlgesinnt ist. Als einmal das kleine Mädchen Mei verlorengeht, ruft Totoro eine Katze, die es wohlbehalten wiederbringt. Der Idealtypus des behütenden Wesens, das jedes Kind umfängt und aus jeder misslichen Lage befreit.

Hayao Miyazaki: „Mein Nachbar Totoro", Studio Ghibli/Ufa (ohne Altersbeschränkung)

Weitere Helden

Im Heldenkosmos von Jungs gibt es natürlich jede Menge weiterer Bewohner, die hier nur kursorisch erwähnt seien – zum Teil deshalb, weil sie einfache Jungsklischees bedienen. Als da wären: Piraten (alle), Spider-Man, Superman, Bionicle (Lego-Techno-Monster), Luke Skywalker, Tom Sawyer und Huckleberry Finn, Kalle Blomquist, Mr. Incredible, Winnetou und Old Shatterhand, Gromit, Shaun das Schaf, Mike Glotzkowski, der große Nachbarsjunge.

2. Und zwei Mädchen, die locker mit den Jungs mithalten können

Die rote Zora. Eine der wenige Mädchenhelden in der Jungswelt. Sie lebt im kroatischen Dalmatien und führt eine Bande von Jungs, die um ihre Existenz kämpfen. Zeigt, wozu Mädchen und Jungs in schwierigen Zeiten in der Lage sind.

Kurt Held, Kurt Kläber: „Die rote Zora und ihre Bande", Sauerländer

Pippi Langstrumpf. Die zweite Mädchenheldin in der Jungswelt. Freilich deutlich kindlicher als Zora. Sie muss sich nichts erkämpfen, weil sie einfach superstark ist und viele Goldstücke besitzt. Taugt sehr gut als Vorbild, das zeigt, wie selbstbewusst, autonom und lebensfroh eine gediegene Lebensgrundlage macht und dass man den Tod der Mutter und die Abwesenheit des Piratenvaters durchaus kompensieren kann.

Astrid Lindgren: „Pippi Langstrumpf" – Gesamtausgabe in einem Band, Oetinger

3. Sowie ein paar weniger geeignete Jungs

Ritter Rost

Ritter Rost. Als klassisches Vorbild im Grunde ungeeignet. Dieser aus Blech zusammengeschraubte Ritter ist nämlich ein wehleidiges Weichei, das vor dem Drachen flüchtet und es seinem starken Burgfräulein Bö überlässt, mutig zu sein. Ritter Rost ist die beispielhafte Verkörperung des in seinem Selbstbild zutiefst erschütterten Mannes, der daher allen zur Last fällt. Selbst das Gespenst ist cooler.

Jörg Hilbert, Felix Janosa: „Ritter Rost", terzio

Cowboys und Indianer. Im Gegensatz zu den sechziger Jahren sind vor allem Cowboys vollkommen aus der Mode gekommen, und auch am Indianer nagt eine gewisse Antiquiertheit. Interessant sind Cowboys allein deshalb, weil sie Waffen besitzen. Die Fantasie beflügeln sie freilich nicht mehr.

Gute Gründe für gutes Benehmen

Das sollten Jungs auf jeden Fall können: sich gut benehmen. Denn entgegen einem alten Irrtum, dass zivilisierte Umgangsformen Ausdruck einer spießigen Gesinnung sind, gehören sie in Wahrheit zu jenen Fähigkeiten, die man beherrschen sollte wie Zähneputzen. Was freilich nicht bedeutet, dass man richtigen Jungs nicht verraten sollte, wann sie sich über die Etikette hinwegsetzen können. Alles eine Frage der Souveränität.

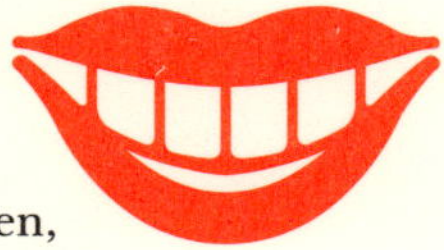

Vielen gelten höfliche Jungs, die „danke" sagen, beim Abräumen des Geschirrs helfen und die Großen grüßen, als verweichlichte Schoßhündchen, die es nur darauf abgesehen haben, ihre Großmütter zu beeindrucken *(Stichwort: finanzielle Zuwendungen).*

Nun, von dieser Vorstellung sollten wir uns schnell verabschieden, die großen wie die kleinen Jungs. Denn über ein paar Grundregeln Bescheid zu wissen nützt den Jungs auf vielfache Weise. Und es gehört zum Grundstock sinnvoller menschlicher Fähigkeiten wie das Bedienen eines Fahrkartenautomaten oder das Steuern eines Autos.

Dass wir uns recht verstehen: Natürlich zeigt sich in höflichen Umgangsformen auch der Respekt eines Menschen den anderen gegenüber, vor allem, wenn er keine Unterschiede macht, wem er höflich begegnet. Und natürlich ist eine formvollendete Begrüßung auch ein Ausdruck unserer Kultur. Aber mit der Herzensbildung der Jungs hat gutes Benehmen nicht viel zu tun – die findet ganz woanders statt.

Gutes Benehmen hingegen gehört zu den sozialen Techniken, deren wir uns bedienen sollten, um das tägliche Leben angenehmer und effizienter zu gestalten; Reibereien und Schwierigkeiten

lauern an anderen Orten mehr als genug, da sollten wir zusehen, sie zu vermeiden, wo es geht. Zudem ist gutes Benehmen eine Investition in die Zukunft Ihrer Jungs, da es ihnen erleichtert, sich in einer komplexen Welt erfolgreicher zu bewegen und zu behaupten *(zumindest behindert sie es nicht dabei).*

☛ **Ein paar Beispiele …**

… dafür, wovon die Rede ist – ohne damit behaupten zu wollen, die kleine Liste könnte auch nur im Ansatz eine jahrelange Erziehung ersetzen. Sie dient bloß als kleine Skizze.

★**Höflich sein** („danke" sagen und „bitte" – beständig, zu allen; grüßen und sich verabschieden – in angemessener Form, mit freundlicher Miene und festem Händedruck, die Linke aus der Hosen-tasche; aufstehen, wenn man jemanden begrüßt; anklopfen, wenn man einen Raum betritt; das Handy ausschalten, wenn man mit der Familie beim Essen sitzt).

★**Hilfsbereit sein** (kleineren Kindern helfen, ihre Schuhe zuzumachen, oder ihnen die schwere Schultasche abnehmen; sonntags die Brötchen ums Eck holen; beim Abräumen des Abendbrottisches helfen; ab und zu fragen, ob man was tun kann für die Familie oder den besten Freund).

★**Andere respektieren** (nicht als Erster durch die Tür drängen, sondern anderen den Vortritt lassen; die Großen grüßen; wenn die Geschwister mal ihre Ruhe haben wollen, diesen Wunsch auch erfüllen; unbekannte Menschen siezen; beim Gähnen die Hand vor den Mund halten; sich entschuldigen, wenn man jemanden angerempelt oder durch irgendeinen Satz beleidigt hat).

Kurzer Nachsatz: Es gibt wohl wenig andere Regeln, bei denen die Jungs tagtäglich überprüfen, ob Sie sie kennen und ob Sie sich selber dran halten. Wer also glaubt, mit ein bisschen Theorie und ein paar Anweisungen sei dieses Kapitel abzuhaken, der irrt. Um den Satz *„Benimm dich!"* zu beglaubigen, müssen Sie selber ran. Vielen Dank!

Wissen, wo es langgeht

Wer seinen Weg finden und auch gehen will, der muss ein paar grundsätzliche Dinge wissen: wo Süden bzw. Norden ist, was es mit den Spuren vor ihm auf sich hat und wie weit es noch ist (ungefähr zumindest).

Hier ein paar hilfreiche Handreichungen fürs offene Gelände.

Entfernung zu einem Ziel grob schätzen

Wer wissen will, wie weit er es noch zu seinem Ziel hat, kann das mittels des *„Daumensprungs“* herausfinden, ungefähr zumindest. Dazu streckt man den Arm aus und den Daumen in die Höhe. Nun ein Auge schließen und das Ziel anvisieren – und zwar über die Daumenspitze. Anschließend (ohne den Arm und den Daumen zu bewegen) gleichzeitig das offene Auge schließen und das geschlossene öffnen. Das Resultat: Das anvisierte Ziel springt scheinbar zur Seite.

Jetzt geht es darum abzuschätzen, um wie viele Meter das Ziel zur Seite *„gesprungen“* ist. Wenn die Entscheidung getroffen ist, die Entfernung mit zehn multiplizieren – und schon haben wir die Strecke grob geschätzt, die zwischen uns und unserem Ziel liegt. Wenn man also annimmt, dass sich der angepeilte Berg rund 300 Meter zur Seite bewegt hat, haben wir noch ungefähr 300 × 10 = 3.000 Meter vor uns. Macht ca. 45 Minuten Fußweg (bei ebenem Gelände).

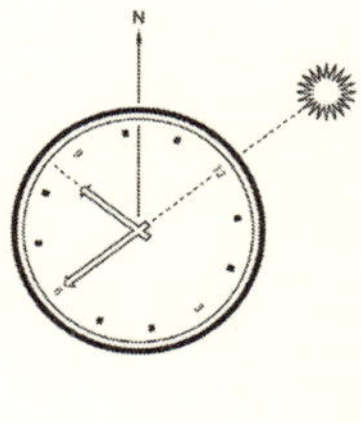

Die Himmelsrichtungen bestimmen – auf dreifache Weise

Mit Hilfe einer analogen Armbanduhr: Wenn Sie auf der nördlichen Welthalbkugel unterwegs sind, halten Sie Ihre Armbanduhr (die die exakte Zeit zeigen muss!) waagerecht und richten Sie die 12 auf die Sonne aus. Suchen Sie nun den Stundenzeiger. Süden liegt genau in der Mitte des Winkels zwischen den beiden Punkten. Obacht! Wenn Ihre Uhr die Sommerzeit zeigt, müssen Sie die vorhergehende Berechnung mittels der 1 anstellen. Wenn Sie sich auf der südlichen Welthalbkugel befinden, richten Sie die 12 auf die Sonne aus und teilen den Winkel, der sich zwischen dem Stundenzeiger und der 12 bildet – dort befindet sich Norden (ja, Norden!).

Mit Hilfe von Gebäuden und Satellitenschüsseln: Am einfachsten ist es, die Himmelsrichtungen mit Hilfe einer christlichen Kirche zu bestimmen: Deren Altar befindet sich in der Regel im Osten, der Eingang im Westen – über ihm erhebt sich oft auch der Kirch-

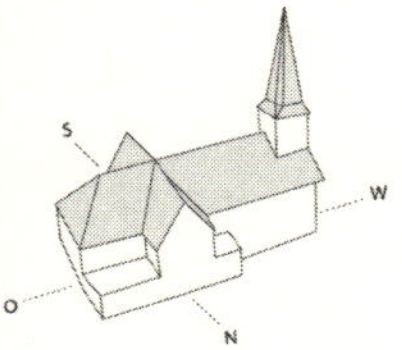

turm. Die starke Ostorientierung unserer Breiten zeigt sich auch in dem Umstand, dass der Begriff *„Orientierung“* (also das *„Zurechtfinden“*) im wörtlichen Sinne *„Ostung“* bedeutet. Und noch eine einfache Orientierungshilfe: Die hässlichen Satellitenschüsseln sind stets nach Süden ausgerichtet.

Mit Hilfe von Bäumen: Bäume, die im freien Gelände stehen, sind meist dem Wind ausgesetzt. Weil der Wind in unseren mitteleuropäischen Breiten meist aus dem Nordwesten kommt, neigen sich die Bäume oft gen Südosten und besitzen an ihren nordwestlichen Seiten meist weniger oder gar keine Äste. An dieser Seite bleibt auch Schnee am längsten auf den Bäumen liegen und bildet sich Moos. Aber Obacht: Diese Methode dient nur der groben Orientierung, weil das Moos auch aus anderen Gründen auf einer anderen Seite wachsen kann!

Die Tiefe eines Brunnens/einer Schlucht schätzen

Dazu muss man nichts anderes tun, als einen Stein in die Tiefe zu werfen und die Sekunden zu zählen, die er bis zum Aufschlag braucht. Anschließend die gezählten Sekunden mit sich selbst multiplizieren und dann mit fünf. Das Ergebnis ergibt die Tiefe des Brunnens bzw. der Schlucht. Wenn man drei Sekunden gezählt hat, lautet die Formel: $3 \times 3 \times 5$; man steht also vor einer 45 Meter tiefen Schlucht.

Tierspuren identifizieren

Hirsch

Wildschwein

Reh

Budgetverhandlungen

Unabdingbare Voraussetzung für ein selbstbestimmtes Leben als Junge ist die nötige Ausstattung mit Taschengeld. Das wird selbst jenen einleuchten, die von den Jungs zur Kasse gebeten werden. Doch: Welcher Betrag ist in welchem Alter angemessen? Wozu in langwierige bilaterale Verhandlungen eintreten, wenn es Fachleute gibt, die exakte Summe zu nennen wissen? Am meisten Erfahrung damit, wie man lernt mit Geld umzugehen, haben zweifellos die deutschen Schuldnerberatungsstellen. Es spricht also nichts dagegen, ihren Empfehlungen zu folgen. Die vorliegende stammt von der *„Zentralen Schuldnerberatung Stuttgart"*.

Alter	Betrag (monatlich)	Auszahlungsweise	Anmerkungen
5 bis 6	2,50 €	wöchentlich	
7 bis 9	6 bis 10 €	wöchentlich	
10 bis 12	12 bis 17 €	monatlich	
13	17 bis 20 €	monatlich	ab nun: kleinere Nebenverdienste debattieren
14	25 €	monatlich	
15	25 bis 30 €	monatlich	
16 bis 17	30 bis 40 €	monatlich	bzw. nach Absprache
18	50 €	monatlich	

☛ Noch ein paar überaus nützliche Anmerkungen zum Thema Taschengeld

☛ Jungs **brauchen** Taschengeld. Wie sollen sie sonst lernen, mit Geld umzugehen?

☛ Über die ausbezahlten Beträge sollten die Jungs **frei verfügen** können – Kleidung, Schulhefte etc. gehen von einem anderen Budgetposten ab. Nicht von diesem!

☛ Taschengeld ist **kein Erziehungsmittel.** Egal, wie gut oder schlecht die Jungs in der Schule sein mögen – ihr Basiseinkommen steht ihnen in jedem Fall zu. Für pädagogische Interventionen bedienen Sie sich bitte anderer Instrumente.

☛ Als Entscheidungsgrundlage für die Höhe des Taschengeldes dienen das **Alter** der Jungs und die **finanziellen Möglichkeiten** der Familie.

☛ Es gibt **keine gesetzlichen Regelungen,** die die Höhe und das Anrecht auf Taschengeld bestimmen würden. *Was sehr zu begrüßen ist, denn wo kämen wir hin, wenn sich der Staat in solche Fragen einmischen würde!*

☛ Von Tanten und Opas geleistete Sonderzahlungen (z. B. zum Geburtstag) sind nicht taschengeldwirksam, ebenso selbstverdientes Geld. Das heißt: **Diese Beträge dürfen nicht vom Taschengeld abgezogen werden.** Vielmehr sollte man darauf hinwirken, dass diese Summen aufs Sparbuch wandern oder einer größeren Anschaffung gewidmet werden *(Fahrrad, Spielkonsole etc.).*

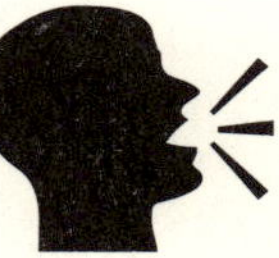

Ich habe beim Eis voll daneben geleckt!*

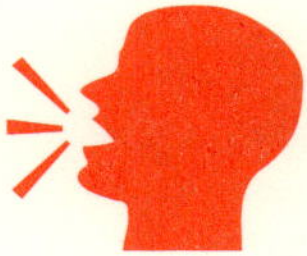

Prinzipiell gilt natürlich: Wer ein richtiger Junge ist, der sollte zu seiner Meinung und zu seinen Vorlieben stehen. Und sie selbst dann vertreten, wenn es ungemütlich wird. Aber! Es gibt durchaus Momente, in denen es taktisch klüger ist, sich rauszureden. Wann welche Strategie anzuwenden ist (und wie oft man versucht, seine Haut zu retten), das hängt ganz von der Situation ab. Und davon, ob man sich nachher noch in den Spiegel schauen kann.

Schwierige Sache das, zweifellos! Aber es wäre ganz einfach unverantwortlich, wenn wir hier hinschreiben würden: *„Wer sich einmal festgelegt hat, der muss bei seiner Entscheidung bleiben!“* oder *„Wer eine Meinung hat, der muss sie vertreten, egal, was es koste!“* oder *„Es ist inakzeptabel, wenn man versucht, sich aus einer Notsituation zu befreien“*.

Das können wir nicht. Weil es lebensfremd wäre. Und weil es die Jungs maßlos überfordern würde. Es ist also besser, wenn wir ihnen die eine oder andere Ausrede zur Hand geben, die sie bei Bedarf anwenden können. Die Betonung liegt auf *„bei Bedarf“!*

Befürchtungen, dass die Jungs übermäßig davon Gebrauch machen könnten, sind völlig unbegründet. Immerhin leben wir ihnen vor, was es heißt, eine autonome und meinungsstarke Persönlichkeit zu sein, die Zivilcourage hat.

Wozu Ausreden dienen

Wer sich rausreden will, sollte das Wesen der Ausrede verstehen. Und wissen, worum es bei ihr im Kern geht.

* Mit dieser Erklärung versucht ein Ritter aus dem Musical „Ritter Rost geht zur Schule“ (terzio Verlag) zu rechtfertigen, warum er nicht lernen konnte.

Nämlich darum, einen plausiblen Grund zu nennen, warum man etwas gar nicht, nur halbherzig oder völlig falsch gemacht hat. Die Ausrede dient dazu, den drohenden Krach möglichst klein zu halten oder ganz zu vermeiden. Wer zum Beispiel plausibel erklären kann, warum er seine Hausaufgaben nicht erledigt hat, der wird Verständnis ernten. Genau betrachtet ist die Ausrede nichts anderes als eine spezifische Form der Lüge.

Man kann mit einer guten Ausrede einiges erreichen. Wer zum Beispiel sagt: *„Ich konnte die Sache nicht erledigen, weil überraschend meine Oma zu Besuch gekommen ist! Daher habe ich die Zeit übersehen und nicht alles geschafft, was ich mir vorgenommen habe"*, der versucht folgende Wirkung zu erzielen:

- die wahre Ursache des Fehlers zu verschleiern
- den Fehler als Auswirkung einer höheren Macht erscheinen zu lassen
- eine stichhaltige Entschuldigung zu formulieren
- Verständnis für das Fehlverhalten zu wecken
- die individuelle Schuld so kleinzureden, dass sie verschwindet
- dem anderen das Gefühl zu geben, einen ungerechterweise zu kritisieren.

Was eine gute Ausrede grundsätzlich kennzeichnet

- dass sie aus einer plausiblen Geschichte besteht, die dem Vortragenden tatsächlich zugestoßen sein könnte.
- dass man selber an die Ausrede glaubt; dadurch fällt es einem leicht, sie überzeugend vorzutragen.
- dass die Geschichte eine überraschende Wendung nimmt, die es glaubhaft erscheinen lässt, dass sie den Fehler befördert hat.
- dass sie den Vortragenden nicht als vollkommenes Unschuldslamm erscheinen lässt, sondern durchaus ein wenig Schuld zuschreibt *(wenn auch nur eine sehr kleine!)*.

☛ Die Themenkreise klassischer Ausreden

☛ Höhere Mächte/Schicksal
Die U-Bahn stand aus unerfindlichen Gründen zwanzig Minuten am Bahnsteig; totaler Stromausfall im ganzen Haus; Unfall auf der Stadtautobahn und daher Verkehrsstau; die Uhr ging nach.

☛ Soziale Verpflichtungen
Die Oma kam überraschend zu Besuch; der Nachbarsjunge brauchte Hilfe, weil seine Eltern sich verspäteten und er vor verschlossener Türe stand; die ältere Nachbarin brauchte jemanden, der ihr beim Einkauf half; der kleine Bruder wollte nicht in den Kindergarten und musste getröstet werden.

☛ Kommunikationsprobleme
Die Info muss im Durcheinander untergegangen sein; auf dem Handy war keine SMS; der Notizzettel muss verloren gegangen sein; Verwechslungen aller Art, z. B. von ähnlich aussehenden Heften; der Anrufbeantworter ist kaputt.

☛ Probleme mit der Gesundheit
Auch etwas von der Grippewelle im Kindergarten des kleinen Bruders abbekommen; etwas Schlechtes im Schnellimbiss gegessen; Vergesslichkeit; beim Freizeitsport verletzt.

☛ Private Probleme
Eben erst in einen anderen Stadtteil umgezogen, noch keine Freunde; Scheidungskind; Mami/Papi ist derzeit wenig zu Hause, weil sie/er viel arbeiten muss.

Rettet die Jungs!

Das ist auch nötig, denn sie sind auf dem absteigenden Ast. Längst haben die Mädchen sie abgehängt – und sie machen fröhlich weiter damit. Doch während deren Förderung nach wie vor Common Sense ist, kümmert sich kaum jemand um die Jungs. Es wird Zeit, dass sich das ändert.

Jungs in der Krise. Die Jungs haben zunehmend Probleme, mit den Mädchen Schritt zu halten. So zum Beispiel in den Schulen und Universitäten. Je geringer der Stellenwert einer Schule, umso höher die Zahl der männlichen Schüler; auch wenn es darum geht, eine Klasse zu wiederholen, sind die Jungs vorne mit dabei; sie stellen zwei Drittel dieser Schüler. Bei den Abiturientenzahlen hingegen liegen sie ebenso hinten wie bei den Universitätsstudenten. Kein Wunder also, dass es unter den Erwerbslosen ähnlich aussieht: So liegen die Jungs bei der Jugendarbeitslosigkeit um eindrucksvolle 40 % vorne, und auch später geben sie ihre Spitzenposition nicht mehr ab, was sich wiederum in der Kriminalitätsstatistik niederschlägt. Überspitzt könnte man sagen: Unbildung, Kriminalität und Arbeitslosigkeit sind die Domänen der Jungs und der Männer.

Wendet man den Blick dem körperlichen und seelischen Zustand zu, dann bietet sich ein ähnlich tristes Bild. Jungs ertrinken häufiger und begehen dreimal so oft Selbstmord wie die Mädchen. Dazu kommt die schwierige Situation, dass Männer deutlich mehr Gesundheitsrisiken eingehen (rauchen, trinken, zu viel essen), zugleich aber um ein Viertel weniger häufig zum Arzt gehen als die Frauen; daher haben sie auch eine geringere Lebenserwartung als diese (minus sieben Jahre).

So ist es auch nicht weiter verwunderlich, dass Jungs die Statistiken der Verkehrsunfälle dominieren: Die Zehn- bis Vierzehnjährigen verursachen doppelt so oft Unfälle mit dem Fahrrad wie die gleichaltrigen Mädchen. Und diese Grundtendenz ändert sich auch nicht, wenn die Jungs auf motorisierte Fahrzeuge umsteigen. Häufigste Ursachen: Trunkenheit am Steuer und zu schnelles Fahren.

Die demontierten Väter. Die Jungs und Männer haben also keine guten Karten. Und alle Zeichen deuten darauf hin, dass sich das auch nicht so schnell ändern wird. Da stellt sich natürlich die Frage, wie es mit dem stets als „stark" bezeichneten Geschlecht so weit kommen konnte. Dafür gibt es viele Ursachen, körperliche, psychische und politische; von ihnen ist an anderer Stelle immer wieder die Rede *(z. B. auf Seite 51 ff., 197 f., 201 ff.)*.

Ein Angelpunkt für die Krise der Jungs ist, dass ihre Identität brüchig geworden ist, sie sich mit der Frage herumschlagen, was Jungs eigentlich ausmacht, worauf sie stolz sein können und worauf besser nicht. Schuld daran ist der Umstand, dass sich ihre Väter in den vergangenen Jahrzehnten wirtschaftlichen Umwälzungen ebenso ausgesetzt sahen (die männliche Arbeit wird immer weniger nachgefragt) wie massiver Kritik – und immer noch sehen. Die Kritik an den Männern ging und geht von der Frauenbewegung und den sich emanzipierenden Frauen aus. Über Jahrhunderte konnten die Männer machen, was sie wollten, sie kamen mit allem durch. Doch seit den sechziger Jahren ist es damit vorbei. Das klassische Selbstverständnis des Mannes als Chef der Familie und der Welt steht ebenso radikal zur Disposition, wie sich die Männer fragen lassen müssen, wie sie es mit den Katastrophen halten, die sie angerichtet haben: der Unterdrückung der Frauen, der Umweltverschmutzung, den Kriegen, der Ausbeutung.

Es besteht kein Zweifel daran, dass die Emanzipation der Frauen und die sukzessive Entmachtung der Männer längst überfällig und mehr als berechtigt waren. Einer der vielen positiven Effekte ist, dass die Jungs und Männer heute nicht mehr einfach sagen können, etwas sei „männlich" und daher gut! Vielmehr müssen sie sich erklären, legitimieren, rechtfertigen, verteidigen und entschuldigen. Und das jeden Tag von neuem.

Doch wie das so ist mit solch prinzipiell begrüßenswerten Prozessen, schießen sie oft übers Ziel hinaus. So auch die Kritik an den Männern. Sie wurde so massiv und grundsätzlich, ihre Thesen sind fest im Mainstream verankert, dass heute eine gesellschaftliche Stimmung herrscht, in der „männlich" und „Mann" vorwiegend mit Negativem assoziiert werden: Männer, das sind die, die alles falsch machen, die für das Böse auf der Welt zuständig sind, die den anderen Gewalt antun, die ein Auslaufmodell der Evolution sind und über die man am besten abfällige Witze macht, wenn man ihnen nicht gleich alles Schlechte an den Hals wünscht. Ein positiv besetztes Männerbild gibt es kaum mehr – ganz im Gegensatz zu jenem der Frauen.

Selbst der Umstand, dass es eine ganze Reihe erfolgreicher klassischer Männer gibt, die die Geschicke großer Konzerne nach dem alten Männermuster lenken, ändert an dieser Situation der Abwertung nichts. Im Gegenteil: Sie gelten als Dinosaurier, die mittelfristig verschwinden werden, abgelöst von einer neuen Generation von Frauen, die alles anders machen wird. Und die meisten dieser Jungs ahnen, dass ihre Tage gezählt sind. So meinte etwa Gerhard Cromme, ehemaliger Vorsitzender der Thyssen-Krupp Stahl AG und jetziger Chef der Regierungskommission *„Deutscher Corporate Governance Kodex"*, im Jahr 2008: *„Wo wir noch nicht im 21. Jahrhundert angekommen sind, das ist die angemessene Vertretung von qualifizierten Frauen in den deutschen Aufsichtsräten."*

Alles für die Mädchen – nichts für die Jungs. Die Demontage der Männer geht einher mit einem nunmehr seit Jahrzehnten dauernden Mädchen- und Frauenförderungsprogramm. Es gibt unzählige Initiativen, die den Mädchen und Frauen dabei helfen, ehedem männliche Domänen zu erobern, sich weiterzubilden, sich psychisch und physisch zu stärken, um dem Emanzipationsprozess gewachsen zu sein. Diese Programme sind eine mehr als berechtigte Reaktion auf die lange Zeit verfolgte Strategie der Männer, Mädchen und Frauen zu ignorieren und aus allen relevanten gesellschaftlichen Bereichen auszuschließen.

Doch auch in diesem Punkt blieb man auf halbem Wege stehen: Während viel für die Mädchen und die Frauen getan wird, bleiben die Jungs und die Männer außen vor. Eine Reaktion, die verständlich ist – warum jemanden fördern, der jahrhundertelang sich selber über alle Maßen gefördert hat? Aber wie sich heute herausstellt, ist diese Einseitigkeit ein fataler Fehler, denn: Wenn die Emanzipation der Mädchen und Frauen gelingen soll, dann braucht es dazu auch die Jungs und die Männer. Wie sollen die neuen, gleichberechtigten Beziehungen funktionieren, wenn bloß die Frauen lernen, sich in dieser neuen, gleichberechtigten Welt zu bewegen? Aber nicht die entmachteten Männer, deren Selbstverständnis in Trümmern liegt? Wie sollen Frauen Karriere machen können, wenn sie mit Männern zusammenleben, die schon mit dem Kochen von ein paar Nudeln überfordert sind, geschweige denn mit der Organisation des Familienlebens oder der Antwort auf die Frage: *„Wer bin ich eigentlich?"* – *„Wofür stehe ich?"* – *„Was kann ich, was nicht?"*

Es gibt jede Menge Förderprogramme für Mädchen, aber man muss lange suchen, bis man solche für Jungs findet; und während es seit Jahren einen staatlichen Gesundheitsbericht zur Lage der Frauen gibt, enthält man einen solchen den Männern vor. *„Sozialpolitisch, sozialpädagogisch und vor allem gleichstellungspolitisch – denn da werden die Weichen gestellt – ist das männliche Geschlecht heute das vernachlässigte Geschlecht. Es fehlt für Jungen und Männer das reichhaltige Angebot, das Frauen an Informationen, Bildungs- und Weiterbildungsmaßnahmen, Identitäts- und Veränderungsarbeit, Möglichkeiten zur Selbstverwirklichung und Selbstentwicklung zur Verfügung steht"* – auf diesen ernüchternden Punkt bringt es Walter Hollstein in seinem überaus lesenswerten Buch *„Was vom Manne übrig blieb" (Aufbau Verlag, 2008);* er ist Soziologe und Gutachter des Europarats für Männer- und Geschlechterfragen.

Einer Politik, die so vieles für die Mädchen und Frauen, aber nichts für die Jungs und Männer tut, ist deren desolater Zustand offenbar gleichgültig. Denn bekannt ist er ihr. Immer wieder geistern die Nachrichten von den ins Hintertreffen geratenen Jungs durch die Berichte und Studien; so zum Beispiel durch jene mit dem Titel *„Neue Wege für Jungs?! Ein geschlechtsbezogener Blick auf die Situation von Jungen im Übergang Schule-Beruf"*, herausgegeben vom deutschen Familienministerium im Jahre 2007; dort kann man nachlesen, wie die Jungs den Anschluss verlieren.

Zurück zu alten Rezepten. Es wird niemanden wundern, dass die solcherart alleine gelassenen Jungs und Männer nicht recht wissen, was sie tun sollen: Sie wissen, dass die klassischen Männerstrategien und -ausdrucksformen in der Kritik sind, zugleich fehlen ihnen positive Ansätze, wodurch ihre alten Strategien sinnvoll zu ersetzen wären. Dazu heißt es in dem eben erwähnten Bericht des Ministeriums: *„Die meisten Männer fühlen sich weder privilegiert noch besonders mächtig. Sehr viele Männer fühlen sich verunsichert und wissen nicht, wie sie ihr Mann-Sein in einer Welt der Massenarbeitslosigkeit, der schnellen Transformationen auf dem Arbeitsmarkt, der selbstsicheren Frauen und der sich wandelnden sexuellen Kodierungen leben sollen."*

Eine klassische menschliche Reaktion in Krisensituationen wie solchen ist es, sich auf Rezepte zu verlassen, die man kennt (auch wenn sie in Misskredit geraten sind). Denn: Wem die Vorstellung fehlt, wie das unerwünschte Alte zu ersetzen ist, der flüchtet sich entweder in das Niemandsland der Unentschiedenheit (weshalb z. B. immer weniger Männer Kinder und Familien wollen) oder hält sich an das Bekannte. Und dieses Bekannte besteht in klassisch männlichen Verhaltensweisen. Während die jungen Frauen, wie es in der angesehenen Shell-Jugendstudie von 2006 heißt, *„flexibler, fleißiger, erfolgreicher"* seien als die Jungs, ziehen die sich auf das Bekannte zurück. So lebten viele Jungs bis heute ungebrochen in der Vorstellung, heißt es in der Shell-Studie, später einmal die Ernährer ihrer Familien sein zu müssen. Offensichtlich hat ihnen niemand klargemacht, dass das die jungen Frauen von morgen vielleicht gar nicht mehr wollen oder brauchen; und dass sie gut beraten wären, auch zu lernen, wie man Kinder großzieht und Nudeln kocht.

Schuld an diesem hilflosen Rückgriff auf alte Rezepte sind nicht nur die ausbleibende Förderung der Jungs, sondern auch deren ebenso allein gelassene Väter. Die sind es, die ihren Jungs in der eigenen Planlosigkeit, was ein positiv besetztes Männerbild sein könnte, die Rezepte von gestern als Überlebensstrategie nahebringen. Immer noch erziehen sie ihre Jungs nach den Maximen: Sei der Beste, sei autonom, sei ein Mann! Anweisungen, die die Jungs – und mit ihnen die Väter – endgültig zu Gefangenen der eigenen Planlosigkeit machen. Sie ahnen nämlich, dass sie mit ihrem klassisch männlichen Programm nicht mehr zeitgemäß sind, halten aber daran fest, obwohl sie damit immer weniger Erfolg haben (und sogar ihr Leben riskieren, wie die Unfallstatistiken zeigen) – und vermissen zugleich schmerzlich, was die Emanzipation ihnen bringen könnte: soziale Kompetenz, die Fähigkeit zum Mitfühlen, ein Leben außerhalb des Berufs.

Was tun? Diese Frage stellen sich viele. So auch der bereits erwähnte Walter Hollstein. Er beantwortet sie folgenderweise: *„Wie könnte die Zukunft der Männer aussehen? Dazu wäre es nötig, die geschilderten Tatbestände überhaupt einmal als Problemfeld wahrzunehmen."* Wenn das geschehen sei, müsste man endlich *„eine Politik für Männer"* machen. *„Dazu würde zum Beispiel die öffentliche Unterstützung von Männer- und Jungenprojekten gehören."* Und: *„Ändern müsste sich das gesellschaftlich vorgegebene Männerbild, und auch dafür müsste die Politik etwas tun, so wie sie seinerzeit die Veränderung des alten Frauenbilds aktiv betrieben hat."* Doch auch wir Väter haben es in der Hand, ganz zweifellos. Am besten, wir beginnen mit einem langen Blick in den Spiegel und fragen uns: *„Was machen wir da bloß?"* Wie weitere konkrete Schritte aussehen könnten – davon erzählt dieses Buch in immer neuen Aspekten.

TOP SECRET

Streng geheim!

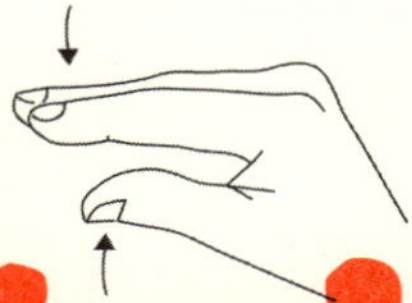

Über die Lust der Jungs, **ihr Ding** zu machen, einiges für sich zu behalten und über die **Folgen,** die all das hat: ihre Begeisterung für **Agentenspielzeug,** für verblüffende **Tricks und Zaubereien,** für perfekte **Verstecke** und für Jungsgruppen wie die Pfadfinder.

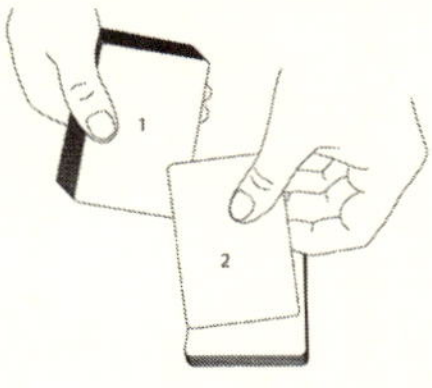

Acht geheime Handzeichen

Wer sich mit seinen Freunden verständigen will, ohne dass die anderen verstehen, was gemeint ist – der verwendet am besten ein paar jener Handzeichen, wie sie bei Militär und Polizei üblich sind.

STRENG GEHEIM

Beeilt euch!

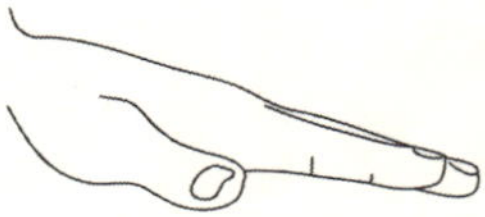

Geht langsamer!

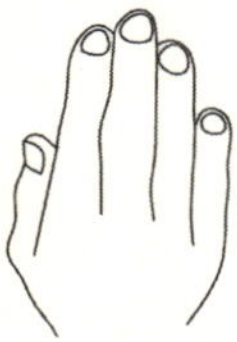

Stopp!

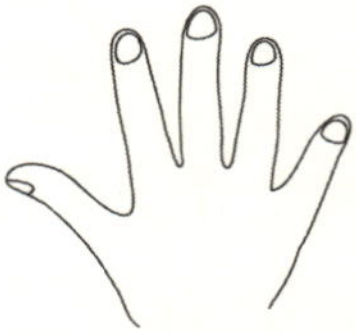

Wir machen eine Pause!

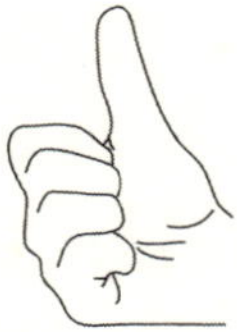

Alles in Ordnung!

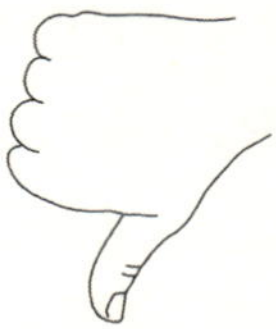

Vorsicht – Gefahr!

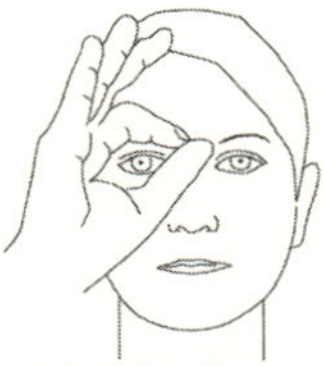

Erkundet die Umgebung!

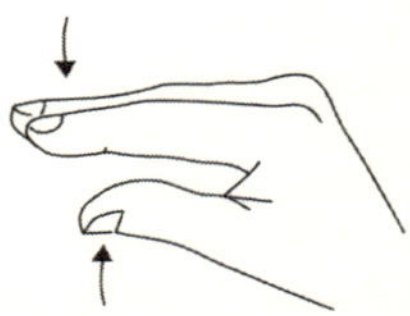

Wir müssen sprechen!

Ein paar einfache, aber effektvolle Tricks

Kurze Vorbemerkung: Jeden Trick vorher ordentlich üben, bis er sitzt. Keinesfalls den Trick verraten, auch wenn nachher alle wissen wollen, wie man das gemacht hat! Ehrenwort! Wer gegen dieses Gesetz verstößt, dem wachsen an den Handflächen Warzen, die einen Monat lang nicht mehr weggehen, versprochen!

Jungs sollten in der Lage sein, ihre Umgebung bisweilen zu verblüffen. Weil sie nicht ständig Bestnoten aus der Schule nach Hause bringen können, sollten sie zu kleineren Tricks greifen, die einen ähnlichen Effekt haben.

Der IQ-Test

Ziel: Den IQ einiger anwesender Erwachsener ermitteln – und zwar stets zu deren Vorteil

Materialien: vollständiges Paket klassischer Spielkarten

Verlauf des Tests: Man finde vier Freiwillige, die ihren IQ testen lassen wollen. Sobald gefunden, soll der erste eine Zahl zwischen 10 und 19 nennen (z. B. 17). ❶ Nun vom Kartenstapel (Stapel Nr. 1) genau 17 Karten abzählen (Stapel Nr. 2) – und zwar so, dass sich deren Reihenfolge umkehrt. Nun muss die Testperson die Quersumme ihrer Zahl nennen (also: 1 + 7 = 8). ❷ Nun zähle man 7 Karten von dem kleineren Kartenstapel (Nr. 2) ab (wieder in umgekehrter Reihenfolge), wodurch ein dritter Stapel entsteht (Nr. 3). Die achte Karte lege man verdeckt vor die Testperson hin – sie wird gleich zeigen, welchen IQ sie hat. Den Rest der Karten (Nr. 3) auf den kleineren Stapel (Nr. 2) legen und diesen Stapel wieder zurück auf den großen Stapel (Nr. 1). Nunmehr das Spielchen mit den anderen drei Freiwilligen nach demselben Muster wiederholen. Am Ende sollen alle vier Erwachsenen gleichzeitig die verdeckt vor ihnen liegenden Karten umdrehen. Und – tatatataaa! – jeder von ihnen hat ein Ass vor sich liegen! Sie haben alle den höchsten IQ – und der Tag ist gerettet.

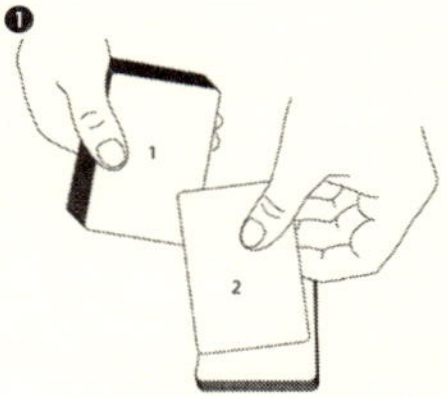

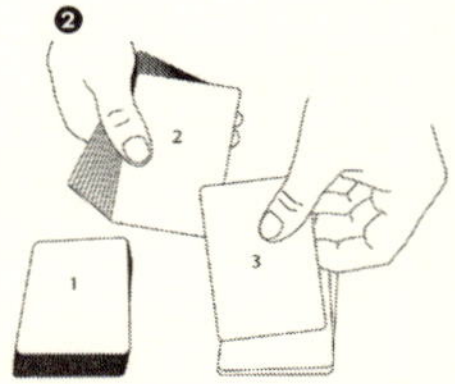

Der Trick: Man muss nichts anderes machen, als die 4 Asse aus dem Kartenstapel suchen und sie an die 10., 11., 12. und 13. Stelle des Kartenstapels legen. Alles andere ergibt sich durch das Abzählen und Ablegen von selber. Immer streng in der beschriebenen Reihenfolge vorgehen.

Gedankenlesen

Ziel: Eine Karte benennen, die nur der Zuseher kennt
Materialien: vollständiges Paket klassischer Spielkarten
Verlauf der Vorstellung: Das Gegenüber bitten, einen Teil des Kartenstapels abzuheben und sich die unterste Karte zu merken. Anschließend soll das Gegenüber den Kartenstapel, den es in der Hand hält, einmal abheben – also den Stapel irgendwo teilen und das untere Kartenpaket auf das obere legen. Danach soll das Gegenüber diesen Kartenstapel noch mitten in den liegengebliebenen Stapel legen (nicht mischen!). Schließlich nimmt der Vorführende den Stapel, dreht ihn um, so dass die Bilder zu sehen sind, und benennt exakt, welche Karte der andere sich gemerkt hat.
Der Trick: Man muss nichts anderes tun, als sich die oberste Karte des Kartenstapels einzuprägen. Wenn das Gegenüber nämlich den ersten Stapel hochhebt, sich die unterste Karte ansieht und dann vorgeht, wie oben beschrieben (also den unteren Teil des Kartenstapels auf den oberen legen), dann positioniert er dadurch die gesuchte Karte genau auf jener Karte, die zu Beginn ganz oben gelegen hat. Wenn es schließlich darum geht, die richtige Karte zu nennen, muss man nur so lange (und effektvoll) die Kartenreihe durchsehen, bis man die oberste Karte und die darüber liegende gefunden hat. Tatatataaa – gelungen!

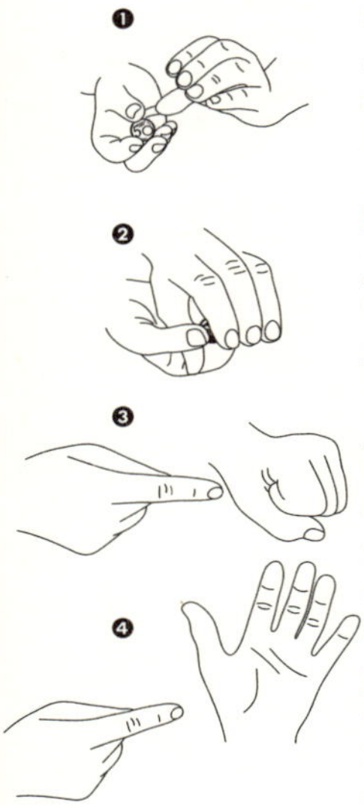

So lässt man eine Münze verschwinden: Man gibt sie nur scheinbar in die andere Hand. Die Aufmerksamkeit der Zuseher ablenken, indem man mit der leeren Hand raumgreifende Bewegungen macht.

Münze verschwinden lassen

Das ist ein Trick, den bereits die Urgroßväter der heutigen Jungs gerne vorgeführt haben – und der dennoch nichts von seinem Reiz verloren hat.
Ziel: Eine kleine Münze verschwinden lassen – und hinter dem Ohr eines Zusehers wieder erscheinen lassen
Materialien: eine 5- oder 10-Cent-Münze
Verlauf der Vorstellung: Die kleine Münze zur Hand nehmen – Rechtshänder in die rechte,

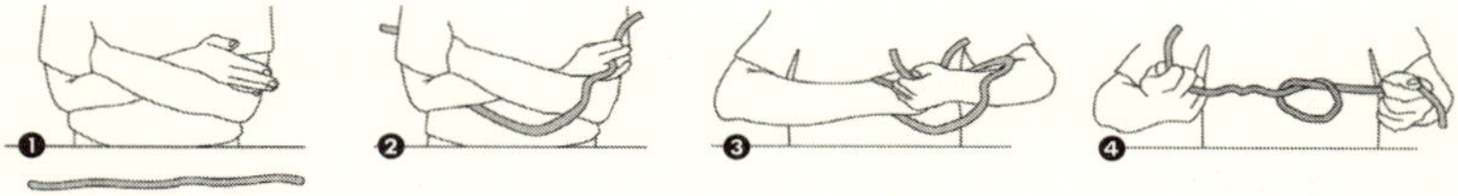

Linkshänder in die linke. Mit dem anderen Arm den Kopf aufstützen und nunmehr die Münze in den Unterarm reiben. Hoppla! Dreimal fällt die Münze dem Darsteller aus der Hand. Beim vierten Mal ist die Münze endlich verschwunden – in den Arm hineingerieben. Nun mit der Hand hinter das Ohr eines Zusehers fassen, und – tatatataaa! – die Münze erscheint wieder.

Der Trick: Man nehme jedes Mal, wenn man absichtlich die Münze fallen lässt, beide Hände zu Hilfe, um sie wieder aufzuheben. Beim ersten und zweiten Mal nimmt man sie wieder in jene Hand, mit der man am Unterarm reibt. Beim dritten Mal hingegen nimmt man die Münze in jene Hand, mit der man den Kopf stützt – tut aber so, als habe man sie in der anderen Hand. Reiben wie gewohnt, die Münze verschwindet. Nun jene Hand, in der man die Münze hält, ans Ohr eines Zusehers führen und die Münze hervorziehen. Der Sinn des Fallenlassens ist: Man lässt es als normal erscheinen, dass man die Münze mit beiden Händen nimmt und dass man sie tatsächlich in der Reibehand hält. Das nennt man Psychologie.

Knoten machen, ohne die Enden des Seils loszulassen

Hier geht es weniger darum, dass man einen Trick kennt, der andere erstaunt, als vielmehr darum, dass man jemandem eine Aufgabe stellt, die nur durch einen Trick lösbar ist. Daher kann man den Trick nur einmal zeigen.

Ziel: Einen einfachen Knoten in ein Seil machen, ohne die Hände von dessen Enden zu nehmen

Materialien: ein einfaches Seil

Der Trick: Nachdem das Gegenüber vergeblich versucht hat, die Sache hinzubekommen, macht man Folgendes: Arme verschränken, in jede Hand ein Seilende nehmen, Arme wieder entschränken. Und schon hat man einen Knoten ins Seil gemacht, ohne dessen Enden loszulassen.

So macht man einen Knoten, ohne die Enden des Seils loszulassen

STRENG GEHEIM

Verborgene Freuden

Nicht alle Vorlieben von Jungs finden die ungeteilte Zustimmung jener, die sie erziehen. Was bleibt ihnen also anderes übrig, als sie dem Blick der Erwachsenen zu entziehen – und ihnen heimlich nachzugehen? Hier ein paar Beispiele für heiß geliebte Jungsdinge, die oft im Verborgenen bleiben.

Jungsbeschäftigung	Technische Ausstattung	(Potentielle) Gefahren
Kriegs- und Kampfspiele	Spielwaffen (Laser, Pistolen, Stöcke)	Gewaltverherrlichung, fördert Aggression
Fernsehen	TV-Gerät, Computer + TV-Karte	Verblödungsgefahr, Bewegungsarmut
Lesen unter der Decke	Taschenlampe bzw. Leselampe	Augen verderben, Brandgefahr (Glühbirne)
Video-/Computerspiele	TV-Gerät, Computer	Bewegungsarmut, Charakterschäden
Auf hohe Bäume klettern	Bäume	Verletzungsgefahr
Viel Eis essen	Geld	Beschädigung der Gesundheit, anschließender Appetitmangel
Laute Musik hören	iPod, CD-Player, Kassettenrecorder	Lärmbelästigung, schlecht für die Ohren
Moped fahren	Fahrzeug und Sturzhelm	Unfallgefahr, Invalidität
Aus dem Fenster klettern	gutes Schuhwerk	Absturzgefahr
Wasserbomben / Schneebälle werfen	Blatt Papier (siehe Seite 237), Schnee	Belästigung anderer, Verletzungsgefahr
Durch die Wohnung toben	Bobby-Car, Laufrad, div. Verkleidungen	Belästigung der Nachbarn, an den elterlichen Nerven sägend
Kaugummi kauen	Kaugummis	unfein, Lärmentwicklung
Auf dem Schrottplatz bzw. leerstehendem Grundstück spielen	Stock, Taschenlampe, Ball, Pfeil und Bogen	unterschiedliche lauernde Gefahren
Chemische Versuche unternehmen	rätselhafte Chemikalien	Explosions- und Vergiftungsgefahr
Im Flur/Wohnzimmer Fußball spielen	Fußball, Torpfosten	Gefahr der Zerstörung kostbarer Einrichtungsgegenstände
Comics lesen	Dragon Ball-, Asterix-, Lucky Luke-, Micky Maus-, Digimon- und Donald Duck-Hefte*	verblödend, ernsthafte Lektüre verhindernd
Rätselhafte Karten tauschen	Pokémon-Karten, Yu-Gi-Oh!-Karten**	Suchtgefahr, zu teuer, unverständlich – daher verblödend

Anmerkungen

*** Comics**
Sie gelten unter vielen Eltern als die großen Leseverhinderer und als Medium für Doofe. Den Untersuchungen des angesehenen IfaK (Institut für angewandte Kindermedienforschung) halten diese Vorurteile freilich nicht stand. Denn auf Comics greifen bloß 20 % jener Jungs zurück, die selten bis gar nicht lesen. Die Mehrzahl der Jungs hingegen, die Comics lesen, wissen auch die erzählende Literatur zu schätzen! Tja, so kann man sich täuschen. Ab 13 verschwindet das Interesse an Comics schlagartig und verlagert sich auf andere (bildlastige) Medien. Hier ein paar statistische Zahlen zur Geheimlektüre der Jungs (sie stammen aus dem Jahr 2002, aktuellere sind nicht verfügbar).

Comic-Vorlieben der
6- bis 9-jährigen Jungs:

1. Dragon Ball
2. Asterix
3. Lucky Luke
4. Micky Maus
5. Digimon
6. Donald Duck

Noch beliebter sind Comics
bei den 10- bis 13-jährigen Jungs.
Hier deren Vorlieben:

1. Micky Maus
2. Dragon Ball
3. Donald Duck
4. Tim und Struppi
5. Asterix
6. Lucky Luke

**** Pokémon- und Yu-Gi-Oh!-Karten**
Dabei handelt es sich um zwei Kartenspiele. Man kann sie nicht wie andere Spiele komplett in einem Spielwarengeschäft kaufen, sondern sie setzen sich aus Sammelkarten zusammen, die man sukzessive erwerben muss; zudem werden immer wieder neue Serien herausgegeben, die zusätzliche Kaufgründe liefern. Es gibt vier verschiedene Möglichkeiten, an gute Karten zu kommen:

- Die Jungs schaffen es, finanzstarke Erwachsene zum Kauf neuer Päckchen zu bewegen (für Anfänger „Starter Packs"; für Fortgeschrittene „Booster Packs" – sie enthalten stets eine wertvolle Karte, der Rest rangiert zwischen so lala und Doubletten)
- Die Jungs finden auf Flohmärkten unwissende bzw. dem Sammelkarten-Alter entwachsene Jungs, die ihnen ihre Sammlung möglichst günstig verkaufen
- Die Jungs verschaffen sich durch geschicktes Tauschen einen Grundstock wertvoller Sammelkarten
- Die Jungs suchen eines der vielen einschlägigen Angebote im Internet auf und nerven dann so lange, bis ihnen jemand ein paar der völlig überteuerten Karten besorgt.

Doch mit dem bloßen Sammeln ist es nicht getan. Besitzen die Jungs erst einmal eine respektable Anzahl von Karten, beginnen sie, damit gegeneinander zu spielen. Wer einmal ein paar Jungs dabei belauscht hat, mit welchen völlig unverständlichen Begriffen und Erklärungen sie da um sich werfen, versteht zweierlei: Die Jungs eröffnen sich mittels dieser Karten eine Welt, die Erwachsenen verschlossen bleibt (und die daher ein großes Geheimnis darstellt). Und zweitens: So muss man selber klingen, wenn man wieder einmal zu Hause erzählt, welche neue Wendung irgendein interner Konflikt in der Firma genommen hat.
Zur allerersten Orientierung hier ein paar Regeln in Sachen Pokémons. Die Grundidee des Spiels ist einfach: Man lässt kleine Geschöpfe, eben die „Pokémons", zum Kampf gegeneinander antreten. Wer die stärkeren Karten hat, gewinnt. Das war es auch schon.

Die Komplexität des Spiels besteht darin, dass die Wesen nicht nur unterschiedliche Fähigkeiten haben, sondern auch über bestimmte „KP" (Kampfpunkte?) verfügen, „Rückzugskosten" (?) verursachen und durch ihren Angriff verschiedene Effekte auslösen, die sich gegen den Kartenbesitzer wenden können. Außerdem finden sich auf den Karten jede Menge kryptischer Anweisungen, die nur Jungs verstehen. Auf der beliebten Karte „Chelterrar LV.X" heißt es zum Beispiel unter dem Titel „Energischer Sprint 100": „Dieser Angriff fügt 1 Pokémon auf der Bank deines Gegners 30 Schadenspunkte zu. (Wende Schwäche und Resistenz bei Pokémon auf der Bank nicht an). Chelterrar fügt sich selbst 30 Schadenspunkte zu." Das verstehe, wer will. Jungs tun es auf jeden Fall.

Auch bei Yu-Gi-Oh! geht es darum, mit den eigenen Karten gegen einen anderen zu kämpfen, indem man möglichst starke und aufeinander abgestimmte Armeen bildet (ein „Deck"). Weil nur in den Booster Packs die wirklich wertvollen und starken Karten liegen, muss man natürlich dauernd neue Päckchen kaufen. Es gibt Figuren, die heißen beispielsweise „Caius der Schattenmonarch", und in der Erklärung auf der Karte steht: „Wenn diese Karte als Tributbeschwörung beschworen wird, entferne 1 Karte auf dem Spielfeld. Falls es 1 FINSTERNIS Monsterkarte war, füge deinem Gegner 1000 Schaden zu."

STRENG GEHEIM

Unter Jungs

Manche Dinge kann man nur gemeinsam mit anderen Jungs erleben, erfahren und ausprobieren. Deshalb gibt es auch jede Menge von Vereinen, Clubs und Gruppen, die vorwiegend von ihnen frequentiert werden – wenn es auch bei vielen mittlerweile heißt: Mädchen willkommen!

Eine kleine Revue wichtiger Jungsgruppen samt einer wichtigen Nachbemerkung, die niemandem den Spaß verderben, aber für die nötige Vorsicht sorgen soll.

Es gibt eine Menge sehr guter Gründe dafür, dass Jungs sich mit ihresgleichen zusammentun sollten – um anschließend wieder im *„normalen“* Leben aufzutauchen. Der wichtigste lautet: Wenn Jungs und Mädchen zusammen sind, dann fallen sie gerne in Stereotypen zurück. Wenn sie hingegen unter ihresgleichen bleiben, dann erlauben sie sich schon mal, offener und ehrlicher zu sein und auch jene Seiten zu zeigen, die sie sonst verbergen wollen/müssen/glauben zu müssen *(siehe Seite 51 ff.)*. Konkret heißt das: Jungs können, wenn sie in einem Verein unter sich sind:

- ☛ herausfinden, was es heißt, ein Junge zu sein
- ☛ besprechen, was Jungs auszeichnet und was weniger
- ☛ sich mit den anderen darüber unterhalten, wie sie mit ihren Gefühlen umgehen und wie sie es schaffen, über sie zu reden
- ☛ sich austauschen, wie es den anderen in bestimmten Momenten geht *(Eltern, Schule, Geschwister, Mädchen)*
- ☛ erfahren, dass sie mit vielen ihrer Probleme, Fragen und Gefühle nicht allein sind
- ☛ ihren Bewegungsdrang ausleben
- ☛ eigene Zeichen und Rituale entwickeln
- ☛ sich spezielles Jungswissen aneignen
- ☛ soziale Kompetenz und Selbstbehauptung lernen
- ☛ klassische, männliche Rollenmodelle studieren (und gegebenenfalls verwerfen)
- ☛ eindeutige Regeln kennenlernen und verstehen, sich in eine Gemeinschaft einzuordnen *(wodurch sie wiederum lernen, wie man sein eigenes Ding macht, wenn sie es denn wollen)*
- ☛ herausfinden, ob sie Führungsqualitäten haben
- ☛ so etwas wie eine Initiation in die Jungswelt erleben
- ☛ männliche Mentoren finden, die ihnen verschiedene Varianten des Männlichseins zeigen *(Kontrastprogramm zu Papi)*
- ☛ Männlichkeit positiv (und negativ) erfahren
- ☛ ihrem Spaß an uniformähnlicher Kleidung und technischer Ausrüstung nachgehen.

Clubs, Vereine, Gruppen

Bevor Papis ihre Jungs auf ein spezielles Angebot hinweisen bzw. deren Drängen nachgeben, sollten sie sich kurz fragen, ob ihre Jungs mehr eine Allround-Betätigung brauchen bzw. suchen oder ob es um spezifisch körperliche, intellektuelle oder technische Belange gehen soll. Denn es gibt wirklich viele Angebote. Also, fangen wir mal an.

THW-Jugend

Der Jugendverband des Technischen Hilfswerks

Für technisch interessierte Jungs und Mädchen. Sie sollen spielerisch an die Arbeit des THW herangeführt werden. Das heißt, in einem Drittel ihrer THW-Zeit lernen sie, wie man Werkzeuge verwendet, Stege baut, Verletzte transportiert usf.; der Rest der Zeit ist klassischer Jugendarbeit vorbehalten (spielen, Ausflüge machen, basteln etc.).

- Alter: ab 10
- Kleidung: Blouson, Hose, Sicherheitsschnürschuhe, T-Shirt kurz, T-Shirt lang, Socken, Schutzhelm
- Internet: www.thw-jugend.de

DLRG-Jugend

Jugend der Deutschen Lebens-Rettungs-Gesellschaft

Die Spezialisten für wasserliebende Jungs. Einerseits geht es darum, schwimmen zu lernen und Menschen vor dem Ertrinkungstod zu retten; zudem geht es um ein Engagement rund ums Wasser und dessen Schutz.

- Alter: ab 0 bis 26 Jahre (ab 10 darf man Funktionäre wählen)
- Kleidung: dunkelblaues T-Shirt mit DLRG-Aufdruck
- Internet: www.dlrg-jugend.de

Außerdem gibt es: www.wasserwacht-online.de (DRK Wasserwacht), www.owr.at (Österreichische Wasserrettung), www.slrg-jugend.ch (Schweizerische Lebensrettungs-Gesellschaft)

Jugendfeuerwehr

Einmal pro Woche treffen sich die Jungs, um auf den späteren Einsatz bei der Feuerwehr vorbereitet zu werden. Dazu sollen sie alles Relevante lernen: Schläuche aufrollen, löschen, Türen einschlagen, retten. Außerdem stehen Geschicklichkeits- und Bewegungsübungen auf dem Programm. Die Jungs der verschiedenen lokalen Feuerwehren treffen sich immer wieder zu nationalen Wettbewerben (Löschangriffsübung, Staffellauf mit Hindernissen und Aufgaben). In Österreich „Feuerwehrjugend" genannt.

- Alter: ab 10
- Kleidung: Helm und Lederhandschuhe, Jugendfeuerwehrjacke mit Reflexstreifen, Jugendfeuerwehrhose mit Reflexstreifen, Gummistiefel/Lederstiefel mit Stahlkappen
- Internet: www.jugendfeuerwehr.de, www.wlfv-khd.at (Feuerwehrjugend Wien), www.coole-kids.at (FWJ Salzburg), www.feuerwehrjugend-noe.at (FWJ Niederösterreich), www.feuerwehr.ch (Feuerwehren Schweiz)

Jugendrotkreuz

Neben den klassischen Erste-Hilfe-Kursen widmet man sich bei der Jugendorganisation des Roten Kreuzes sehr großen Themen, die in Form sogenannter Kampagnen für die Jungs greifbar gemacht werden. Dabei geht es um soziales Engagement ebenso wie um Frieden, Völkerverständigung, Gesundheit und Umwelt.

- Alter: 6 bis 27
- Kleidung: Klassische rote Westen mit dem Roten Kreuz hintendrauf
- Internet: www.djrk.de, www.oejrk.at (Österreich), redcross.ch/activities/youth/index-de.php (Schweiz)

Pfadfinder

Klassiker der Jungsvereine, bei dem es vor allem darum geht, sich gemeinsam in der Natur zu bewegen, in einem mehrstufigen Programm selbst zu erziehen und humanistischen Zielen zu folgen. Ein wesentliches Prinzip ist das „Learning by Doing", also das Lernen durch Praxis. Das Programm reicht vom Feuermachen übers Wandern und Zelten bis zu Workshops und Singstunden. Es ▶

▶ gibt eine Reihe von Pfadfinderritualen und -regeln. Hierarchisch und kleinteilig organisiert (Wölflinge, PfadfinderInnen, Ranger/Rover), wiederkehrende Treffen (Meutenstunde, Sippenstunde, Runde). Der Sinn: Die Jungs (und die Mädchen) sollen zu Verantwortung und Selbstständigkeit erzogen werden. Obacht: Es gibt viele verschiedene Pfadfinderverbände, also katholische, evangelische und konfessionell ungebundene. Vor dem Beitritt ist also ein Recherche nötig.

■ Alter: ab 7

■ Kleidung: Blaues Hemd und gestreiftes Halstuch

■ Internet: www.pfadfinder-treffpunkt.de, www.ppoe.at (Pfadfinder und Pfadfinderinnen Österreich), www.pbs.ch (Pfadibewegung Schweiz)

Fußballvereine, diverse

Klassiker. In jedem Ort, auch wenn er noch so klein ist, gibt es einen Verein, in dem man Mitglied werden kann. Wird aber schnell stressig – vor allem für Eltern, die sich deutlich weniger für Fußball interessieren als ihre Jungs, denn unversehens stehen sie jedes Wochenende an der Seitenlinie irgendeines Provinzfußballplatzes, um dem eigenen Nachwuchs zuzusehen. Wenn es denn ein Herzenswunsch ist, am besten Leidensgenossen suchen und die Ausfahrten zu den Turnieren teilen. Bei zwei Jungs in der Familie mit unterschiedlichen Sportinteressen wird es hingegen richtig schwierig. Fußballvereine fördern vor allem die körperliche Seite der Jungs sowie deren Bereitschaft zum Wettkampf und zur Durchsetzung. Intellektuelle Debatten über das Wesen eines Mannes ergeben sich hingegen weniger; dafür aber viele gelebte Beispiele.

■ Alter: ungefähr ab 6 (ernsthaftes Training frühestens ab 11 sinnvoll)

■ Kleidung: Vereinstrikot des jeweiligen Fußballvereins

■ Internet: www.fussballd21.de (Homepage der Stiftung Fußball mit vielen Tipps für Eltern und Antworten auf wichtige Grundsatzfragen) sowie unzählige Homepages; www.dfb.de, www.oefb.at (Österreichischer Fußballbund), www.football-pool.ch (Schweizerischer Fußballverband)

Judo

Sportclubs gibt es natürlich unzählige, und es hängt oft davon ab, welche Erfahrungen Väter in ihrer eigenen Jugend mit entsprechenden Vereinen gemacht haben. So ist also der Hinweis auf Judo höchst willkürlich. Ein wichtiger Grund, Judo näher in Betracht zu ziehen, ist der Umstand, dass diese japanische Kampfsportart eine geglückte Synthese ist. Einerseits lernen die Jungs richtig zu fallen, sich zu verteidigen, anzugreifen und zu kämpfen. Zugleich aber ist Judo ein Sport, der die Aggressivität der Jungs nicht forciert (wie andere asiatische Sportarten das tun), sondern in geregelte Bahnen lenkt. Das Verneigen vor und nach dem Kampf, die Einhaltung klarer Regeln während des Kampfes, die ruhigen Trainingsphasen – all das sind Rahmenbedingungen, die Judo sowohl für zurückhaltende als auch besonders aktive Jungs sehr attraktiv machen. Nicht ohne Grund lautet das Prinzip von Judo „Siegen durch Nachgeben".

■ Alter: ab 5

■ Kleidung: Weiße Jacke und Hose, Gürtel (Farbe je nach Ausbildungsgrad)

■ Internet: www.judobund.de, www.oejv.com (Österreichischer Judo Verband), www.sjv.ch (Schweizerischer Judo & Ju-Jitsu Verband)

Sportvereine, diverse

Unter Jungs ebenfalls beliebt: Tennis, Hockey, Handball, Eishockey, Trampolinspringen. Wichtige Frage in diesem Zusammenhang: eher Einzelkämpfersportart oder lieber Mannschaftssport? Das hängt von der Grundgestimmtheit der Jungs ab.

Eine wichtige Nachbemerkung. Wo viele Jungs zusammen sind, einander nahe und manchmal sehr nahe kommen, dort gibt es nicht nur die Chance für neue Erfahrungen und enge Freundschaften, sondern auch die Gefahr, dass einige Männer (die als Erzieher/Funktionäre/Vertraute etc. involviert sind) dieses Vertrauensverhältnis ausnutzen. Wer ein bisschen Zeitung liest, stößt öfter auf einschlägige Berichte, als ihm lieb ist – obwohl die absoluten Zahlen keinen Anlass zur Besorgnis geben sollten *(es ist heute das Leben für Jungs nicht gefährlicher als früher).*

Trotzdem schießen jedem Vater und jeder Mutter diese Befürchtungen durch den Kopf, wenn die Jungs den Wunsch äußern, irgendeinem Club oder Verein beizutreten. Oder wenn die Eltern überlegen, ihren Jungs irgendeinen Verein nahezubringen. Was tun? Nun, erst mal das Beste annehmen, denn die überwiegende Mehrzahl der Männer, die sich in der Jungsarbeit engagieren, tun dies aus lauteren Motiven, keine Frage.

Der zweite Schritt ist freilich, ein paar Vorsichtsmaßnahmen zu ergreifen und sich an ein paar Regeln zu halten. Wie die aussehen, das sagt uns Manfred Karremann. Er ist Sozialpädagoge und Journalist und hat sich jahrelang mit dem Thema Kindesmissbrauch beschäftigt. In seinem Buch *„Es geschieht am hellichten Tag. Die verborgene Welt der Pädophilen und wie wir unsere Kinder vor Missbrauch schützen" (Dumont, 2007)* gibt er einige Ratschläge, die Eltern unbedingt beherzigen sollten.

☛ Einige Ratschläge, die Eltern unbedingt beherzigen sollten

- *Spielt ein fremder Erwachsener mit Ihrem Kind Fußball oder Tischtennis, ist das ok, sofern er das Kind während des Spiels nicht anfasst.*
- *Sollte der fremde Erwachsene das Kind anfassen und zu sich nach Hause einladen, unterbinden Sie den Kontakt.*
- *Lassen Sie Ihr Kind nur dann allein ins Schwimmbad gehen, wenn sein Vertrauensverhältnis zu Ihnen so gut ist, dass sie sicher sein können, dass Ihr Kind Ihnen von neuen Kontakten erzählt.*
- *Ab einem gewissen Alter haben Kinder ihre kleinen Geheimnisse, die ihnen auch zustehen. Trotzdem sollten Sie Ihr Kind ermutigen, Ihnen etwas über neue Freunde und über die Zeit zu erzählen, in der Sie nicht mit ihm zusammen sind.*
- *Tadeln Sie Ihr Kind niemals für Aufrichtigkeit; sagen Sie nie: „Das hättest du uns schon früher sagen müssen."*
- *Ihr Kind sollte wissen: „Es gibt Stellen an meinem Körper, die ein Erwachsener nicht berühren darf, und ich habe das Recht, zu einem Erwachsenen ‚Nein' zu sagen."* ▶

Fortsetzung: Einige Ratschläge, die Eltern unbedingt beherzigen sollten

■ *Lernen Sie unbedingt die Betreuer in Sporteinrichtungen, Freizeitgruppen oder beim Musikunterricht kennen, ehe Ihr Kind dort allein bleibt.*

■ *Bringen Sie Ihr Kind öfter zu den Pfadfindern oder zum Judo und holen Sie es auch mal überraschend früher ab. Zeigen Sie Präsenz.*

■ *Generell gilt: Wenn Sie jemandem Ihr Kind anvertrauen, sollten Sie dabei ein gutes Gefühl haben.*

■ *Dulden Sie nicht, dass Männer, die Sie nicht gut genug kennen, Campingurlaube oder Fahrten mit Ihren Kindern unternehmen. Auf Ferienfahrten haben Kinder nicht selten Heimweh, verlangen nach Zuwendung. Es ist nichts Schlechtes daran, wenn in einem solchen Fall das Kind von einem Betreuer in den Arm genommen wird. Ermöglichen Sie Ihrem Kind solche normalen Kontakte ohne Argwohn, indem Sie ihm möglichst früh klarmachen, was Zuwendung ist und was nicht mehr.*

■ *Wenn Ihr Kind bei einer anderen Familie übernachtet, sollten Sie diese sehr gut kennen.*

■ *Ihr Kind sollte nie Geschenke von Fremden annehmen, auch keine Getränke. „Nimm keine Geschenke von Fremden!", lautet die eiserne Regel.*

■ *Kennzeichnen Sie die Schultasche Ihres Kindes nur innen namentlich – keinesfalls außen, damit kein Fremder das Kind mit dessen Namen ansprechen kann.*

■ *Machen Sie Ihrem Kind klar: „Geh niemals, unter keinen Umständen, mit einem Erwachsenen einfach irgendwohin mit, ohne vorher deine Eltern zu fragen, zu Fuß nicht und erst recht nicht im Auto. Wenn behauptet wird, deine Eltern wüssten davon, geh trotzdem nicht mit, sondern frage deine Eltern erst. Vertraue auch jenen nicht, die dich mit deinem Vornamen ansprechen oder vorgeben, deine Eltern gut zu kennen. Auch wenn jemand sagt, er brauche deine Hilfe, weil dort ein krankes Kätzchen liege, muss die Antwort immer ‚Nein' lauten."*

■ *Das Kind sollte niemals jemandem seine Adresse geben oder verraten, wo es vorhat, am nächsten Tag zu spielen.*

■ *Und bedenken Sie: Um jeden Argwohn der Eltern von vornherein auszuschließen, gilt unter Pädophilen: „Nicht mit der Mutter – aber auch nicht ohne die Mutter!" Ohne das Vertrauen und die Zustimmung der Eltern gibt es auf Dauer kein Beisammensein mit dem Kind. Und genau darum bemühen sie sich daher intensiv.*

■ *Pädophile sind selten skurrile Einzelgänger. Die meisten leben vollkommen unauffällig. Sie kommen aus allen Schichten, haben die verschiedensten Berufe.*

STRENG GEHEIM

Verschiedene Arten zu pfeifen

Wer ein echter Junge ist und das auch zeigen will, der kann auf einem Finger pfeifen. Wenn das nicht ganz so perfekt klappt, reicht es auch, wenn er es auf einem Grashalm, einer Samba- oder Signalpfeife kann. Ein kleiner Lehrgang in Sachen *„Pfeifen in allen Lebenslagen“*.

Pfeifen mit den Lippen
Diese Form des Pfeifens wird „labial“ genannt, weil man dafür die Lippen (lat. labia) verwendet. Dazu formt man die Lippen o-förmig und pustet. Schon müsste es klappen. Klingt einfach, ist es aber nicht, denn wie jeder Junge aus eigener Erfahrung weiß, muss man dafür üben – und niemand kann einem mehr sagen als „Mach die Lippen wie ein O“. Das Lustige daran: Diese Art zu pfeifen funktioniert auch, wenn man die Luft einsaugt. Wie immer die Luft auch strömen mag – mit den Lippen kann man nicht allzu laut pfeifen. Dazu muss man sich seiner Zunge bedienen.

Pfeifen mit der Zunge
Um einen lauten Pfeifton zu erzeugen, muss man die Zungenspitze fest gegen die oberen Schneidezähne bzw. an den harten Gaumen drücken und dabei mit den Lippen einen schmalen, breiten Schlitz bilden. Fest pusten. Auch hier gilt: Klingt einfach, ist schwer zu erlernen, wenn nicht sogar reine Talentsache.

Pfeifen mit einem oder zwei Fingern
Variante 1: Den Daumen und den Zeigefinger zu einem Ring formen und ihn so in den Mund stecken, dass man die Zunge nach hinten rollt; unbedingt darauf achten, dass nur in der Mundmitte Luft ausströmen kann (und nicht in den Mundwinkeln). Kräftig pusten. Und?
Variante 2: Sie wird gerne von dem bekannten Fußballtrainer Otto Rehagel angewandt. Dafür presst man die Rückseite des mittleren Glieds des kleinen Fingers gegen die Zungenspitze und klappt sie nach hinten. Lippen in der Mitte spitzen und kräftig pusten. So lange mit dem Winkel der umgeklappten Zungenspitze herumprobieren, bis ein lauter Pfiff ertönt.

Trillerpfeife
Erzeugt den typischen trillernden Ton (der kommt von dem Kügelchen, das sich im Inneren der Pfeife befindet). Eine Trillerpfeife sollte jeder Junge besitzen, wird sie doch als fester Bestandteil von Survivalausrüstungen immer wieder empfohlen.

Einfache Trillerpfeife

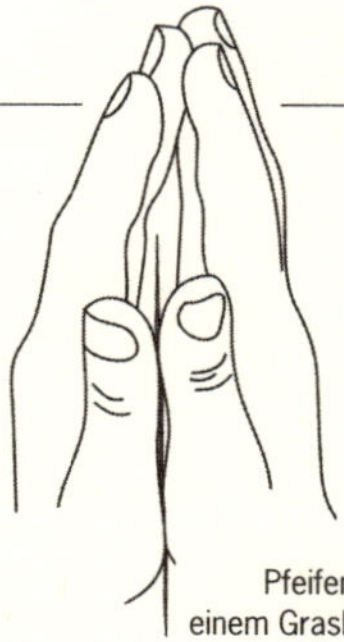

Pfeifen auf einem Grashalm

Pfeifen auf einem Grashalm
Einen glatten, längeren, nicht zu schmalen Grashalm abreißen und so zwischen die beiden Daumen klemmen, dass er straff in dem schmalen Zwischenraum liegt, der sich zwischen den beiden unteren Daumengliedern bildet. Nun die Lippen so an den Zwischenraum legen, dass man durchpusten kann. Jetzt müsste der typische Grashalmpfeifton zu hören sein.

Pfeifen mit vier Fingern
Man nehme die beiden Zeige- und Mittelfinger, stecke sie bis zum ersten Gelenk in den Mund und rolle dabei die Zunge nach hinten; die beiden Mittelfinger berühren einander im Mund. Zwischen diesen beiden Fingern entsteht ein schmaler Schlitz, durch den man pfeifen soll. Kräftig pusten. Diese Technik ▶

Fortsetzung: Ein kleiner Lehrgang in Sachen „Pfeifen in allen Lebenslagen“.

Sambapfeife

lässt sich mit einigem Üben erlernen. Sieht aber nicht so cool aus wie das Einfingerpfeifen. Aber man kann nicht alles haben in einem Jungsleben.

Sambapfeife
Das ist eine Pfeife, die aussieht wie eine Trillerpfeife, aber auf beiden Seiten kleine Aufsätze mit je einem Loch hat. Durch das Zu- und Offenhalten dieser Löcher kann man der Pfeife mehrere Töne entlocken – sehr wichtig bei den großen Karnevalsumzügen in Rio. Diese Pfeife ist ihrem Ursprung als Musikinstrument am nächsten.

Signalpfeife
Es gibt viele Arten. Einer davon kann man zwei Töne entlocken. Sie dient dazu, anderen ein bestimmtes Zeichen zu geben, sie zu warnen oder ein Notsignal auszusenden (und wird z. B. von der Feuerwehr verwendet, aber auch im Sport). Die einfachste Ausführung (mit nur einem Ton) hängt an Schwimm- und Taucherwesten.

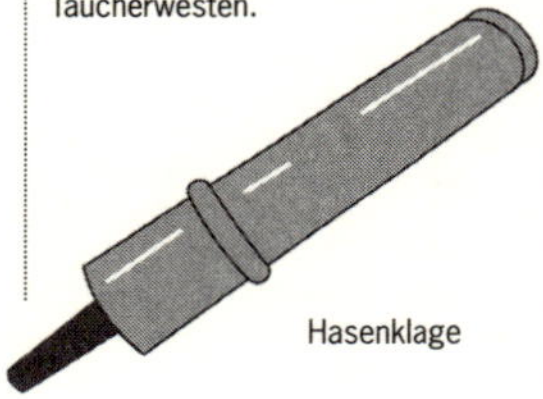

Hasenklage

Lockpfeife
Um Tiere anzulocken, gibt es diverse Lockpfeifen, die alle anders aussehen. Man bekommt welche für Enten, Eichelhäher, Krähen, Rehe, Haselhühner, aber auch für Füchse, Hüte- und andere Hunde (die Pfeifen kann man als Mensch bekanntlich gar nicht hören, weil sie so hohe Töne produzieren). Eingesetzt werden sie von Jägern, was ziemlich unfair ist, denn anstatt selber die Töne nachzumachen, verlassen sie sich auf Hilfsmittel. Die „Hasenklage“ z. B. macht den Ton eines verletzten Hasen nach (der dem eines schreienden Kindes ähnelt); damit kann man Füchse, Marder und Hunde anlocken. Es gibt mittlerweile auch elektronische „Wildlocker“, die die Laute technisch herstellen.

Vogelstimmen imitieren
Es gibt auch Holzpfeifen, die die Stimmen von Vögeln nachahmen – nur so zum Spaß und ohne Absicht.

Ist das noch pfeifen?

Wer eine Taube nachmachen will, kann das mit Hilfe seiner beiden Hände erreichen. Dazu muss man mit den beiden Händen eine luftdicht geschlossene Kugel bilden. Dabei die beiden Daumen parallel über die Handkugel gelegt halten. Wenn alles dicht ist, zwischen den unteren Daumengliedern einen schmalen Schlitz bilden. Nunmehr die Unterlippe an das obere Ende des Schlitzes anlegen, so dass man in den Hohlraum pusten kann (die Öffnung keinesfalls ganz schließen, sondern Platz lassen, damit die Luft wieder rausströmen kann). Nun den typischen Tauben-Ruf nachmachen *(„u-uuu-u“)*.

Geheime Botschaften und wie man sie verfasst

Welche Art auch immer man verwenden mag, seine Geheimbotschaft zu notieren: Am besten ist, man schreibt erst mal ein total langweiliges Brieflein, das jeder lesen kann *(„Liebe Oma, danke für deine Strümpfe. Ich habe mich sehr gefreut und ich trage sie ganz toll oft. Dein kleiner Enkel“)*. Auf dem Blatt aber ein bisschen Platz für die wichtige Botschaft lassen *(z. B. zwischen den Zeilen)*. Das trägt zur zusätzlichen Tarnung bei.

Wer etwas Vertrauliches aufschreiben will, kann das auf verschiedene Weise machen: Entweder lässt er die Botschaft verschwinden. Oder er denkt sich eine Sprache aus, die nur ein paar Eingeweihte verstehen.

Hier einige Hinweise, wie es klappt.

1. Unsichtbare Botschaften

Spezial Agenten-Tinte

Man benötigt: ■ ein Blatt Papier ■ einen Federhalter ■ unsichtbare „Tinte“ (Zitronensaft, Milch, Essig, Zwiebelsaft, Orangen- oder Grapefruitsaft) ■ eine Kerze oder Glühbirne

Federhalter in die Flüssigkeit tauchen und losschreiben. Sichtbar wird das Aufgeschriebene, wenn man das Blatt über eine Kerzenflamme hält (Obacht, dass das Papier nicht anbrennt) oder über eine starke, brennende Glühbirne. Der Grund: Die unsichtbare Tinte enthält Kohlenhydrate; wenn die erhitzt werden, verkohlen sie – und hinterlassen braune Spuren.

Der Bleistift-Druck

Man benötigt: ■ zwei Blatt Papier
■ einen harten Bleistift (bzw. Kugelschreiber/Stöckchen) ■ Wasser

STRENG GEHEIM

Eines der beiden Blätter anfeuchten. Auf den Tisch legen und darauf das zweite (trockene) Blatt. Mit dem Bleistift die Botschaft notieren, nicht zu fest aufdrücken. Das trockene Blatt entfernen. Auf dem darunter liegenden ist nun die Geheimbotschaft sichtbar. Sie verschwindet, sobald das Blatt trocken ist. Um sie wieder sichtbar zu machen, Blatt wieder anfeuchten. *Zu dieser Methode gibt es eine Variante.* Zwei Blätter übereinanderlegen, auf das obere mit hartem Bleistift die Nachricht schreiben; sie drückt sich auf das untere Blatt durch. Botschaft lesbar machen, indem man mit einem weichen Bleistift das Blatt schraffiert. Keine sehr sichere Methode.

Die Wachs-Methode

Man benötigt: ■ zwei Blatt Papier ■ dicke Kerze ■ Bleistift (bzw. Kugelschreiber/Stöckchen) ■ Mehl (bzw. Inhalt aus dem Bleistiftspitzer)

Das Schwierigste ist gleich der erste Schritt: Erst muss man ein Blatt Papier mit einer dünnen Wachsschicht überziehen. Dazu am besten eine dicke, brennende Kerze verwenden. Anschließend das Blatt mit dem erstarrten Wachs nehmen und mit der bestrichenen Seite nach unten auf das zweite Blatt legen. Nun mit dem Bleistift bzw. dem Kuli die Geheimnachricht auf das Blatt schreiben. Um die Botschaft zu entziffern, Mehl auf das zweite (untere) Blatt streuen oder den Inhalt des Bleistiftspitzers. Die feinen Partikelchen bleiben am Wachs hängen und machen die Schrift sichtbar. Andersherum geht es auch: Das zweite Blatt mit Wasserfarben anmalen; da Wachs bekanntlich Wasser abstößt, wird die Nachricht ebenfalls lesbar.

Nachrichtencenter für Agenten

Das gibt es zu kaufen (von Spygear, www.spygear.net), und es enthält Folgendes: ■ Einen Stift mit Geheimtinte ■ ein kleines blaues Licht (UV), das die Botschaft lesbar macht, wenn man draufleuchtet ■ einen kleinen Shredder, der alte Botschaften in schmale Streifen zerschneidet (wodurch sie für andere kaum mehr zusammenzusetzen sind) ■ Nachteile: kostet Geld, und der Empfänger der Nachricht benötigt einen UV-Stift; den haben nicht viele.

2. Verschlüsselungstricks

Die zweite Möglichkeit, eine Botschaft vor Uneingeweihten zu verbergen, besteht darin, sie zu verschlüsseln. Das heißt, man verwendet keine normalen Worte, sondern eine Geheimsprache, die nur den Eingeweihten bekannt ist. Es gibt drei Möglichkeiten für so eine Geheimsprache: *Entweder ersetzt man die einzelnen Buchstaben durch andere.* Die einfachste Methode besteht darin, das Alphabet verkehrt herum zu verwenden. Also A = Z, B = Y etc. So lautet die Nachricht plötzlich „PLNNV SVFGV ZYVMW AF NRI“ statt – ja, wie lautet sie denn? *(zur Entschlüsselung siehe die Tabelle nebenan und die Lösung 1).* Man kann auch kompliziertere Vertauschungen vornehmen, bei denen Buchstaben durch Zahlen und Zeichen ersetzt werden. Da sollte sich jeder etwas Eigenes ausdenken. Je komplizierter, desto besser. Der andere muss natürlich auch so eine Liste haben.

A	=	Z
B	=	Y
C	=	X
D	=	W
E	=	V
F	=	U
G	=	T
H	=	S
I	=	R
J	=	Q
K	=	P
L	=	O
M	=	N
N	=	M
O	=	L
P	=	K
Q	=	J
R	=	I
S	=	H
T	=	G
U	=	F
V	=	E
W	=	D
X	=	C
Y	=	B
Z	=	A

Mit Hilfe dieser Tabelle kann man leicht eine Botschaft ver- und entschlüsseln

Die zweite Möglichkeit besteht darin, *die Buchstaben innerhalb einer Nachricht auszutauschen und zwar nach einem bestimmten Gesetz.* Eine einfache Methode funktioniert so:

STRENG GEHEIM

❶ Erst mal einen kleinen Raster aufzeichnen, der zwischen 5 und 10 Zeilen breit ist (in unserem Fall haben wir ihn 7 Zeichen breit gemacht) – und beliebig viele Zeilen hat (unserer hat 5).

→

h	a	b	e		k	e
i	n	e		z	e	i
t		k	o	m	m	e
m	o	r	g	e	n	

❷ Nun den Geheimtext waagrecht in diesen Raster hineinschreiben – die Leerschritte zwischen den Wörtern gelten als eigene Zeichen! Anschließend sieht man, wie viele Zeilen man für den ganzen Text braucht (also 7 Spalten waagrecht und 4 Zeilen senkrecht).

❸ Jetzt diesen Raster andersherum aufmalen (4 Spalten waagrecht und 7 Zeilen senkrecht).

↓

h	i	t	m
a	n		o
b	e	k	r
e		o	g
	z	m	e
k	e	m	n
e	i	e	

❹ Nun die Geheimbotschaft senkrecht in diesen Raster schreiben.

→

h	i	t	m	
a	n		o	hitman
b	e	k	r	obekre
e		o	g	og
	z	m	e	
k	e	m	n	
e	i	e		zmekemneie

❺ Jetzt können wir problemlos unseren verschlüsselten Text ablesen – und zwar waagrecht. Er lautet also: „hitman obekre og zmekemneie". Ziemlich unverständlich, oder?

Lösung 1:
Die geheime Nachricht lautet: „KOMME HEUTE ABEND ZU MIR"

Damit unser Agentenkollege diese Nachricht dekodieren kann, müssen wir ihm bloß mitteilen, wie viele Zeichen der Raster breit gewesen ist, mit dessen Hilfe der Text verschlüsselt wurde. In unserem Fall lautet diese wichtige Information: „4".

Unser Freund wird also hingehen und einen Raster mit 4 Zeichen Breite anlegen (die Zeilenanzahl ist egal)

Dann wird er den Geheimsatz waagrecht eintragen …

h	i	t	m
a	n		o
b	e	k	r
e		o	g
	z	m	e
k	e	m	n
e	i	e	

… und kann die Botschaft senkrecht ablesen. Geschafft!

Eine dritte Möglichkeit wird an anderer Stelle dieses Handbuchs unter dem Titel *„Schreib schneller!"* gezeigt *(siehe Seite 199f.)*. Es geht darin um die vergessene Kunst des Stenografierens. Auch eine feine Sache.

Lasst die Jungs mal machen!

Viele Jahrzehnte lang galt es als großer Fortschritt, dass man Jungs und Mädchen gemeinsam unterrichtete. Damit werde alles für alle besser. Von dieser Euphorie ist man mittlerweile abgekommen. Vieles spricht dafür, dass Jungs unter sich bleiben sollten, wenn sie zur Schule gehen; erst dann ist es möglich, ihnen und ihren Eigenarten gerecht zu werden. Ein kleiner Ausflug in ein Gebiet, das gerne von Ideologen bewohnt wird.

Unterschiede, wohin man schaut. Wenn man den Jungs und Mädchen dabei zusieht, wie es ihnen in der Schule beim gemeinsamen Unterricht geht, dann fragt man sich rasch: Warum tun wir ihnen das an, Jungs wie Mädchen? Wie konnten wir nur auf die Idee kommen, die Koedukation, also die gemeinsame Erziehung, sei der Wahrheit letzter Schluss? Denn mittlerweile gibt es jede Menge Belege dafür, dass die Koedukation wenige Vor-, dafür aber umso mehr Nachteile hat.

Die Ursachen? Die lassen sich auf eine einfache Formel bringen: Jungs wie Mädchen sind in vielen wichtigen Punkten einfach zu unterschiedlich, als dass 1 LehrerIn in 1 Klassenraum mit 1 Lehrstoff die Differenzen auch nur ansatzweise überbrücken könnte. Das Resultat: Eine der beiden Gruppen wird benachteiligt; welche, das wechselt.

Der Koedukation lag die Überzeugung der sechziger Jahre zugrunde, Jungs würden sich deshalb so benehmen wie Jungs, weil sie von der Gesellschaft zu solchen erzogen würden. Heute sieht man das deutlich differenzierter und gesteht den Jungs zu, dass ihnen viele ihrer Eigenheiten angeboren sind und man diese respektieren muss: Jungs sind ganz einfach von Natur aus lauter, haben einen unbändigen Drang, sich zu bewegen, bevorzugen greifbare, konkrete, strukturierte Aufgaben, gehen schneller auf Konfrontationskurs mit den Großen und halten nicht viel von Gruppenarbeit. Die Mädchen hingegen bevorzugen von alledem das Gegenteil.

Andererseits hängen die Jungs in vielem hinterher: in der sprachlichen Entwicklung etwa. Deshalb brauchen sie länger, bis sie schreiben, lesen und vortragen können; sie beginnen ein bis zwei Jahre nach den Mädchen zu pubertieren, sind aufgrund ihrer Hirnentwicklung weniger dazu in der Lage, Auskunft über ihre Emotionen zu geben. Unter Stress wiederum blühen die Jungs – unter bestimmten Bedingungen – erst auf. Und die Mädchen? Sie sind in jedem einzelnen Punkt anders.

In dieser Tonart geht es weiter. Betrachtet man die Interessen von Jungs und Mädchen, wird man feststellen, dass sie sich eindrucksvoll voneinander unterscheiden. Wer das bezweifelt, muss bloß einen Blick in die Zimmer von Jungs und Mädchen werfen: verwüstete Ritterburgen, ausgedehnte Legobauten und Mineraliensammlungen auf der einen Seite – auf der anderen Seite akkurat eingerichtete Puppenhäuser, rosarote Sitzlandschaften und Pferdeposter. Was klingt wie dem Katalog der Gender-Vorurteile entnommen, ist triviale Realität – und ein Hinweis darauf, wie schwer es beispielsweise ist, Lesebücher zu finden, die Jungs wie Mädchen gleichermaßen faszinieren.

Der Mangel an Büchern, die auch für Jungs spannend sind, ist zum Beispiel daran schuld, dass sich viele von ihnen nicht besonders fürs Lesen erwärmen können – tun es aber plötzlich, wenn sie jungsrelevante Stoffe vorgesetzt bekommen, die Protagonisten haben, mit denen sie mitfühlen und -zittern können.

Dazu kommt, dass Jungs und Mädchen einander während des Unterrichts ständig beeinflussen. Naiverweise nahm man an, das führe zur Emanzipation der Mädchen und werde die Jungs anregen, sich von den Mädchen etwas abzuschauen. Doch leider läuft die Sache ganz anders: Die Koedukation verstärkt vielmehr all jene Klischees, die sie eigentlich beseitigen sollte. Denn anstatt offen mit ihren Stärken und Schwächen umzugehen, befürchten beispielsweise Jungs *(vor allem in der Pubertät)*, sich vor den Mädchen zu blamieren – sei es durch schlechte Leistungen in mädchenaffinen Fächern wie Deutsch oder durch ungeschicktes Auftreten oder Äußeres. Die Reaktion der Jungs? Sie flüchten in prononciert jungsklischeehaftes Verhalten, machen einen auf cool und lehnen alles ab, was sie für Mädchenkram halten *(lesen, Gefühle und Schwächen zeigen)*. Studien wie jene des deutschen Bildungsministeriums haben zudem gezeigt, dass Jungs gerne jene Fächer meiden, in denen die Mädchen besser sind *(„Bildungs[miss]erfolge von Jungen", 2008)*. Oder aber die Jungs befürchten als Streber angesehen zu werden und engagieren sich daher nicht in jenem Maße, das ihrem Können entsprechen würde. Außerdem spielt sich in gemischten Klassen bis heute stets das gleiche Spiel ab: Die Jungs dominieren das Geschehen und sagen in gemischten Klassen den Mädchen (und schwächeren Jungs), wo es langgeht. Alles romantischen Koedukationsgerede hat daran nichts ändern können.

Diese Konstellation bleibt natürlich nicht ohne Auswirkungen auf den schulischen Erfolg und die psychische Entwicklung der Jungs und der Mädchen. Wie sich gezeigt hat, sind es mittlerweile vor allem die Jungs, die jede Menge Probleme haben *(siehe „Rettet die Jungs!" auf Seite 28 ff.)*. So kann man in unzähligen Statistiken und Studien nachlesen, dass Jungs im Schulsystem immer weiter zurückfallen und die Mädchen nicht mehr benachteiligt sind (was sie zweifellos einmal waren).

Und jetzt? Die Lösung besteht natürlich nicht darin, sich nun auf die Jungs zu konzentrieren und die Mädchen aus dem Blick zu verlieren – einmal abgesehen davon, dass das die Political Correctness, *„die inzwischen von Frauen definiert wird" (wie Walter Hollstein in seinem Buch „Was vom Manne übrig blieb" schreibt),* nicht zulassen würde. Es geht vielmehr darum, folgende Erkenntnisse umzusetzen: Jungs und Mädchen sind gleich klug und haben die gleichen Voraussetzungen, alle Fächer dieser Welt zu meistern *(von wegen: Mädchen haben keinen Zugang zur Mathematik; das ist natürlich Quatsch).* Die entscheidende Frage lautet vielmehr: Auf welche Weise lernen Jungs und Mädchen am besten? Was uns schnurstracks zur These führt: auf ganz unterschiedliche, die miteinander schwer kompatibel sind.

So besteht der nächste große Schritt in der Emanzipation von Jungs und Mädchen darin, ihren Bedürfnissen gerecht zu werden und ein paar pragmatische Entscheidungen zu treffen. Zum Beispiel die, das starre System der Koedukation aufzugeben und in den relevanten Fächern zur Monoedukation überzugehen – also die Klassen wieder zu entmischen, die Jungs ihr Ding machen zu lassen und die Mädchen das ihre. Relevant ist das in all jenen Fächern, in denen das Geschlecht des Schülers seinen Lernerfolg verhindert, also in Deutsch sowie den naturwissenschaftlichen und musischen Fächern.

Dass diese Option allen guttun würde, zeigen diverse Experimente und Studien. In die pädagogische Geschichte eingegangen ist das britische Cotswold-Experiment; in dessen Rahmen hat die Lehrerin Marion Cox für zwei Jahre ihren Englischunterricht in streng nach Geschlechtern getrennten Klassen abgehalten. Und erzielte damit aufsehenerregende Ergebnisse – für die Jungs und die Mädchen; die Noten der Jungs beispielsweise steigerten sich um 400 %. Und die zwanzigjährige Langzeitstudie von Kenneth John Rowe vom australischen Council for Educational Research, an der über eine Viertelmillion Schüler teilnahmen, ergab ähnlich ermutigende Ergebnisse: Jungs wie Mädchen schnitten – im Vergleich zu ihren koedukativ unterrichteten Mitschülern – um 15 bis 22 Prozent besser ab; die Studie erschien im Jahr 2000.

Die Ursachen für die markanten Leistungssteigerungen und das Aufblühen der Jungs und Mädchen, bleiben sie erst mal unter sich, sind mannigfaltig. So können die LehrerInnen besser auf die Bedürfnisse der Jungs reagieren, ihnen Bewegungsraum geben, wenn sie ihn brauchen, ohne dadurch die tendenziell stilleren Mädchen zu stören. Jungsspezifische Bücher und Geschichten stehen ebenso im Zentrum des Unterrichts wie strukturierte, klar umgrenzte Aufgaben, wodurch sich die Aufmerksamkeit ebenso erhöht wie die Konzentration.

Zum anderen kommen die beiden Gruppen einander nicht mehr in die Quere, was dazu führt, dass sich die Jungs auch in Bereiche vorwagen, die klassischerweise von Mädchen besetzt werden *(Deutsch und Lesen)*. Die Jungs beginnen auch solche Aufgaben und Haltungen zu übernehmen, die oft stereotyp den Mädchen zugeordnet werden *(soziale Kompetenzen entwickeln, Empathie zeigen, gesprächiger werden);* weil die Jungs unter ihresgleichen sind, fällt es ihnen erfahrungsgemäß auch leichter, Fehler und Defizite einzuräumen, wodurch sie ganz allgemein das Gefühl haben, freier und entspannter zu sein.

Und schließlich treten in reinen Jungsgruppen die Unterschiede zwischen den einzelnen Kindern deutlicher hervor, weil sie mehr aus sich herausgehen und nicht mehr als *(typisches)* Mitglied einer Gruppe erscheinen; dadurch ergibt sich für die LehrerInnen die Chance, auf individuelle Wünsche und Bedürfnisse einzugehen. Vor allem während der Pubertät kommen durch die erwachende Erotik und Sexualität eine Reihe komplexer Themen ins Spiel, die den gemischten Unterricht zusätzlich belasten bzw. irritieren.

Um die ganze Sache auf eine einfache Formel zu bringen: Gleichmacherei bringt nichts! Wir sollten ihr also nicht das Wort reden, auch wenn das nicht leicht sein mag.

Träumen und phantasieren

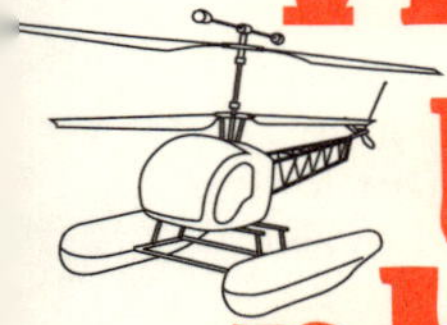

Über die Kunst, ein **Feuer** zu entfachen, ein **Lager** zu bauen und richtig **vorzulesen**, die Unsinnigkeit, die Jungs so **früh zu wecken** und aus ihren Träumen zu reißen, wie das allerorten üblich ist, und über die Dinge, die man bei einer **Schatzsuche** bedenken und einpacken sollte.

So sucht man einen Schatz

In der Welt der Jungs spielen verborgene Schätze eine wichtige Rolle. Was liegt daher näher, als loszuziehen und selber einen zu suchen? Wer weiß – schließlich wäre es nicht das erste Mal, dass Hobbyarchäologen etwas Wertvolles finden. Hier ein paar hilfreiche Tipps für einen abenteuerlichen Nachmittag.

Es gibt aufwändige Schatzsuchen, bei denen man erst umfangreiche Recherchen anstellt, in Archive geht und Quellen studiert. All das ist natürlich für einen vergnüglichen Nachmittag, den sich kleine und große Jungs miteinander machen wollen, vollkommen ungeeignet. Daher empfiehlt es sich, einfach an einen jener Orte aufzubrechen, wo es nicht völlig abwegig ist, Schätze zu vermuten. Solche Orte sind:

- Burg- und Kirchruinen
- historische Siedlungsgebiete
- Äcker, wo schon mal was gefunden wurde
- Quellen *(weil hier Menschen Halt gemacht haben)*
- Weggabelungen

Auch wenn es bloß eine kleine Schatzsuche werden soll, empfiehlt es sich, einiges an Ausrüstung mitzunehmen, denn das Hantieren damit macht den wesentlichen Reiz der ganzen Sache aus. Oder rechnen Sie allen Ernstes damit, einen Schatz zu finden? Eben!

Jeder Schatzsucher sollte zudem grundsätzlich mit viel Kombinationsgabe, kriminologischem Spürsinn, Geduld und Hartnäckigkeit ausgestattet sein. Eine Portion Glück gehört natürlich auch dazu – oder zumindest der Glaube daran.

Bevor Sie loslegen, sollten Sie sich als Expeditionsleiter ein paar Fragen stellen: Wem gehört das Grundstück, auf dem wir uns gleich bewegen werden? Ist es ok, wenn wir darauf herumstapfen und -graben? Ist die Gegend ein Grabungsschutzgebiet – dürfen wir dort vielleicht gar nicht suchen? Und: Brauchen wir vielleicht eine Genehmigung fürs Suchen? Wenn Sie sich alle Fragen zu Ihrer Zufriedenheit beantworten konnten, kann es losgehen.

☛ Ausrüstung! Benötigt werden:

■ eine genaue Karte des Gebiets ■ ein Luftbild des Gebiets (von Google) ■ ein Kompass ■ ein Metalldetektor *(ist ab 85 € zu haben u. a. in Elektronikketten wie „Conrad"; Profigeräte kosten ca. 400 €)* ■ Reservebatterien für den Metalldetektor ■ Taschenlampe ■ Notizbuch ■ Bleistift ■ Rucksack ■ Fernglas ■ Lupe ■ Arbeitshandschuhe ■ kleine Schaufel ■ rotweißrotes Absperrband

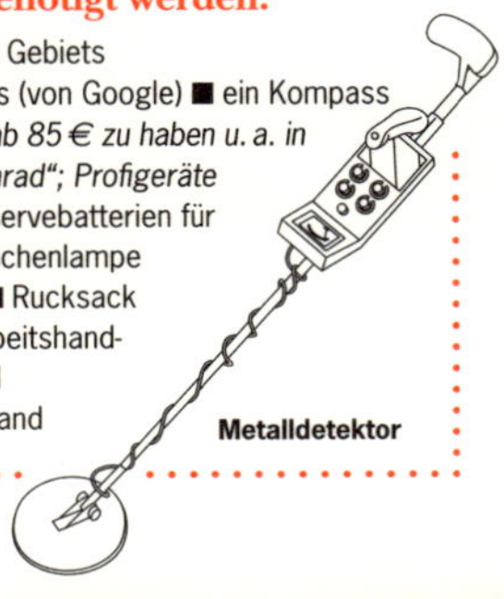

Metalldetektor

☛ So geht's. Schatzsuche mit Metalldetektor

■ Am besten einen kleinen **Suchplan** zeichnen. Dafür die Karte der Gegend zur Hand nehmen *(lieber eine Kopie, denn gleich werden wir auf ihr herummalen)*; anschließend das Gebiet in gleich große Planquadrate unterteilen.

■ Das Quadrat, das Sie absuchen wollen, mit dem **rotweißroten Absperrband markieren:** am Boden auslegen oder an Stöcken befestigen.

■ Jetzt den **Metalldetektor** etwa zwei cm über dem Erdboden halten und das Quadrat systematisch von Süd nach Nord abgehen. Für dieses Abgehen gibt es verschiedene Methoden, u. a. die **Rastersuche** und die **Suchspindel** *(Details siehe nebenan)*.

■ Jedesmal, wenn der Metalldetektor ausschlägt, den entsprechenden Punkt in der Karte **markieren**.

■ Wenn der Detektor nur ein bisschen ausschlägt, **gleich nachsehen**, was da am Boden liegt *(es könnte etwas Kleines sein, ein Ring zum Beispiel oder ein wertvoller alter Nagel!)*. Das gegrabene kleine Loch gleich wieder zuschütten. Denn grundsätzlich gilt: Das abgesuchte Gelände so verlassen, wie man es vorgefunden hat.

■ Wenn sich auf der Karte ein größeres Fundstück abzeichnet, vorsichtig mit dem **Graben** beginnen.

■ **Obacht:** Wenn man auf metallische Dinge stößt, die irgendwelche Knöpfe, Hebel oder Stifte haben – Finger weg und die nächste Polizei verständigen; es könnte sich um irgendetwas Explosives handeln *(eine Mine oder Bombe gar!)*. Lieber übervorsichtig sein als den Helden spielen.

■ Keine Expeditionen in **Höhlen, Stollen** oder **einsturzgefährdete Bauwerke** unternehmen! Das ist nur was für Profis und nichts für einen fröhlichen Jungsnachmittag. Wer wissen will, was diese Profis so treiben, kann sich im Internet umsehen – beispielsweise auf *www.schatzsucher.de*, wo es ein Forum gibt, in dem sich Hobby-Archäologen unterhalten und in dem hilfreiche Tipps für Anfänger zu finden sind. Ein Magazin für Schatzsucher gibt es auch, mal unter www.schatzsucher-magazin.de ansehen, ob man damit etwas anfangen kann.

Natürlich gibt es auch die Möglichkeit, **ohne Metalldetektor** nach Schätzen zu suchen, allein: Dieses Vorhaben gestaltet sich in der Regel sehr kompliziert, weil potentielle Orte entweder archäologisch erschlossen werden *(und man dort nicht so ohne weiteres herumsuchen kann)* oder direkt mit der jüngeren Geschichte zu tun haben *(Stichwort: Bunker, unterirdische Produktionsanlagen)* – auch keine Orte, die wir mit unseren Jungs aufsuchen wollen.

Es gibt freilich einzelne archäologische Grabungskampagnen, die explizit Laienschatzgräber ansprechen, damit diese ihnen bei der Arbeit helfen *(so u. a. in der südostspanischen Provinz Murcia, wo man nach Resten der Neandertaler gräbt)*. Es lohnt sich zu recherchieren, ob es solche Orte in der Nähe des eigenen Wohnorts gibt.

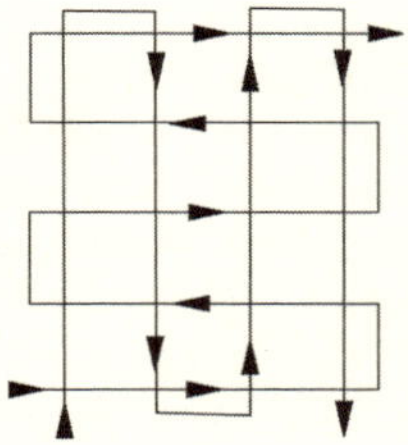

Rasterförmige Suche

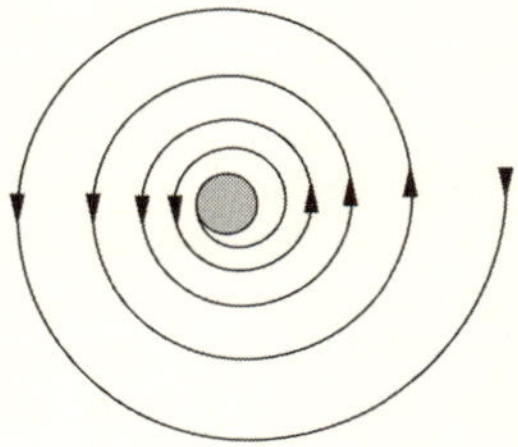

Spindelförmige Suche

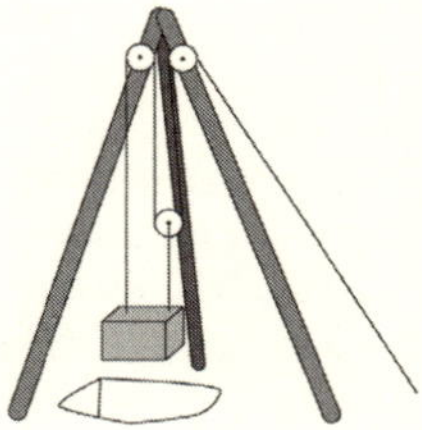

So einen Dreibeinkran mit Flaschenzug braucht man, wenn man einen richtig großen Schatz heben will

Was willst du denn mal werden?

Wenn Jungs darüber nachdenken, welchen Beruf sie ergreifen könnten, dann haben sie meist keinen konkreten Job im Auge. Die Frage nach einem Beruf dient vielmehr dazu, zu phantasieren und sich Geschichten über die eigene Zukunft auszudenken. Leider haben sie später, wenn es ernst wird, meistens alles wieder vergessen und entscheiden sich für typische Jungsberufe.

Eben haben sie sich noch ausgedacht, Gärtner zu werden, um Blumen zu züchten, die wunderbar schmecken und schön anzusehen sind. Doch sind die Jungs erst mal so weit, um über ihre Berufsausbildung und ihr Studium nachzudenken, ist es mit ihrer Phantasie wieder vorüber. Und sie träumen klassische Jungsträume. Welche Statistik man auch befragt, immer steht das Gleiche drin: Jungs bevorzugen typische Jungsberufe. Und das, obwohl ihnen heute, da die Rollenklischees immer mehr verschwinden, alle Möglichkeiten offenstünden. So konzentriert sich die Hälfte der Jungs auf jene zwanzig Berufsausbildungen, die am stärksten besetzt sind; an der Spitze steht übrigens die Ausbildung zum „Kraftfahrzeugmechatroniker“.

Wie attraktiv ein Beruf auf Jungs wirkt, hat entscheidend mit dessen Bezeichnung zu tun. So zitiert das deutsche Familienministerium eine Untersuchung, dass vor allem jene Berufe einen hohen Anteil an männlichen Azubis aufwiesen, die folgende Wortteile beinhalten: „-bau-“, „-bauer-“, „-elektr-“, „-elektronik-“, „-(fach)arbeiter-“, „-fachkraft-“, „-führer-“, „-holz-“, „-industrie-“, „-informat-“, „-konstrukt-“, „-macher-“, „-mechanik-“, „-metall-“, „-modell-“, „-monteur-“, „-system-“, „-techn-“, „-verarbeiter-“, „-werk(er)“, „-werkzeug-“.

Unter den Studenten herrschen die gleichen klaren Verhältnisse: Die Jungs sind mit rund 60 % Anteil in den Naturwissenschaften und im Fach Mathematik überrepräsentiert; noch deutlicher ist es bei den Ingenieurswissenschaften, deren Studenten zu 80 % Jungs sind; das Lehramtsstudium hingegen ist eine reine Frauendomäne.

Die Folgen dieser wenig einfallsreichen Berufswahl unserer Jungs: Sie bringen sich selber unter erhöhten Konkurrenzdruck und verbauen sich viele Chancen, ein entspanntes Berufsleben zu führen und Karriere zu machen; Mädchen machen es genauso.

Es ist also mehr als sinnvoll, mit den kleinen Jungs immer wieder kleine Runden einzulegen, die man mit der Frage „*Was willst du denn mal werden?*" einleitet – um dann tatkräftig Vorschläge wie die folgenden in die Debatte zu werfen (vielleicht blitzt ja später im richtigen Moment die Erinnerung an das fröhliche Spiel wieder auf):

- Eissortenerfinder
- Kinderspielzeugentwickler
- Instrumentenbauer
- Krankenpfleger

- Vogelzüchter
- Salsalehrer
- Klavierstimmer
- Drachenkonstrukteur
- Raumplaner
- Astronom
- Grundschullehrer
- Geräuschemacher beim Film

- Flexograph (Stempel- und Türschildmacher)
- Seiler

- Schokoladen-Designer
- Hopfenpflanzer
- Reinigungstaucher
- Croupier
- Circusclown

- Glockengießer
- Eventmanager
- Fährmann

- Parfümerfinder
- Abt
- Seebestatter
- Kartograph
- Tätowierer

- Wahlbeobachter
- Skilehrer
- Solarteur (installiert Solartechnik)

- Pflegebegleithundtrainer
- Puppenspieler

- Pferdepsychologe
- Tatortreiniger
- Hochzeitsplaner
- Ölbohrer
- Minenentschärfer
- Dompteur
- Ozeanograph
- Foodstylist

- Mediator
- Umweltaktivist
- Communitymanager
- Ökobauer
- Kindergärtner

So bastelt man sich ein eigenes Wappen

Es gibt viele Möglichkeiten für Jungs, den anderen zu zeigen, was ihnen wichtig ist und welche Ideale sie haben. Eine spielerische Variante ist es, ein eigenes Wappen zu basteln, für das sie sich entsprechende Symbole ausdenken.

Hier eine kleine Anleitung für eine Bastelstunde, die mit den Rittern ihren Anfang fand.

Ein Feuerschwert fürs Wappen

Vorgeschichte. Weil Ritter im 12. Jahrhundert Rüstungen und Helme trugen, waren sie schwer voneinander zu unterscheiden, erst recht, wenn sie in großer Zahl auftraten wie in Ritterheeren oder bei Turnieren. Deshalb mussten sich die Heerführer und Landesherren etwas einfallen lassen, um wenigstens zu wissen, wer zu welcher Gruppe gehörte. So kam es, dass man einfache, aber markante Farben und Zeichen auswählte und sie auf die Schutzschilde der Ritter malte. Und schon wusste jeder, zu welchem Heer und zu welchem König der entsprechende Mann gehörte.

Grundsätzliche Fragen. Beim Entwurf sollte man sich fragen: Welche Dinge oder Symbole sind typisch für mich, bzw. welche dieser Zeichen sollen mir zusätzliche Eigenschaften verleihen? Wer sich beispielsweise ein Zeichen für Mut und Weitblick wünscht, der kann einen Adler in sein Wappen aufnehmen. Ein Feuerschwert kann verwenden, wer zeigen will, dass er einen Sinn für Gerechtigkeit hat – oder Star Wars gut findet. Der Phantasie sind keine Grenzen gesetzt; man sollte nur zusehen, dass die Symbole verständlich sind und verdeutlichen, was man zeigen will.

☛ Der Aufbau eines klassischen Wappens

Wer ein eigenes Wappen entwerfen will und sich dabei an der klassischen Form orientieren will, der sollte folgende Elemente verwenden: ❺ Ein Schild ❷ einen Helm ❶ einen Zieraufsatz für den Helm ❸ eine Helmdecke (diente als Nackenschutz und war am Helm befestigt) ❹ zwei Schildhalter (Figuren, die das Schild halten) ❻ Zeichen (auch „gemeine Figur“ genannt). Es steht natürlich jedem frei, diese Elemente zu variieren und durch zeitgenössische Dinge zu ersetzen – welche das sein könnten, davon auf der nächsten Seite ein wenig mehr.

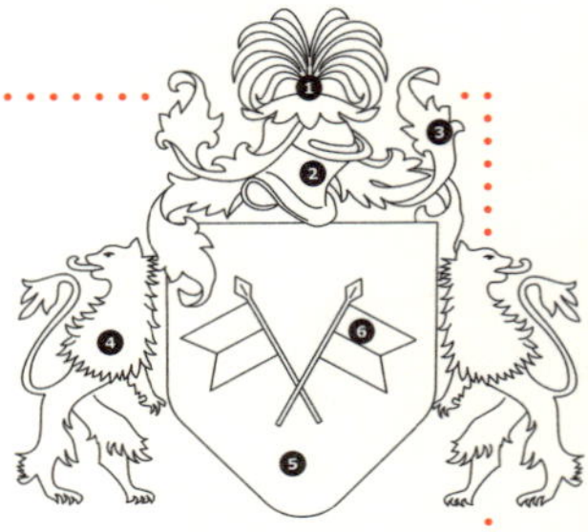

Frei verwendbare Bilder für Wappen wie diesen Elefanten mit Turm am Rücken findet man auf der Seite www.heraldicclipart.com

Bilder/Symbole. Am besten ist natürlich, wenn man all jene Bilder und Symbole, die man auf seinem ganz persönlichen Wappen haben will, selber zeichnet und ausmalt – das macht das Wappen unverwechselbar. Wer zum Selberzeichnen und -malen ein paar Anregungen braucht, ist mit dem Internet am besten bedient. Einfach die Bildersuche einer großen Suchmaschine aufrufen und loslegen.

Kleiner Nebeneffekt des Wappenbastelns. Während die großen Jungs den kleinen beim Wappenbasteln helfen bzw. ein bisschen zusehen, können sie ihnen etwas über die eigene Familie erzählen – von all den anderen Jungs beispielsweise, die schon vor ihnen da waren und in deren Reihe sie stehen. Dieses Vorhaben bietet für die Großen einen sehr guten Anlass, sich selber einmal näher mit der eigenen Familie zu beschäftigen.

Auf der Homepage www.wiki-de.genealogy.net/Hauptseite kann man sich umfassend über die computergestützte Ahnenforschung informieren

Mittlerweile gibt es ganz ausgezeichnete und günstige Softwarepakete für den Computer zu Hause, die aus den Lebensdaten der Familie die tollsten Stammbäume fabrizieren – sogar in dreidimensionaler Form. Das heißt, man kann den Jungs sehr anschaulich zeigen, wo sie ihren Platz gefunden haben.

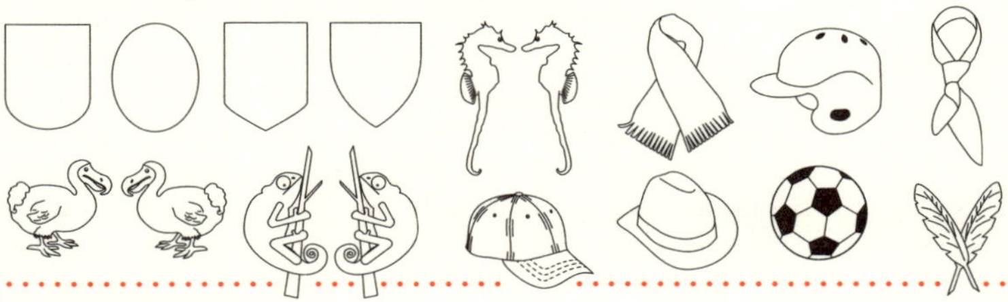

☛ Bastelanleitung

❶ Am besten, man nimmt für den Entwurf seines Wappens einen dicken Karton (DIN-A4) und skizziert mit Bleistift die Grundform des Schildes, der Schildhalter usf. ❷ Die einzelnen Bestandteile des Wappens dann auf einem eigenen Blatt Papier entwerfen, korrigieren, bemalen etc. – und erst wenn sie fertig sind, auf den Karton kleben. ❸ Wenn das Wappen fertig ist, das Wappen einscannen und, wenn nötig, noch ein bisschen mit einem Bildbearbeitungsprogramm korrigieren. Anschließend kann man das Wappen verkleinern und auf Papis Farbdrucker ausdrucken. *(Wenn es zu Hause keinen gibt, dann soll Papa das bitte am Arbeitsplatz erledigen).* Oben einige Vorlagen bzw. Anregungen: die wichtigsten Schildformen, einige mögliche Schildhalter (Dodos, Chamäleons, Seepferdchen) sowie ein paar jener Symbole, die die Jungs ins eigene Wappen aufnehmen können.

Noch eine Viertelstunde, bitte!

Allmorgendlich spielt sich in den meisten Haushalten das gleiche Drama ab: Die Jungs sollen aufstehen, weil sie zur Schule müssen – wollen aber noch ein bisschen länger schlafen, weil sie müde sind. Viele Jahre hieß es: *„Faulpelze, ihr seid nur zu bequem!"* Jetzt ist Rettung in Sicht, denn Schlafforscher haben bewiesen, dass unsere Jungs – subjektiv gesehen – mitten in der Nacht zum Unterricht müssen. Ein kleines Plädoyer für einen späteren Unterrichtsbeginn, der freilich an der herrschenden Praxis nichts ändern wird. Aber man wird ja noch träumen dürfen ...

Bislang galten Jungs, die morgens nicht aufstehen wollten, als faule Kerle, die wie immer zu spät ins Bett gegangen waren; man müsse sie nur zwingen, sich früher hinzulegen, und alles würde gut. Von dieser Allerwelts-Elternweisheit müssen wir uns schleunigst verabschieden. Die Jungs, die da mit verquollenen Augen am Frühstückstisch sitzen, tragen keine Schuld am ewigen Kampf ums Schlafengehen und Aufstehen. Vielmehr liegt es in ihrer Natur, dass sie spät müde werden und eine Aversion gegen das Frühaufstehen haben. Und das kommt so.

Was ist am Schlaf kleiner Jungs so anders?

Vieles. Und zwar Entscheidendes. Es beginnt damit, dass kleine Jungs mehr Schlaf brauchen als wir großen, mindestens neun, am besten zehn Stunden. Das Entscheidende: Diese zehn Stunden lassen sich nicht zu beliebigen Zeiten *„erledigen"*. Vielmehr haben kleine Jungs einen anderen biologischen Rhythmus als wir Erwachsene. Daher ist ihr Schlaf an ganz bestimmte Zeiten gebunden. So befinde sich, sagt der bekannte deutsche Chronobiologe Jürgen Zulley, der Körper von Kindern in der Zeit zwischen 6.30 und 7.00 Uhr morgens auf einem energetischen Tiefpunkt; andere Experten dehnen diese Zeit sogar bis 8.00 Uhr aus. Der jugendliche Körper ist in diesen Zeiten so fit wie um Mitternacht, das heißt: gar nicht. Wer ihn zu diesem Zeitpunkt weckt, tut das Falsche, weil der Körper noch gar nicht bereit ist für irgendwelche Leistungen, sondern lieber noch ein, zwei Stunden länger liegen bleiben würde. Ganz besonders trifft all das auf pubertierende Jungs zu, also solche, die zwischen 14 und 18 Jahre alt sind; wegen des Ansturms der Hormone funktioniert ihre innere Uhr ganz anders als die von Erwachsenen. Wenn sie um ca. 6.30 Uhr aufstehen, dann seien sie, so Zulley vom Schlafmedizinischen Zentrum der Psychiatrischen Klinik in Regensburg, in einem Zustand wie jemand, der Alkohol getrunken habe: benebelt und gar nicht wach.

Und um die Sache für die Jungs noch schwieriger zu machen, heißt es alljährlich Ende März: Sommerzeit! Das bedeutet, dass die Kinder noch eine Stunde früher aufstehen müssen, was noch weniger ihrem Biorhythmus entspricht.

Was folgt aus alledem?

Dass der Unterricht zu früh beginnt. Denn in den allermeisten Schulen in Deutschland, Österreich und der Schweiz geht es um 8.00 Uhr los, in manchen sogar ein wenig früher. Das führt dazu, dass die Jungs zwischen 6.00 und spätestens 7.00 Uhr aufstehen müssen – zu einem denkbar ungünstigen Augenblick also. Das kann natürlich nicht ohne Folgen auf unsere Jungs bleiben. Es beginnt damit, dass sie lustlos in ihren Frühstücksflocken stochern, und endet damit, dass sie den ganzen Tag über müde sind und sich schlechter konzentrieren können, als es ihnen von Natur aus möglich wäre.

Zudem durchleben die Jungs in besagten Morgenstunden ihre letzte nächtliche Traumphase. Wer sie jetzt weckt, stört sie also beim Träumen. Das ist deshalb Riesenquark, weil diese Träume aktiv daran beteiligt sind, neue und wichtige Informationen fest im Gedächtnis zu verankern. Überspitzt könnte man sagen: Wer Jungs so früh weckt, um sie zur Schule zu schicken, hindert sie gleichzeitig daran, klüger zu werden. Es ist, als würden wir ihnen vor einem Spaziergang noch schnell einen Rucksack mit ein paar Wackersteinen umhängen.

Dann sollen sie eben früher ins Bett!
Das nützt nicht wirklich etwas, denn der biologische Rhythmus ist – wie der Name sagt – eine natürliche Konstante. Der Schlafrhythmus ist, wie er ist. Wir können die Jungs

☛ Tipps, wie man sich mit der gegebenen Situation arrangieren kann
Es nützt ja nichts, eine problematische Situation zu beklagen und gar nicht auf sie zu reagieren. Daher hier ein paar Hinweise, wie das Einschlafen und Aufstehen leichter fallen können – selbst wenn all das zu früh geschehen mag.

Besser einschlafen

- Immer zur selben Zeit ins Bett *(Jungs sind Gewohnheitstiere).*
- Rituale einhalten: ein Buch lesen, ein Lied singen, ein bisschen sanfte Musik hören.
- Unmittelbar vor dem Schlafengehen nicht fernsehen, am Computer oder an der Videokonsole spielen; keinen Sport betreiben; all das beschäftigt das Jungshirn merklich, macht sie wach und hindert sie daran, zur Ruhe zu kommen.
- Früh genug vor dem Schlafengehen zu Abend essen.
- Keine Haustiere ins Schlafzimmer mitnehmen – sie schnarchen oft, wie Forschungen herausgefunden haben, und stören damit den Schlaf.
- Die Jungs mehr ins Freie schicken: Das Tageslicht übt eine starke Wirkung auf unseren Biorhythmus aus; wer dauernd in geschlossenen Räumen sitzt, dem fehlt das Sonnenlicht als Zeitgeber; wer hingegen draußen ist, wird abends früher müde und hat dann weniger Probleme aufzustehen.
- Das Bett nur zum Schlafen verwenden; es nicht fürs Toben, Fernsehen und Spielen benutzen.
- Den Schlafraum dunkel halten, für Ruhe und angemessene Temperatur sorgen *(ideal sind 16 bis 19 °Celsius).*
- Keinen Mittagsschlaf machen, wenn die Jungs abends noch lange wach bleiben.
- Jungs die Dinge beenden lassen, die sie vor dem Zubettgehen angefangen haben; wer sie aus einem Spiel herausreißt wühlt sie emotional auf.

Besser aufwachen

- Immer zur selben Zeit aufstehen *(Jungs sind Gewohnheitstiere).*
- Für möglichst viel natürliches Licht sorgen, wenn es ans Aufstehen geht – Vorhänge und Jalousien auf; Sonnenlicht wirkt aktivierend.
- Keine schrillen Wecker oder sonstwie unangenehmen Aktionen unmittelbar beim Erwachen.
- Nicht auf den letzten Drücker aufwecken; die Jungs sollten Zeit haben, sich ein wenig zu sortieren und in Fahrt zu kommen.
- Ausgiebiges, gesundes Frühstück *(Müsli, Obst, Fruchtsaft, Milch, Joghurt).*
- Kühl bzw. kalt duschen *(der Tipp richtet sich aber eher an die großen Jungs).*
- Die Jungs nach ihren Gefühlen fragen – das führt direkt zu einem Gespräch über Träume; wer schlecht geträumt hat, wird davon mitunter eine Zeitlang belastet

Extratipp für die Lehrer

- In den ersten beiden Unterrichtsstunden keine Klassenarbeiten schreiben; die Jungs sind noch nicht fit!

zwar früher ins Bett schicken, sie werden aber, wie erfahrene Eltern aus eigener Anschauung wissen, wach bleiben, Quatsch machen und so spät einschlafen wie immer. Und schon fehlen wieder zwei der zehn Stunden, die Jungs dieses Alters benötigen.

Dazu kommt, dass sich in unserer Gesellschaft die Schlafenszeit ganz generell nach hinten verschoben hat: Wir legen uns später hin, stehen aber gewohnt früh auf – der Psychologe Stanley Coren hat diesem Phänomen ein ganzes Buch gewidmet, das den vielsagenden Titel „Die unausgeschlafene Gesellschaft" trägt; darin zeigt er unter anderem, was alles schiefgeht, weil wir allesamt zu wenig schlafen (Unfälle, Krankheiten). Diese Verschiebung der Einschlafzeit, so der Chronobiologe Till Roenneberg von der Uni München, habe einen einfachen Grund: Weil wir zu viel in geschlossenen Räumen sitzen, bekommen wir zu wenig natürliches Licht ab; dadurch erfolge der Impuls einzuschlafen später, denn seit Jahrtausenden seien wir daran gewöhnt, uns am Lauf der Sonne zu orientieren.

☛ Wann der Unterricht klugerweise beginnen sollte

Wann sollte denn der Unterricht beginnen?
Auf jeden Fall später! Darin sind sich alle Experten einig. Am besten, so Roenneberg, wäre 9.00 Uhr; besonders wichtig sei das für Jungs ab zwölf Jahren. Roenneberg sagt: *„Jugendliche vor 9.00 oder 9.30 Uhr zu unterrichten ist ziemlich kontraproduktiv."* Und Zuley empfiehlt gleich noch, den Jungs länger Zeit zu geben, den Unterrichtsstoff zu bewältigen. Mit einem Wort: Er plädiert für die Ganztagsschule *(was im Übrigen viele Fachleute tun, aber das nur nebenbei).* Selbst Baden-Württembergs Ministerpräsident Günther Oettinger von der CDU hat sich im Januar 2006 für eine Verschiebung des Unterrichtsbeginns eingesetzt: Eine *„halbe oder ganze Stunde später"* wäre ideal.

Wen es noch zu überzeugen gilt
Die Eltern. Die müssen nämlich ihrerseits früh am Arbeitsplatz erscheinen und sind darauf angewiesen, ihre Jungs möglichst früh in der Schule abliefern zu können. So gibt es immer wieder Versuche privater Schulen, später anzufangen, die stets am vehementen Einspruch der Eltern scheitern. Und auch viele Lehrer sind dagegen, weil sie lieber einen schulfreien Nachmittag haben, als vormittags später loszulegen. Tja, so einfach ist das manchmal: Während auf der einen Seite beteuert wird, das Wohl der Kinder gehe über alles, wird an einer problematischen Situation nichts verändert, weil die Großen ein paar Unannehmlichkeiten in Kauf nehmen müssten.

Wo es mit dem späteren Unterrichtsbeginn schon klappt
In England zum Beispiel. Dort beginnt der Unterricht um 9.00 Uhr. In Portugal und Spanien ebenfalls. In den Niederlanden und Irland geht es um 8.45 Uhr los und in Belgien und Griechenland immerhin erst um 8.30 Uhr. Es gibt Schlafexperten, die die schlechten Ergebnisse deutscher Schüler bei der PISA-Studie unter anderem darauf zurückführen, dass sie zu früh in der Schule herumhängen. Also, packen wir es an: Bleiben wir liegen – zumindest eine halbe Stunde länger.

So baut man sich ein Lager

Eines der klassischen Jungsdinge ist es, Behausungen zu bauen, die dann als Lager dienen. Das beginnt auf dem heimischen Sofa und endet auf einer hohen Buche. Dabei geht es immer um dasselbe: um das wunderbare Gefühl, seine Phantasien Wirklichkeit werden zu lassen – und sie sogar bewohnen zu können. Hier ein paar Vorschläge, geordnet nach dem Temperament der jungen Bauherren.

Für Ungeduldige

EINFACHES ZELT: In den meisten Baumärkten gibt es billige, olivgrüne Gewebeplanen. Sie dienen eigentlich dazu, etwas zuzudecken, und haben daher an den Ecken Metallösen. Perfekt, um daraus schnell eine Behausung zu bauen.

Material:

■ Gewebeplane *(3 x 4 m)*
■ Kunststoffseil *(10 m)*
■ 4 kurze Stöcke *(können auch krumm sein)*

Aufbau:

❶ Seil zwischen zwei Bäumen in ca. 1 m Höhe spannen
❷ Plane drüberlegen
❸ an den vier Ecken *(Metallösen)* mittels Stöcken am Boden fixieren – fertig

Für Traditionalisten

TIPI: Wer in einer ruhigen Ecke des Gartens gemeinsam mit seinem besten Freund ein Basislager für den Nachmittag aufschlagen will, der kann sich ein klassisches Indianerzelt bauen. Geht recht schnell, muss aber abends wieder weg, weil es nicht wetterfest ist.

Material:

■ 6 lange Holzstangen *(am besten Bohnenstangen, ca. 2,5 m lang)*
■ 2 kurze Seile *(ca. 50 cm lang)*
■ mehrere Decken oder dünne, leichte Teppiche *(Obacht und bei der Materialsuche bedenken: Niemand kann garantieren, dass sie nicht schmutzig werden)*
■ 20 bis 30 große Foldback-Büroklammern *(das sind diese schwarzen, metallischen Klammern, die man eigentlich im Büro für Papierstapel braucht; siehe links; sie eignen sich hervorragend für alle möglichen anderen Dinge, u. a. für das Zusammenklammern von Decken; es gibt sie von 15 bis 50 mm Größe)*

Aufbau:

❶ aus 3 Stangen eine Grund-Pyramide bauen, dabei die Stangen ein wenig in die Erde rammen
❷ die Stangen oben, ca. 30 cm unter dem Stangenende, zusammenbinden
❸ nun die 3 anderen Stangen nach demselben Muster aufbauen *(so dass sich ein stabiles Grundgerüst ergibt, das die Decken trägt)*
❹ die zweiten 3 Stangen ebenfalls oben zusammenbinden
❺ jetzt sind die Decken dran: oben, an der Tipispitze beginnend, die Decken über das Gerüst legen
❻ die Decken mit den Foldback-Klammern zusammenheften
❼ den Eingangsschlitz nicht vergessen (über den kann man noch ein kleines Tuch hängen)
❽ fertig; Friedenspfeife nicht vergessen

Für Tüftler und Techniker

BAUMHAUS: Es gibt sehr viele Möglichkeiten, ein richtig tolles Baumhaus zu bauen. Man kann sich mit einer einfachen Aussichtsplattform begnügen, eine Art Kiste mit Dach bauen oder aber eine abenteuerliche Behausung mit allem Drum und Dran, die durch eine Hängebrücke mit dem Nachbarbaumhaus verbunden ist. Es gehört einiges handwerkliches Geschick dazu, ein ordentliches Baumhaus hinzubekommen. Daher an dieser Stelle die wichtigsten Eckdaten für die Errichtung einer einfacheren Variante, einer Plattform mit Dach und Leiter.

Basics:

■ besonders gut geeignete Bäume: Eschen, Buchen, Eichen *(sie sind langlebig und stabil)*
■ für unser Baumhaus benötigt man nur einen Baum *(es gibt Modelle*

für zwei, drei oder gar vier Bäume)

- der Baum sollte gesund sein und mindestens 30 cm Umfang haben
- sicheren Abstand zu anderen Gebäuden einhalten, damit diese durch die Bauarbeiten keinen Schaden nehmen

Vorbereitung:

- eine genaue Skizze des Baumhauses anfertigen
- die Gegebenheiten des Baumes berücksichtigen (krumme Äste, schräger Stamm)
- am besten, man stellt sich bei der Planung vor, wie man einen Würfel zwischen Stamm und Äste einpassen kann: ein Befestigungspunkt des Baumhauses kann der Baumstamm sein, der andere ein Ast oder eine Stützkonstruktion *(siehe linke Skizze)*

Material:

- 20 cm dicke Balken für die Plattform
- 10 cm dicke Balken für die Dachkonstruktion
- 1,5 cm dicke Bretter für den Boden, das Dach und die Wände des Baumhauses
- Wasserwaage
- 10 m langes, dickes Seil
- Maurerschnur
- 4 Schlüsselschrauben *(100 mm lang, 10 mm Durchmesser)* und Unterlegscheiben
- Schnellbauschrauben *(60 bis 100 mm lang)*
- Akkubohrer und Holzbohrer Nr. 8
- Akkuschrauber bzw. Schraubendreher
- Schraubenschlüssel *(für Schlüsselschrauben)*
- Schere
- Flaschenzug für den Lastentransport *(siehe Seite 220 f.)*

Aufbau:

❶ mit der Errichtung der Plattform beginnen (ca. 1,50 m im Quadrat), am besten in einer Höhe, die auch vom Boden aus erreichbar ist *(vermindert Risiken beim Aufbau)*

❷ die entsprechenden Eckpunkte für die Plattform markieren und mit der Maurerschnur verbinden *(die Schnüre mit der Wasserwaage horizontal ausrichten)*

❸ in den Baumstamm ein 5 cm tiefes Loch bohren *(Holzbohrer Nr. 8)*

❹ jetzt zum Hochheben des Baumaterials den Flaschenzug einsetzen

❺ einen Balken mit der Schlüsselschraube und Unterlegscheibe an den Baum schrauben *(dazu den Balken provisorisch mit einem Seil am Baum befestigen)*

❻ das andere Ende des Balkens mit einem Ast verschrauben *(Wasserwaage, Schlüsselschrauben)*

❼ die anderen Balken ebenso verschrauben *(Schlüsselschrauben)*

❽ nun innerhalb des so geschaffenen Rahmens die Bodenträger-Balken anbringen *(Schnellbauschrauben)*

❾ darauf die Bodenbretter verlegen und verschrauben

❿ Pfosten für das Dach und die Türe am Rahmen anschrauben

⓫ wer will, kann das Gerüst auch noch mit Brettern verschalen, so dass er Wände bekommt

⓬ um in ein Baumhaus zu gelangen, gibt es verschiedene Möglichkeiten: eine Strick- oder Holzleiter – die einfachste Leiterform besteht aus einem langen Brett mit Stufen aus Vierkanthölzern

Für Geduldige und Romantiker

WEIDENHAUS: Das ist streng genommen keine Behausung, die man bauen kann, sondern man muss sie pflanzen, um ihr dann beim Wachsen zuzusehen. Dafür bekommt man ein lebendiges Haus, das immer größer wird, aber auch beschnitten werden muss.

Basics:

- einen feuchten, hellen und weiträumigen Standort suchen *(feuchte Wiese, Kuhle, Bachufer)*
- lange und kürzere Äste von Kopfweiden organisieren *(bei Baumschulen, beim Nachbarn oder Förster danach fragen)*
- wenn die Äste nicht gleich gepflanzt werden können, in Wasser stecken *(wie Blumen)*

Vorbereitung:

- Skizze des Grundrisses anfertigen *(empfehlenswert ist ein Kreis oder ein Oval)*
- nicht zu groß dimensionieren – ein Durchmesser von ca. 2 bis 2,5 m reicht

Material:

- Sägemehl oder etwas anderes Auffälliges zum Markieren des Grundrisses
- viele Äste von Kopfweiden (lange und kürzere)
- Schnur *(verrottbar)* bzw. dünne Weidenruten
- Spaten

▶

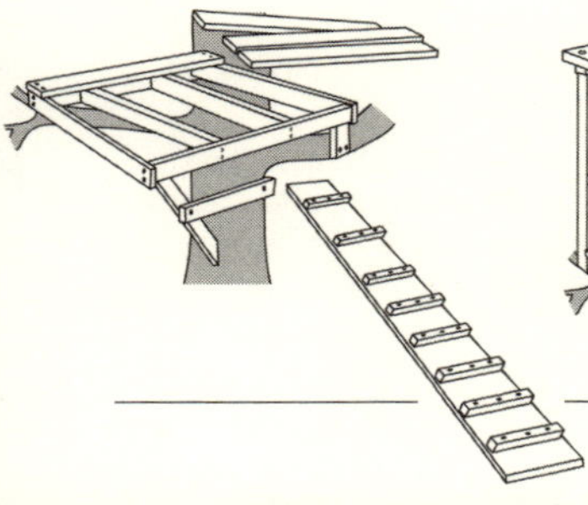

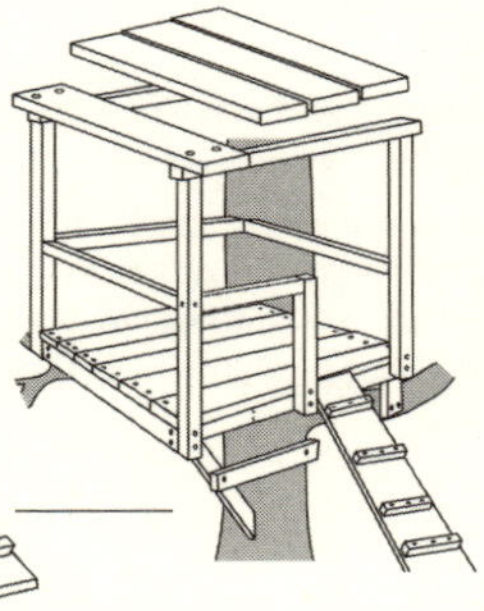

Aufbau:

❶ auf der Wiese den Grundriss des Weidenhauses mit Sägemehl markieren und entlang der Markierung einen ca. 30 cm tiefen Graben ausheben

❷ 4 lange Weidenäste heraussuchen und an den vier Himmelsrichtungen einpflanzen *(also einfach in den Boden stecken und Erde festdrücken; Weiden schlagen leicht Wurzeln und wachsen schnell)*

❸ die Spitzen der 4 Weidenäste mit der Schnur *(oder den dünnen Weidenruten)* zusammenbinden

❹ in der Folge viele lange und kürzere Äste so einpflanzen, dass ein immer dichter werdendes Ästegeflecht entsteht – die Äste also nicht nur gerade, sondern auch schräg einpflanzen und ineinander flechten bzw. zusammenbinden

Pflege:

- sobald die Weiden zu wachsen beginnen, die austreibenden Äste immer wieder in die Kuppel einflechten, so wird das Weidenhaus mit der Zeit immer dichter *(aber nicht regendicht)*
- Äste, die sich nicht zähmen lassen, mit der Heckenschere abschneiden – und wieder einpflanzen

Für Robuste

IGLU: Die wichtigste Voraussetzung für den erfolgreichen Bau eines Iglus ist ein ganz bestimmter Schnee: Er muss so dicht und kompakt sein, dass er sich zersägen lässt, und zwar zu Ziegeln. Weil das in unseren Breiten nicht allzu oft vorkommt, wird also das Iglubauen ein eher seltenes Vergnügen bleiben. Kein Grund freilich, es nicht zu beherrschen.

Aufbau:

❶ Erst schräge, keilförmige Ziegel ausschneiden. Diese leicht nach innen kippen und zu einem Fundament zusammenfügen.

❷ Nun klassische Schneeziegel ausschneiden, Maße: 80 x 60 x 15 cm. Diese zu einem Iglu zusammenfügen.

❸ Sobald der Iglu fertig ist, einen Eingang graben. Wichtig: Der Fußboden des Iglus muss höher liegen als der Eingang, denn die warme Luft soll ja im Iglu bleiben *(wäre der Fußboden tiefer als das Niveau des Eingangs, würde man im Kalten sitzen, da ja kalte Luft zu Boden sinkt und warme aufsteigt)*

❹ Löcher zwischen den Schneeziegeln mit festem Schnee verschließen – fertig.

Jetzt könnte man theoretisch in dem Iglu auch übernachten – warme Kleidung und einen Schlafsack vorausgesetzt.

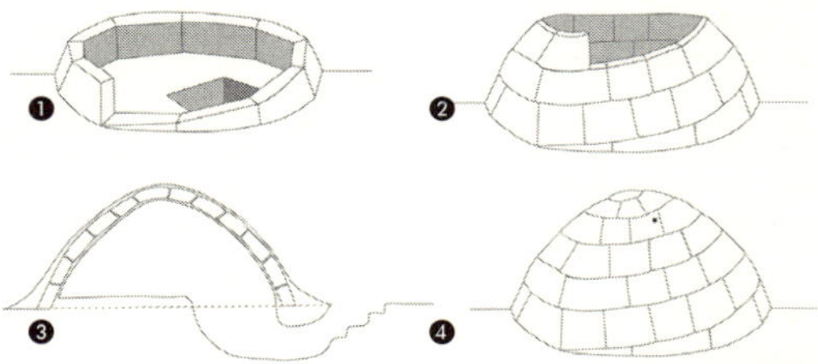

☛ Hinweis

Eines der besten Bücher mit Anleitungen für den Bau eines Baumhauses ist David und Jeanie Stiles' **„Baumhäuser selbst bauen“** *(Verlag Th. Schäfer).*

Es stellt viele verschiedene Hausarten vor und zeigt, wie man sie baut – von den allerersten Planungen bis zum perfekten Haus; dazu gibt es jede Menge anderer **Manuals** *(Hängebrücken)*, **Tricks** *(Sicherheit)* und **Spielereien** *(Vorlagen für Baugenehmigung eines Bauhauses).* Darf in keinem Jungshaushalt fehlen. Unser Baumhaus beruht auf den Anregungen dieses Buches.

So liest man richtig vor

Wer sich wünscht, dass seine Jungs Bücher und Lesen als selbstverständlichen Bestandteil ihres Lebens betrachten, der liest ihnen am besten vom ersten Tag an vor. Hier ein paar Tipps, wie man es am besten anstellt, dass sie zuhören und selber weitermachen.

Wo vorlesen? Vorlesen klappt am besten dort, wo es sich die kleinen und großen Jungs gemütlich machen können: auf dem Sofa, im Bett, auf dem Lehnstuhl, auf dem Sitzsack. Kein Krach stört sie, kein Musikgedudel, kein grelles Licht. Was man eben so macht, wenn es einem so richtig gutgehen soll. Angenehmer Nebeneffekt für die Jungs: Sie können mit Papi kuscheln *(mit Mami natürlich ebenfalls).*

Was lesen? Die Bücher müssen dem Alter der Jungs entsprechen, wobei etwas *„für Größere"* zu lesen den Anreiz deutlich steigert. Die Geschichten sollten spannend sein, was nicht bedeutet, dass es dauernd Verfolgungsjagden geben muss; spannend heißt: überraschend, phantasievoll, lustig, absurd – so in diese Richtung. Auch gut ist es, wenn die Jungs sich mit einzelnen handelnden Figuren identifizieren können *(weil sie ihnen ähnlich sind oder weil sie etwas machen, das sie selber gerne tun würden).*

Konkrete Bücher findet man, indem man andere Jungs fragt, bei Amazon im Internet stöbert, in die Bibliothek geht, die Lehrerin fragt oder in der eigenen Jugendbibliothek kramt *(da findet sich einiges, was Jungs auch heute noch mögen).* Prinzipiell kann man Jungs alles vorlesen: vom Klassiker *(Till Eulenspiegel, Grimms Märchen)* bis zum zeitgenössischen Erfolgsbuch *(Harry Potter).* Wichtig: vor dem Vorlesen selber einmal das Buch lesen! Man sollte während des Vorlesens nicht von Szenen überrascht werden, die man den Jungs lieber erspart hätte, weil sie zum Beispiel zu brutal sind; außerdem kann man so leichter etwaige Frage beantworten *(siehe den Abschnitt „Zwischenfragen").*

Die Tipps stammen von *„Lesen in Deutschland"*, einer Initiative von Bund und Ländern; sie wurden um ein paar Erfahrungen des Autors ergänzt.

www.lesen-in-deutschland.de

Wer liest vor? Erst mal die großen Jungs. Sobald die kleinen es selber beherrschen, können sie kurze Passagen lesen *(nicht ungeduldig werden, wenn sie dafür länger brauchen)* – so bietet sich an, sie einen bestimmten Part übernehmen zu lassen *(also z. B. die direkte Rede der Hauptfigur)*.

Was ist mit Zwischenfragen? Jungs wollen zwischendurch mal etwas genauer wissen. Oder die Geschichte animiert sie, etwas Eigenes zu erzählen. In all diesen Fällen: zuhören, geduldig reagieren, selber nachfragen. Dazu sind Geschichten eben auch da: Sie geben uns die Möglichkeit, uns mit dem eigenen Leben zu beschäftigen.

Wann bei dicken Büchern aufhören? Am besten an einer Stelle, die spannend ist. Das ist ein Trick, den die Autoren von TV-Serien seit Jahrzehnten anwenden – er heißt *„Cliffhanger"*. Dabei lassen sie jede Folge mit einer besonders spannenden Szene enden, von der man unbedingt wissen will, wie sie weitergeht. So wollen sie sicherstellen, dass wir bei der nächsten Folge wieder dabei sind. Der Begriff bezieht sich auf einen Fortsetzungsroman des 19. Jahrhunderts, in dem tatsächlich der Held an einem Kliff hing – und man musste bis zur nächsten Ausgabe warten, um zu erfahren, ob er runterfiel oder nicht.

Und nachher? Jungs, denen wir etwas vorgelesen haben, sind wie Fußballfans: Die sprechen auch gerne nach dem Spiel darüber, was gerade los war. Also: nachher noch über das Gehörte sprechen – wenn die Jungs wollen. Wenn alles klar ist, es einfach bleiben lassen und noch ein wenig kuscheln.

☛ **Wie vorlesen? So, dass die Jungs gerne zuhören. Dazu sollte man**

- langsam und deutlich sprechen
- den einzelnen Figuren bestimmte Stimmlagen verleihen
- die Figuren durch wechselndes Mienenspiel noch lebendiger machen
- bei spannenden Passagen leiser werden, vielleicht sogar flüstern
- bei lustigen Passagen lauter werden
- Geräusche nachahmen, von denen im Buch die Rede ist
- Pausen effektvoll einsetzen *(also vor einer entscheidenden Stelle kurz innehalten und die Zuhörer zappeln lassen)*

Träumende Jungs

Immer wieder erleben Eltern, wie ihre Jungs aus dem Schlaf hochschrecken, weil sie offensichtlich etwas Angsteinflößendes geträumt haben. Was tun? Und vor allem: Was geht in den Köpfen der Kleinen vor, während sie scheinbar selig schlafen?

Mit dem Träumen ist es wie mit dem Schlafen: Zwischen großen und kleinen Jungs gibt es beträchtliche Unterschiede. So bleiben kleinere Jungs in ihren Träumen meist passiv. Erst im Alter von etwa zehn Jahren beginnen sie langsam, aktiv in das Traumgeschehen einzugreifen, wie die Züricher Psychologin Inge Strauch herausgefunden hat. Richtig zur Sache geht es in der Pubertät, also so ab 14: Da werden die Jungs aktiv und erleben sich in ihren Träumen als handelnde Personen.

Was die Jungs so jede Nacht träumen – darüber gibt es kaum Untersuchungen. Eine der ganz wenigen stammt von der bereits erwähnten Traumforscherin Strauch, die eine mehrjährige Studie* durchgeführt hat. Im Wesentlichen geht es in den Jungsträumen darum, die Geschehnisse des Alltags neu zu sortieren. Zu den bevorzugten Themen gehören Sport, Spiel und Abenteuer; jungsspezifisch ist daran, dass sie überwiegend von Jungs träumen – woran sich übrigens bei den erwachsenen Jungs nicht viel ändert. Obwohl die Schule ein beherrschendes Element des Jungsalltags ist, taucht sie nur in jedem zehnten Traum auf – und da überraschenderweise eher in unbeschwerteren Zusammenhängen; angstdominierte Träume von Prüfungen kommen kaum vor.

Deutlich häufiger hingegen träumen die Jungs von Tieren. Je nach Alter übernehmen sie unterschiedliche Funktionen in den Träumen: Den kleinen dienen sie als Projektionsfläche für sich selbst; vom zehnten Lebensjahr an stehen Tiere stellvertretend für einzelne Menschen und deren Beziehungen. Andere wichtige Träume sind solche, in denen die Jungs wichtige Wünsche erfüllt bekommen, die ihnen in der Wirklichkeit versagt bleiben; ein durch und durch beglückendes Erlebnis, wie Strauch herausfand.

* Eine der seltenen Studien über träumende Kinder: Inge Strauch – „Träume im Übergang von der Kindheit ins Jugendalter. Ergebnisse einer Langzeitstudie", Huber, 2004.

Trotz all dieser positiven Erkenntnisse müssen wir davon ausgehen, dass kleine Jungs doppelt so häufig Angstträume durchleben wie wir Erwachsenen – das sagt zumindest Michael Schredl, der Leiter des Mannheimer Schlaflabors. Seine Begründung: Die Jungs müssen erst lernen, wie sie ihre Angst bewältigen können.

Den kleineren Jungs sind ihre Träume meist ziemlich gleichgültig; erst im Laufe der Zeit beginnen sie wichtiger zu werden. Am besten erinnern sich die Jungs während der Pubertät an ihre Träume – kein Wunder, geschehen doch während dieser Zeit umwälzende Dinge mit ihrer Psyche und ihrem Körper. In ihren Träumen, so Strauch, erproben die Jungs ihre Rollen fürs wirkliche Leben.

☛ Zwei hilfreiche Tipps

- Jungs haben **Albträume**, das ist normal. Erst wenn sie mindestens einmal die Woche von ihnen heimgesucht werden oder wenn die Jungs regelmäßig Angst vor dem Einschlafen haben, weil sie schlechte Träume fürchten, sollte man mit ihnen zum Spezialisten.
- Ein hilfreicher Weg, angsteinflößenden Traumwesen zu begegnen, besteht darin, die Jungs darum zu bitten, sie **aufzuzeichnen bzw. aufzuschreiben**. Anschließend sollen sie sich überlegen, wie der Monster AG beizukommen wäre – auch das sollen sie aufzeichnen bzw. aufschreiben. Je häufiger sich die Jungs, so Schredl, am hellen Tag mit ihren Gespenstern auseinandersetzten, umso vertrauter und harmloser erschienen sie ihnen.

So entfacht man ein Feuer

Zu den Bildern einer wunderbaren Kindheit gehört ein Lagerfeuer, um das Jungs sitzen, hineinstarren, Musik machen, Marshmallows rösten oder wichtige Gespräche führen. Jungs sollten also auf jeden Fall wissen, wie man ein solches Feuer entfacht und am Brennen hält.

Erst einmal Brennmaterial besorgen

■ für das Entfachen des Feuers: Rinde oder trockenes Gras, Laub, Moos; Papier; mit dem Taschenmesser hergestellte Holzspäne

■ zum Anbrennen: dürre Ästchen, größere Holzspäne

■ trockene Holzscheite (besonders gut brennen Eiche, Ahorn, Birke, eher schlecht Fichte und Kastanie)

So baut man ein Feuer auf

■ trockenes Gras, Laub, Moos etc. zu einem kleinen, lockeren Häufchen schichten

■ darüber vorsichtig die dürren Ästchen legen

■ darüber die Holzscheite schichten *(in welcher Form – siehe die folgenden Varianten)*

Diese Feuertypen gibt es

■ *Pyramidenfeuer*: Universalfeuer; schnell zu entfachen. Dabei werden die Holzstücke zu einer kleinen Pyramide geschichtet; ergibt ein großes Feuer, das gut wärmt und sich auch zum Kochen eignet; an jener Stelle, die in Windrichtung zeigt, eine Lücke in der Holzpyramide lassen fürs Anzünden.

■ *Sternfeuer:* Ein Feuer, bei dem die Holzstücke sehr langsam verbrennen; niedrige Flamme. Sobald das Holz zur Glut zerfallen ist, von außen nachschieben; daher der Nachteil: Man muss sich dauernd darum kümmern. Eignet sich außer zum Kochen und Wärmen auch als Wachfeuer. Für das Startfeuerchen eine kleine Kuhle in den Boden machen.

■ *Kaminfeuer:* Dieses Feuer hingegen brennt lange, ohne dass man nachlegen müsste. Dafür eignet es sich nicht zum Kochen. Zwei Stöcke schräg in den Boden schlagen, Holzscheite daran stapeln. Sobald

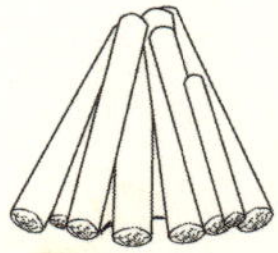

Pyramidenfeuer

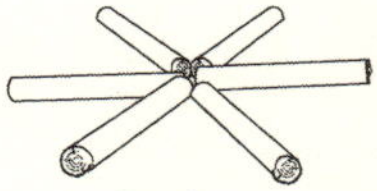

Sternfeuer

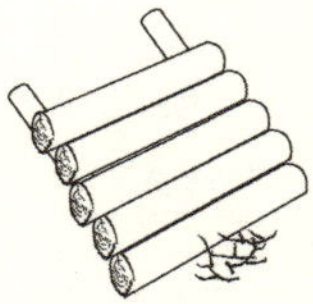

Kaminfeuer

Gitterfeuer

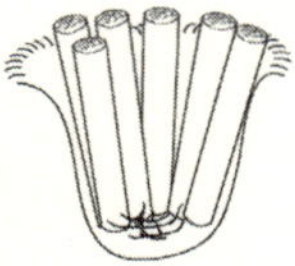
Grubenfeuer

Die Grundinformationen dieser kleinen Feuerkunde entnahmen wir dem reichhaltigen Pfadfinderwissen – noch ein Grund mehr, über eine Mitgliedschaft nachzudenken. Details dazu auf Seite 41 f.

das unterste zu Glut zerfallen ist, rutscht das nächste nach.

■ *Gitterfeuer:* Wer ein Feuer entfachen will, das groß und eindrucksvoll und besonders heiß wird, schichtet die Holzscheite in Gitterform auf. Dabei verbraucht man aber viel Holz, eignet sich zum Wärmen und Kochen.

■ *Grubenfeuer:* Nur für Kochzwecke geeignet. Außerdem bleibt es nachts für andere unsichtbar und erlöscht nicht gleich, wenn es regnet. Eine runde Grube ausheben *(ca. 40–50 cm Durchmesser, ebenso tief)*, Innenseite mit runden Hölzern auskleiden. Feuer entfachen, warten, bis sich Glut gebildet hat, Steine rein zum Topfdraufstellen; falls das Feuer aus Sauerstoffmangel erlischt, seitlich eine Röhre für die Belüftung graben.

Verschiedene Arten, ein Feuer zu entfachen

■ *Für Bequeme:* Zündhölzer, Feuerzeug.

■ *An Sonnentagen:* Dazu braucht man eine Lupe, Glasscherbe, Brille, einen Hohlspiegel oder ein Fernglas. Eines dieser Dinge so über das trockene Anzündematerial halten, dass das Sonnenlicht zu einem Punkt fokussiert wird – und schon beginnt es zu brennen.

■ *Durch Reibung:* Wenn man ganz schnell die beiden Handflächen aneinanderreibt, werden sie warm; genauso funktioniert das mit zwei Holzstöckchen, die man schnell und kräftig aneinanderreibt – sie erwärmen sich so stark, dass sie das trockene Anzündematerial in Brand stecken, das direkt neben den Holzstöckchen aufgehäuft wurde.

■ *Durch das Aneinanderschlagen von Steinen:* Dazu braucht man Feuersteine, die in unseren Breiten überall zu finden sind *(im Internet gibt es sogar eine Karte, die zeigt, wo genau: www.flintsource.net/nav/frm_mapflint.html)*. Feuersteine gehören zu den Quarzen, sind sehr hart und haben die Farben Braun, Grau oder Schwarz; typisch sind die weißen Krusten, die sie überziehen; die Bruchstellen sind muschelig, glänzend und glatt. Die Steine direkt über dem trockenen Anzündematerial aneinanderschlagen; dabei fliegen Funken und setzen das Gras in Brand.

☛ Das kann man an einem Feuer alles tun

- **Hineinstarren** und nachdenken
- Mit den anderen Jungs **Gespräche führen** *(wenn es abends ist und schon spät, spricht es sich leichter auch über ganz persönliche Dinge)*
- **Etwas singen** *(und einer spielt Gitarre dazu oder auf der Mundharmonika; na gut, es kann auch ein kleiner, tragbarer Synthesizer sein, wenn es sein muss)*
- **Marshmallows** auf lange Stöcke pieken und langsam über der Glut rösten *(bis sie außen schön braun und knusprig und innen weich und matschig sind)*
- Ein **Stockbrot** braten *(wie das geht, siehe Seite 167)*
- Eine **Suppe kochen** *(welche Arten es gibt, einen Topf über einem Lagerfeuer zu befestigen, zeigen die untenstehenden Zeichnungen).*
- Einen **Maiskolben** braten.

  Das geht so: Maiskolben mit Blättern dran kaufen, 30 Minuten in kaltem Wasser einweichen; Blätter am Maiskolben dranlassen; diese nach hinten klappen, die Haare entfernen; nun die Maiskolben dick mit Butter bestreichen, Blätter wieder darüberlegen, so dass die Maiskörner ganz bedeckt sind; den Kolben mit einer festen Schnur umwickeln; so verpackt in die Glut legen – nach ca. 15 bis 20 Minuten wieder rausfischen; die verkokelte Schnur und die schwarzen Blätter entfernen; zum Vorschein kommt ein wunderbar saftiger, gelber Maiskolben, der nicht ein bisschen angebrannt ist.

  Der Tipp stammt aus dem empfehlenswerten *„Barbecue Buch“* von Matthew Drennan, Gräfe und Unzer.

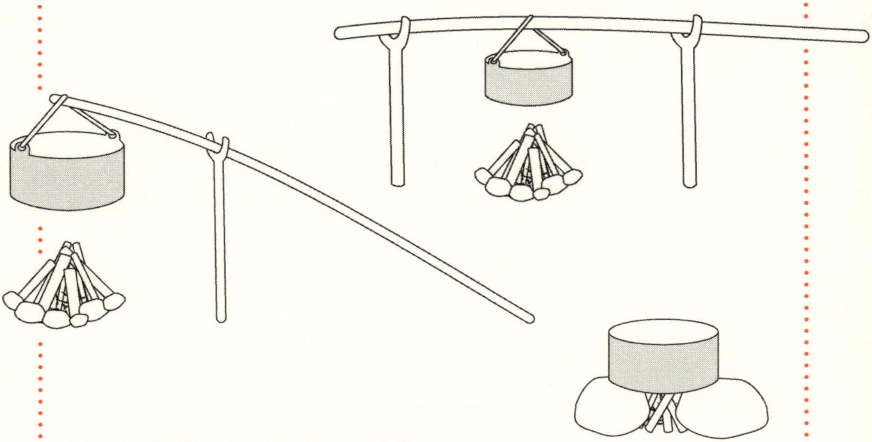

Arten, einen Topf über einem Lagerfeuer zu befestigen

Piraten-Teleskope, Aufsitzrasenmäher, Signalflaggen und Kurzwellenradios

Jungs lieben es, in Warenkatalogen oder Fachzeitschriften zu blättern und zu schmökern. Nicht, weil sie all die Dinge besitzen oder ausprobieren wollen, sondern weil sie ihnen als Anregung dienen für ihre ganz persönlichen Träume – ganz so wie große Jungs in Architektur- und Automagazinen blättern und sich dabei so alles Mögliche vorstellen.

Architekturbedarf

Modulor, Katalog ca. 900 Seiten
Spezialist für Materialien für den Architektur-Modellbau – für Dekoration und Design Deko-Rasen, Heißluftgebläse, Stäbe, Figuren.
www.modulor.de

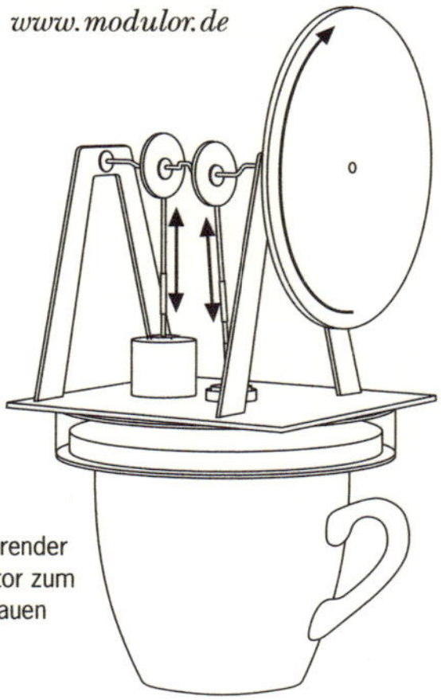

Funktionierender Stirlingmotor zum Selberbauen

Astrologische Bausätze

Astromedia, Onlineshop mit Selbstbausätzen aus Pappe für funktionierende Apparate – Sonnen-Projektor, Stirling-Motor *(läuft auf einer Tasse Kaffe),* Piraten-Teleskop, kleines Tischplanetarium.
www.astromedia.de

Baumaterialien

Bauhaus, Katalog ca. 800 Seiten
15 Fachbereiche – Hämmer, Bohrer, Holzspalter, Schlauchsysteme, Aufsitzrasenmäher.
www.bauhaus.info

Camping und Freizeit

Fritz Berger, Katalog ca. 540 Seiten, Zelte, Wasseraufbereitungsanlagen, Solarduschen, Hängematten.
www.fritz-berger.de

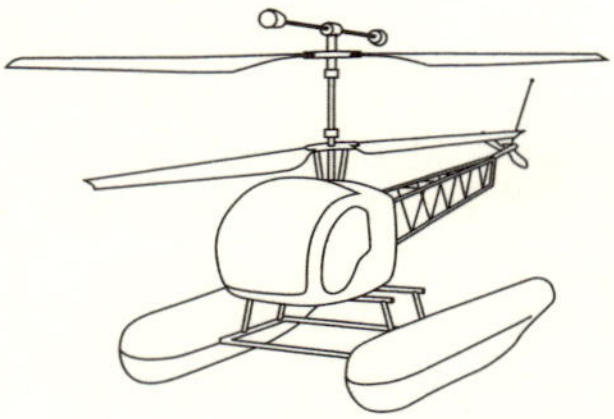

Schwimm-Hubschrauber

Elektronik 1

Conrad, Katalog ca. 1.200 Seiten
50.000 Artikel – Videokonsolen, Indoor-Hubschrauber, Modellflieger, Elektrokabel.
www.conrad.de

Elektronik 2

Radioshack, US-Spezialist für elektronische Waren aller Art, mit Niederlassung u. a. in New York – Kurzwellenradios, Funkgeräte, Wetterstationen, Metalldetektoren.
www.radioshack.com

Erfindungen

Hammacher Schlemmer, Katalog ca. 100 Seiten, Spezialist für nützliche und skurrile Erfindungen, Sitz in New York (57. Straße); gegründet 1848 von deutschen Einwanderern als Werkzeugladen. Wasserfahrrad, Schlafgeräusch-Generator, Tauchermaske mit eingebauter Digitalkamera, Gokart aus Metall in Feuerwehrdesign.
www.hammacher.com

Expeditionen

Globetrotter, Katalog ca. 590 Seiten, Messer, Stirnlampen, Taschenöfen, Survivalausrüstungen für Schlangenbisse.
www.globetrotter.de

Künstlerbedarf

Boesner, Katalog ca. 1.200 Seiten
Druckpressen, Bleistifte, Aufbewahrungsmappen, Bambusfedern.
www.boesner.com

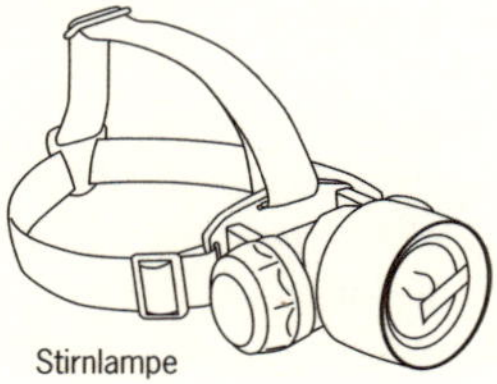

Stirnlampe

Motorradzubehör

Louis, Katalog ca. 880 Seiten
Lederjacken, Helme, Stoßdämpfer, Kompaktgrills, Laufräder.
www.louis.de

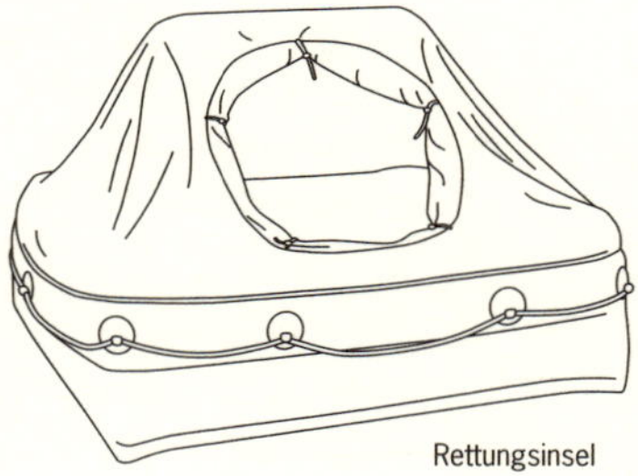

Rettungsinsel

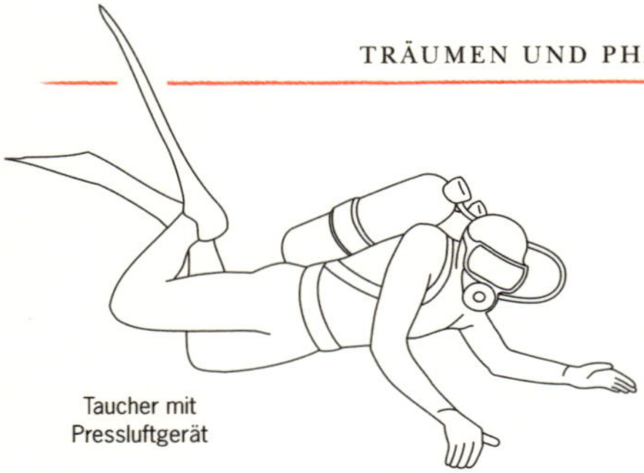

Taucher mit Pressluftgerät

Musikinstrumente

Music Store, Katalog ca. 420 Seiten Schlagzeuge, E-Gitarren, Pyrotechnik, Lichtanlagen, Plattenspieler.
www.musicstore.de

Wassersportausrüstung

a.w.niemeyer, Katalog ca. 380 Seiten, 14.000 Artikel – Hochsee-GPS, Rettungsinseln, Außenbordmotoren, Signalflaggen.
www.awn-shop.de

Und einige weniger bekannte Fachzeitschriften

Jagd: „Wild und Hund" ist Deutschlands größtes Jagdmagazin; erscheint zweimal im Monat. Seriöser Jagdjournalismus, fundierte Informationen.
Angeln: „Rolle & Rute", erscheint monatlich; geschrieben von Angel-Experten mit vielen Tipps und Tricks rund ums Angeln.
Heimtiere: „Datz – Die Aquarien- und Terrarienzeitschrift", erscheint monatlich, nunmehr im 61. Jahr; für Liebhaber und Züchter von Aquarien- und Terrarientieren. Offizielles Organ des Verbandes Deutscher Vereine für Aquarien- und Terrarienkunde *(VDA)* und des Verbandes der österreichischen Aquarien- und Terrarienvereine.
Tauchen: „Tauchen", erscheint einmal monatlich, Europas größte Fachzeitschrift für alles, was unter Wasser spielt.
Handwerken: „Selber machen", erscheint monatlich, auflagenstärkstes Do-it-yourself-Magazin Deutschlands; Basiswissen, Ideen und Bauanleitungen für das Haus, die Wohnung und den Garten.
Sammelkarten: „Card Collector", erscheint monatlich; befasst sich mit populären Sammelkartenspielen, wird vor allem von 8- bis 12-jährigen Jungs gelesen: Yu-Gi-Oh!, Duel Masters, Pokémon, One Piece etc. Gibt Hinweise, was einzelne Karten wert sind, Spieletipps, Terminkalender.
Mangas: „Weekly Shōnen Jump", erscheint wöchentlich; japanisches Manga-Magazin, wendet sich an Jungen zwischen 10 und 15 Jahren; bringt Kapitel aus Manga-Serien und Manga-Shortstorys.

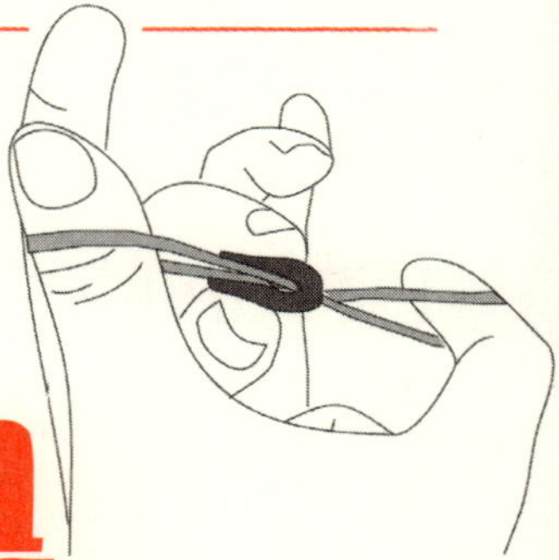

Kämpfen und spielen

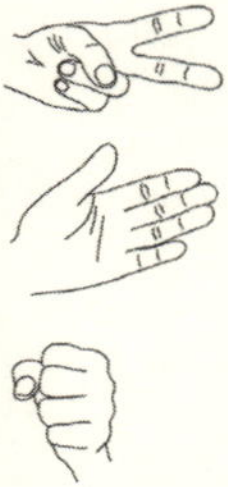

Über die **ernste Angelegenheit,** die das Spielen im Grunde ist, über **digitale und analoge Spiele,** die ein wenig befremdliche, gleichwohl normale Lust der Jungs an **Waffen**, über die wichtige Funktion aggressiven Verhaltens und die ideale **Ausstattung von Spielplätzen.**

Spielen ist eine ernste Sache – prinzipiell gesehen. Nicht praktisch

Eine verbreitete Ansicht lautet: Spielen ist ein kindlicher Zeitvertreib, der weiter keinen Wert hat. Das ist schlicht falsch. Vielmehr erlernen die Jungs durch ihre mannigfaltigen Tätigkeiten lebenswichtige Fähigkeiten – und zwar ohne dass ihnen jemand etwas beibringen will oder Lernstoff abfragt. Ja, so fröhlich kann es beim Wissenserwerb zugehen. Und sollte es.

Im Grunde gibt es keinen Moment, in dem Jungs nicht spielen würden. Kaum setzen sie sich zum Schuheanziehen hin, wippen sie mit den Beinen, fummeln an den Schnürsenkeln rum oder ziehen ein komisches Gesicht; bei Tisch heben sie die Spaghetti hoch in die Luft, um sie unter dem Absingen fröhlicher Lieder aufzuwickeln, und auf dem Weg zum Bäcker hüpfen sie auf einem Bein, während die anderen Jungs ein Wettrennen mit rätselhaften Regeln und Kommandos veranstalten, zu dem es gehört, laut „*Gorkelido*" zu schreien.

Dieses Verhalten erscheint vielen großen Jungs unverständlich und ist ihnen manchmal sogar lästig, denn viele alltägliche Dinge dauern dadurch oft erheblich länger. So verständlich die Ungeduld der Großen auch sein mag: Wir sollten uns dazu zwingen, ihr nicht nachzugeben, denn: Wir erleben gerade mit, wie unsere Jungs sich die Welt aneignen, die eigene Person eingeschlossen. Und wir können dabei zusehen, wie sie sich für die Schule vorbereiten oder, wenn sie sie schon besuchen, auf die nächsten Lernschritte.

Denn entgegen eines klassischen Vorurteils, dem immer noch viele aufsitzen, besteht Lernen nicht darin, sich an ein Pult zu setzen, einem Lehrer zuzuhören und sich anschließend Zensuren geben zu lassen. Diese Form des Wissenserwerbs ist wichtig, keine Frage, aber sie ist bei weitem nicht die einzige und die entscheidende.

Das Lernen der Jungs findet vielmehr auf ganz andere Weise und an ganz anderen Orten statt. Die Orte sind schnell aufgezählt, denn es gibt, wie gesagt, keinen Moment, in dem Jungs nicht spielen würden. Gespielt und gelernt wird überall: im Wald, auf der Couch, im Auto, auf dem Funkturm, im Zoo, am Mittagstisch, während des Wartens auf die S-Bahn, am Strand, im Stockbett, beim Bootfahren, beim Frühstück, während des Wartens auf den Arzt, am Computer, vor der Videokonsole, beim Hämmern, vor dem Nachtisch, beim Aufräumen. Die Ausnahme sind jene Phasen, in denen die Jungs sich berieseln lassen – aber auch da kommen sie nicht umhin, das eine oder andere fürs Leben mitzunehmen.

Was immer die Jungs also gerade Spielerisches tun mögen: Sie lernen dabei wichtige Dinge für ihr Leben. Sie üben und erproben ihre Kräfte und Geschicklichkeit, sie lernen ihre Gefühle kennen, sie verarbeiten und beherrschen sie langsam, sie trainieren ihre sozialen Kompetenzen und ihre Fähigkeit, am Ball zu bleiben, strategisch zu denken, sich verständlich zu machen, sich Dinge zu merken, Regeln zu befolgen, sich auszutoben und so fort.

Im Spiel geht es vor allem darum, neue Dinge, Fähigkeiten und Zustände zu entdecken sowie bekannte Fertigkeiten so lange zu üben, bis sie den Jungs in Fleisch und Blut übergegangen sind. Etwas allgemeiner formuliert: Im Spiel trainieren die Jungs all die körperlichen, seeli-

☛ **Mannigfach ist die Art und Weise, wie die Jungs spielend lernen. Ob sie nun:**

- aus einem Stück Draht und ein paar Kastanien einen **Alien** basteln
- eine Partie *„Elfer raus!"* spielen und anschließend beleidigt sind, weil sie nicht gewonnen haben
- mit ein paar anderen **Krocket** im Garten spielen und sich die Tore um die Ohren hauen, weil es Streitereien um die Spielregeln gibt
- aus den Anfangsbuchstaben der **Autokennzeichen** bizarre Namen bilden
- einen Werbespot als Theaterstück nachspielen
- die Hand ins kalte Wasser tauchen, weil sie ein imaginäres U-Boot steuern
- mittels eines Piratenschiffs auf dem väterlichen Handy einen kurzen **Piratenfilm** drehen
- über einen Baumstamm balancieren
- mit kleinen Figuren spielen und dabei mit verstellter Stimme einen **inneren Konflikt** nachstellen
- mit ihrem Papi ringen, bis zwei **Hemdknöpfe** ab sind
- einen Faden durch ein Nadelöhr ziehen, um damit ein **Stoffwesen** zusammenzunähen
- mit ihren Freunden Figurenwerfen spielen und dabei eigenartige **Pupsgeräusche** machen
- Paninibilder und **Pokémon-Karten** ordnen und tauschen
- aus Sperrholz eine Geldbörse basteln
- mit einer Stirnlampe bewaffnet in den dunklen Zwischenboden klettern
- zu einem Rocksong **Luftgitarre** spielen
- mit Fäusten auf die Kissen prügeln und **Boxer spielen**
- auf einer Blechdose ohrenbetäubende Musik machen
- aufmalen, was sie beim Ausflug mit dem besten Freund alles erlebt haben

schen und intellektuellen Fähigkeiten, die sie später brauchen, um erfolgreich eine Schule zu besuchen und ganz generell das Leben zu meistern. Und genau deswegen ist das Spielen eine ernste Sache – prinzipiell gesehen. Nicht praktisch.

Die beiden entscheidenden Punkte sind aber bislang nicht erwähnt worden: Im Gegensatz zum Frontalunterricht macht der spielerische Erwerb von Fähigkeiten jede Menge Spaß, täglich von neuem. Wenn es gelegentlich auch stressig wird – etwa wenn das Verlieren schwer – oder das gebastelte Portemonnaie wieder auseinanderfällt. Und der zweite Punkt lautet: Viele Dinge lernen die Jungs nicht von uns Erwachsenen, sondern von anderen Kindern! Und eine der klassischen Formen, in denen Kinder miteinander umgehen, Erfahrungen machen und festigen, ist das Spiel.

Unsere Jungs sind natürlich die klügsten und besten. Dennoch schaffen sie es nicht, dieses Großprojekt der Selbsterziehung ganz alleine zu stemmen. Das bedeutet, dass sie vor allem in den ersten Jahren Hilfe beim Entwickeln ihrer Spiele brauchen, indem wir ihnen Anregungen geben, die sie möglichst vielfältig fördern.

☛ Ein paar Empfehlungen, die dabei helfen sollen, den Jungs die Freude am Spielen nicht zu verderben

- **Sie einfach spielen lassen!**
- **Keine Forderungen an den Kindergarten stellen** nach dem Muster: *„Wann beginnt ihr hier denn endlich mit einem ernsthaften Lernprogramm?" (Es läuft bereits, das Programm, direkt vor Ihren Augen.)* Paradoxerweise führt diese Verschulung dazu, dass die Jungs später weniger schulfähig sind als ihre verspielten Altersgenossen, denn: Wer keine Chance hat, seine Persönlichkeit zu entwickeln, bekommt zwangsläufig Probleme.
- Die Lust der Jungs am Spiel und ihre Zeit dafür **nicht durch Frühförderungsprojekte einschränken!**
- Das freie Spiel ist sinnvoll, aber Sie sollten Ihren Jungs auch **Angebote für konkrete Unternehmungen** machen.
- **Für Abwechslung sorgen** in allen Belangen *(Orte, Beschäftigungsarten, Ansprache etc.).*
- **Für Spaß sorgen** – nicht permanent, aber grundsätzlich.
- **Die Jungs machen lassen und ihnen vertrauen.**

Spielplätze für kleinere Jungs

Städtische Spielplätze sind oft eine wenig erfreuliche Sache: In der Mitte eines mit Hackschnitzeln bestreuten Platzes stehen ein paar Spielgeräte, auf denen die Jungs herumturnen – während die großen Jungs auf Bänken sitzen und sie dabei beobachten. Doch so muss es nicht sein. Hier ein paar Hinweise, wie Spielplätze idealerweise aussehen sollten, um allen Beteiligten Freude zu machen.

Warum überhaupt auf einen Spielplatz gehen?
Weil Spielen ganz allgemein – ob nun zu Hause oder draußen im Freien – eine ernste Sache ist *(siehe vorheriges Kapitel),* bei der die Jungs spontan sein können und ihren Bedürfnisse folgen. Dabei lernen sie jede Menge neuer Dinge und vertiefen bereits erworbene. Zu den wichtigen Dingen, die Jungs auf einem Spielplatz im Freien suchen, gehört die Gelegenheit,

- sich auszutoben
- mit anderen Jungs zu spielen und sich mit ihnen zu messen
- Sport zu betreiben
- ihr Ding zu machen, ohne dabei ununterbrochen beobachtet zu werden
- etwas zu bauen
- in einer Hängematte zu schaukeln.

Wer mit seinen Jungs auf den Spielplatz geht, sollte unbedingt zulassen, dass sie herumklettern, auch wenn sie Gefahr laufen, irgendwo runterzufallen – und keinesfalls dauernd um sie herumhüpfen, um den kleinsten Sturz zu verhindern. Nur wer stürzt, lernt, wie er es das nächste Mal besser machen kann.

Klettern Jungs freilich höher als einen Meter, sollte sich unter ihnen kein brettharter Boden befinden, sondern eine weiche Unterlage *(die besagten Hackschnitzel),* damit die Sache gegebenenfalls glimpflich abgeht. Beim wilden Spielen ist es wie mit allen anderen Jungsdingen auch: erst dann eingreifen, wenn es wirklich gefährlich wird. Dann aber entschieden und unmissverständlich.

Ein wenig Hintergrund, der einiges klarmacht

Dass manche Spielplätze bis heute keine besonders freudvolle Stimmung verstrahlen, hat mit deren Entstehung zu tun. Die Plätze waren nämlich im 19. Jahrhundert nicht als Erholungs- und Spielraum für Jungs gedacht, sondern sie sollten sich dort körperlich ertüchtigen, um später ordentliche Rekruten abzugeben. Dass sich der Charakter der Spielplätze änderte und deren Einrichtung deutlich abenteuerlicher wurde, hat mit den Kindern der Nachkriegszeit zu tun: Denen blieb nämlich damals nichts anderes übrig, als aus dem Schutt und den Trümmern der Städte ihre eigenen Spielwelten zusammenzubasteln. Englische und skandinavische Architekten nahmen sich das zum Vorbild und entwarfen Spielplätze, auf denen nicht alles in Beton gegossen war.

Was macht einen guten Spielplatz aus?

Das ist einfach zu beantworten – einiges von dem Aufgezählten wird hierzulande freilich unrealisiert bleiben. Denn

☛ Wie findet man den richtigen Spielplatz?

Durch eigene Recherche oder indem man sich von erfahrenen Papas weiterhelfen lässt. Es gibt auch entsprechende Internetangebote. Doch die sind weit von dem entfernt, was man sich so wünscht. Die private Homepage **www.spielplatznet.de** bietet eine gewisse Grundversorgung und hofft darauf, dass möglichst viele Menschen dabei mitmachen, die deutschen Spielplätze aufzulisten. Das Schweizer Pendant dazu ist **www.kids.ch/spielplaetze.** Die Seite wird freilich von der Firma Ferrero Schweiz AG unterhalten und behauptet von sich, *„die mit Abstand größte Spielplatzdatenbank der Schweiz zu sein"*. In **Österreich** wiederum fehlt es an einer nationalen Datenbank; hier muss man auf lokaler Ebene suchen wie beispielsweise auf den Seiten des Wiener Magistrats: **www.wien.gv.at/freizeit/sportamt/sportstaetten/spielplaetze.html.** Eine weitere Recherche-Möglichkeit stellen die Homepages der Stadtverwaltungen dar, die über ihr Spielplatzangebot informieren, wie das z. B. die Stadt Berlin für jeden Stadtteil macht.
Eine vorbildliche Datenbank gibt es unter der Adresse **www.nycgovparks.org/sub_things_to_do/facilities/af_playgrounds.html** – leider befinden sich sämtliche der so liebevoll porträtierten Spielplätze in New York City.

das Bedürfnis der Jungs nach Abenteuern und riskanten Unternehmungen widerspricht der seit 1998 geltenden Vorschrift, dass Spielplätze der europäischen Norm DIN EN 1176 und 1177 entsprechen müssen.

Wo bleiben die Spielplätze mit Dach?
Die erwähnen wir in diesem Zusammenhang nur kurz, denn die sogenannten Indoor-Spielplätze dienen ganz anderen Zwecken als jene unter freiem Himmel: Sie verstehen sich als Dienstleistungsunternehmen, die ihre Besucher bestens unterhalten wollen. Dagegen ist nichts einzuwenden, aber mit dem klassischen Spielen hat all das eher wenig zu tun – wenn auch die gigantischen Indoor-Klettergerüste etwas pädagogisch Wertvolles haben. Indoor-Spielplätze eignen sich bestens dafür, gelegentlich besucht zu werden – und zwar zu besonderen Anlässen wie Geburtstagen.

Wer sich darüber informieren will, welche dieser Spielplätze es in der näheren Umgebung gibt, kann auf www.hallenspielplaetze.de nachsehen.

☛ Einige dieser Dinge wünschen sich Jungs auf einem Spielplatz

■ eine Seilbahn ■ einen Fußball-/Beachvolleyballplatz ■ eine Boulebahn ■ einen Niedrig- und Hochseilgarten (der besteht aus Baumstämmen mit dazwischen aufgespannten Seilen) ■ Holzhäuschen und Büsche, in bzw. hinter denen sich die Jungs vor den wachenden Papas verstecken können ■ fließendes Wasser *(Brunnen)* ■ Kletterwand ■ Rutschbahn ■ Schaukel/Wippe ■ Karussell ■ Tischtennisplatte ■ eine möglichst große Sandkiste in der Nähe des Brunnens ■ Barfußpfad ■ Geräte, auf denen Jungs und Papas herumturnen können ■ Trampolin ■ einen Kleiderschrank in eine Parallelwelt (wie in „Der König von Narnia")

☛ Einige dieser Dinge wünschen sich Papis in der Nähe eines Spielplatzes

■ **bequeme Sitzmöglichkeiten** mit Blick auf den Spielplatz *(ja, das widerspricht dem oben Gesagten, dass die Jungs die Chance haben sollen, sich zu verstecken, aber andererseits muss man ja doch den Überblick bewahren – das ist einer dieser unauflösbaren Widersprüche, die ein Papa-Leben kennzeichnen)*
■ ein gut geführtes Café mit **Blick auf den Spielplatz**
■ eine zweite **Rasenfläche für Ballspiele,** die auch Väter mögen
■ eine gepflegte **Snackbude** in der Nähe, falls es später wird
■ eine **U- oder S-Bahn-Station**
■ ein **WLAN für den Laptop** *(wie es z. B. das New York City Department of Parks & Recreation in ausgewählten Parks anbietet)*

Einige literarische Spiel-Anregungen

Das Faszinierendste an spielenden Jungs ist deren Weltvergessenheit. Wo sind sie gerade, wenn sie – ein Stöckchen in der Hand – die Blätter eines Baumes antippen und dabei geheimnisvolle Worte murmeln? Oder alles unternehmen, um nicht auf die Ritzen im Gehweg zu treten? Sie bewegen sich durch eine Welt, deren Regeln nur sie kennen und denen sie fröhlich folgen. Hier ein paar Hinweise auf weitere solcher Türchen in eine spielerische Welt – gefunden in Werken der Kinderliteratur.

- **Stöckchen von der Brücke werfen, auf die andere Seite laufen und sehen, welches als erstes ankommt.** *Nachzulesen in: Alan A. Milne, E. H. Shepard: „Pu der Bär“ – Gesamtausgabe, Dressler.*
- **Nicht den Boden berühren und auf diese Weise einmal die Küche umrunden.** *Nachzulesen in: Astrid Lindgren: „Pippi Langstrumpf“ – Gesamtausgabe in einem Band, Oetinger.*
- **Fleischklößchen pflanzen und vergeblich drauf warten, dass daraus ein Fleischklößchenbaum wird.** *Nachzulesen in: Sven Nordqvist: „Aufruhr im Gemüsebeet“, Oetinger.*
- **Spielzeugentenrafting. Sich an eine Gummi-Ente klammern und einen Fluss hinuntertreiben lassen.** *Zu hören auf: Ellis Kaut: „Pumuckl und die Gummi-Ente“ (Folge 21), mit Hans Clarin und Gustl Bayrhammer, Karussell.*
- **Als Gespenst verkleiden, das Kinderzimmer in eine Zaubermanege verwandeln, Seifenkistenrennen veranstalten und Ski fahren auf dem Dach (nicht zur Nachahmung empfohlen).** *Nachzulesen in: Astrid Lindgren: „Karlsson vom Dach“ – Gesamtausgabe, Oetinger.*
- **Als Affe verkleiden und an einer Affenparty teilnehmen.** *Zu sehen in: Rudyard Kipling, George Bruns, Richard M. Sherman, Wolfgang Reitherman: „Das Dschungelbuch“, DVD, Walt Disney.*
- **Quidditch spielen, indem man das von J. K. Rowling in den Harry-Potter-Bänden erfundene Spiel auf eine Weise nachahmt, die auch für Muggel, also Nicht-Zauberer, machbar ist.** *Nachzulesen auf: www.schillerschule-unna.de/quidditch.htm.*

- **Eine Geheimsprache erfinden und gegen Piraten kämpfen.** *Nachzulesen in: James Matthew Barrie, Erhard Dahl (Herausgeber): „Peter Pan", Reclam.*
- **Einen Ausflug machen und ihn „Reise in die Smaragdstadt" nennen, spezielle Brillen nicht vergessen, um nicht vom Glanz der Stadt geblendet zu werden.** *Nachzulesen in: L. Frank Baum: „Der Zauberer von Oz", Dressler.*
- **Unglaubliche Reisegeschichten erfinden und einer größeren Runde von Zuhörern erzählen.** *Nachzulesen in: Jonathan Swift: „Gullivers Reisen", Reclam.*
- **Eine Partie Krocket spielen und zwar mit Igeln als Bällen und Flamingos als Schlägern.** *Nachzulesen in: Lewis Carroll: „Alice im Wunderland", Insel.*

Die Krocket-Spielregeln sind zu finden unter:

www.krocket.de/RegelnCo.html

www.croquet.de/Regeln/regeln.html

www.wcfcroquet.org/Rules/synopsis.htm

Wem die Krocket-Variante mit den Flamingos und den Igeln zu eigenwillig ist, der kann es mit klassischem Krocket versuchen. So sieht die Grundaufstellung aus:

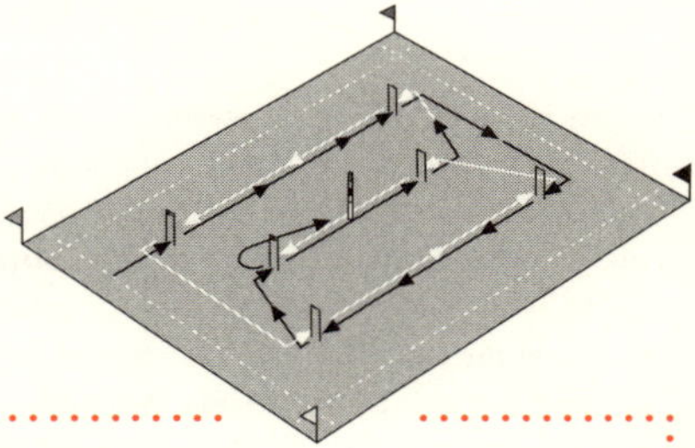

☛ Spiele aus den „Der kleine Nick"-Büchern

- **Cowboyspielen** und dabei den eigenen Papi an den Baum fesseln.
- Eine **Zigarre rauchen** und anschließend an Übelkeit leiden.
- Alle möglichen Chemikalien aus dem Chemiekasten in eine große runde Flasche schütten und über dem Spirituskocher heiß machen, bis es schwarz qualmt und die **Flasche explodiert.**
- Planen, dass man sich in der Pause mit dem **Schulkollegen Georg haut,** was schließlich damit endet, dass sich alle hauen, nur die beiden nicht, die es vorhatten.
- Ein **Abzeichen** basteln, damit jeder weiß, wer zur Bande des kleinen Nick gehört.
- Auf dem Bauplatz mit dem alten Auto ohne Räder **campieren** und einander anschließend verhauen und im Regen nach Hause laufen.

Allesamt nachzulesen bei: René Goscinny, Jean-Jacques Sempé, Hans Georg Lenzen (Übersetzung): „Der kleine Nick"/„Der kleine Nick und die Ferien"/„Der kleine Nick und seine Bande"/„Der kleine Nick und die Mädchen"/„Der kleine Nick und die Schule"/„Der kleine Nick ist wieder da", Diogenes.

Kleine Meditation über behütete Jungs und ihr Recht, aggressiv zu sein

Ruppige Spiele und Prügeleien unter Gleichaltrigen – vor nicht allzu langer Zeit gehörte das zum Jungsalltag und war kaum der Rede wert. Heute haben wir es mit einer deutlich schwierigeren Gemengelage zu tun: Während es auf der einen Seite zunehmende Gewalt unter Jugendlichen gibt, wächst auf der anderen Seite eine Generation überbehüteter Jungs heran, bei denen schon eine kleine Rangelei auf dem Schulhof unangemessen heftige Folgen hat.

Vor allem um zweitere Gruppe soll es in diesem Kapitel gehen – und darum, dass die herrschende Überempfindlichkeit übers Ziel hinausschießt und unseren Jungs einen wichtigen Anteil ihrer Persönlichkeit madig zu machen droht.

Kaum geht es unter unseren behüteten Jungs ein wenig rauher zu, bricht bei vielen Eltern die Panik aus: Was sie wohl haben? Ist das noch normal? Haben wir etwas falsch gemacht? Was werden die anderen Eltern bloß sagen? Und sollten wir nicht lieber zum Psychologen mit ihnen?

Die Idee mit dem Psychologen wäre vielleicht gar nicht so schlecht – wenn auch aus einem anderen Grund als jenem, die Jungs therapieren zu lassen. Ein Psychologe könnte den besorgten Eltern nämlich eine einfache Wahrheit offenbaren, die im aktuellen Weichspül-Trend gerne verdrängt wird. Sie lautet: Wir Menschen haben einen natürlichen Hang zur Aggressivität.

Wie es dazu kommt und welchem Zweck diese angeborene Aggressivität genau dient, beschäftigt Wissenschaftler schon seit über 100 Jahren und hat zu einem eigenen Forschungszweig geführt, der Aggressionsforschung. Sigmund Freud vertrat die These, der Mensch werde von zwei widersprüchlichen Trieben beherrscht: vom Sexualtrieb und vom Todestrieb, wobei er Letzteren mit dem Aggressionstrieb gleichsetzte. Für den Verhaltensforscher Konrad Lorenz ist die Aggression einer von vier Trieben, die dem Überleben des Menschen dienen, und der Individualpsychologe Alfred Adler sieht in der Aggression eine Kraft, die alle Triebe miteinander verbindet.

Eine Gewissheit können wir dem vielstimmigen Chor der Fachleute entnehmen: Es wäre vollkommen unsinnig, den Menschen die Aggressivität austreiben zu wollen. Was so urwüchsig in uns wirkt, lässt sich nicht zum Verschwinden bringen. Entscheidend ist es, die Aggressivität angemessen einzusetzen bzw. zu kultivieren, denn sie ist ein ambivalenter Trieb, der nicht nur negative Auswirkungen wie Egoismus und Gewalt zur Folge hat, sondern in vielen Momenten unseres Lebens eine wichtige, positive Rolle spielt.

Dass die Aggressivität eine zweigesichtige Kraft ist, belegt schon die lateinische Wurzel des Begriffs, das Verb *„aggredere"*. Es bedeutet *„herangehen, sich an jemanden wenden"*, aber auch *„angreifen"*. Dementsprechend nehmen die Menschen auch wechselnde Haltungen zu aggressivem Verhalten ein. So können wir auf dem Fußballplatz erleben, wie eine vertretbar aggressive Spielweise allgemeine Zustimmung findet, während alle Menschen auf Ablehnung stoßen, die selbst auf harmlose Fragen oder Bemerkungen hin aufbrausen, böse oder zynisch werden.

Was bedeutet das nun alles für unsere Jungs? Zweierlei. Zum einen, dass wir auf unsere Jungs anwenden, wovon wir eben gesprochen haben, also aggressives Verhalten als Konstante eines Jungslebens betrachten und nicht als Störung, die es möglichst schnell zu beseitigen gilt. Und zum anderen: Dass wir den Mut aufbringen, diese Einschätzung auch zu vertreten – uns selber und den anderen gegenüber.

Dass wir uns von so einer entspannten Haltung ziemlich weit entfernt haben, wird uns bei der Lektüre der Abenteuer des kleinen Nick klar. Diese mittlerweile zum Klassiker gewordene Kinderbuchserie wurde von René Goscinny zwischen 1956 und 1964 geschrieben *(und von Jean-Jacques Sempé wunderbar illustriert)*. Sie schildert den Alltag eines normalen, kleinen, schulpflichtigen Jungen, eines Einzelkindes. Ebenso häufig, wie sie von seinen Eltern und den Abenteuern auf dem Bauplatz erzählt, wo es ein vor sich hinrostendes Auto und jede Menge unbeobachteter Ecken gibt, schildern die Erzählungen die Streitereien, Kämpfe und Schlägereien zwischen Nick und seinen Schulkameraden. Sie alle enden zwar oft vor dem Schuldirektor, aber dessen schlimmste Intervention besteht darin, den Jungs zu prophezeien, sie würden auf die schiefe Bahn geraten. Dann fordert er sie auf, sich wieder zu vertragen: *„Jetzt gebt euch die Hand und vergesst diesen unglücklichen Zwischenfall."*

Selbst wenn wir einräumen, dass in den Geschichten vom kleinen Nick eine Portion verklärender Romantik mitschwingt, ahnen wir heutigen Leser, dass sich in der Bewertung typischer Jungsangewohnheiten in den vergangenen fünfzig Jahren einiges verschoben hat. Heute wird jede Form aggressiven Verhaltens deutlich rascher als besorgniserregend betrachtet. Daher haben viele Papis von Jungs schon erlebt, dass die aufgeregten Erzieherinnen aus dem Kindergarten anrufen, weil der Sohn einen anderen gebissen habe *(was in diesem Alter normal ist und durchaus einmal vorkommen kann);* oder man wird von grimmig dreinblickenden Eltern vor der Schule angesprochen, da es zwischen den Jungs eine Keilerei um irgendwelche Sammelkarten gegeben hat, die mit einem Kratzer im Gesicht des anderen geendet hat. Und das Unangenehmste daran: Man ertappt sich selbst dabei, wie man beginnt, sich um die eigenen Jungs Sorgen zu machen.

Wir könnten aber auch entspannter sein und uns die bisweilen zu beobachtenden Aggressionen der Jungs erklären, ohne gleich an tiefgreifende Probleme zu denken:

Ein wesentlicher Grund für die Aggressionen der Jungs liegt im simplen Umstand, dass in ihnen vom vierten Lebensjahr an das Hormon Testosteron zu zirkulieren beginnt; es ist dafür verantwortlich, dass sich kleine Jungs zum Erstaunen ihrer Umgebung plötzlich wie kleine Männer zu verhalten beginnen und – im Gegensatz zu den oft brav Mandalas ausmalenden Mädchen – grundlos aufbrausend reagieren.

Was man da machen kann? Mäßigend auf sie einwirken, die Aufmerksamkeit auf anderes lenken, eine Runde durch den Wald drehen.

Wie große Jungs aus eigener Erfahrung wissen, sind Gefühle oft schwer zu beherrschen, vor allem solche, die unser Selbstwertgefühl berühren – wie schwer muss das erst für kleine Jungs sein, in denen diese Gefühle eben erst erwachen und sich immer wieder Bahn brechen. So können wir immer wieder beobachten, wie Jungs in Situationen, die sie überfordern, aufbrausend reagieren. Da beleidigt sie ein anderer Junge auf dem Schulhof, worauf sie sich – benebelt vom eigenen Ärger – nicht anders zu helfen wissen, als auf den anderen loszugehen. Und schon haben wir die schönste Keilerei. Das ist zwar nicht schön, aber auch kein Grund zur Sorge – wenn sie in angemessener Zeit lernen, ihren Ärger anders auszudrücken als durch aggressives Verhalten, oder wenn sie gewisse Dinge erst gar nicht mehr an sich heranlassen.

Aggressivität kann für die Jungs auch ein Mittel sein, um jene Grenzen zu testen, die ihnen durch die Eltern und die Schule gesetzt werden; ein klassisches Mittel ist es, Schimpfwörter zu verwenden oder ihr Gegenüber zu beleidigen. Wenn die Großen ihnen angemessen-entspannt vermitteln, dass sie da eben zu weit gegangen sind, wird sie das nicht freuen, ihnen aber die Existenz dieser Grenze ein weiteres Mal bestätigen – was ein durchaus beruhigendes Gefühl für sie ist, denn: Wo Grenzen sind, da sind auch Konsistenz und Halt. Wer jedoch beim ersten *„Arschloch“*, das einem der kleine Junge an den Kopf wirft mit Strafen, Beleidigtsein oder Liebesentzug reagiert, der behandelt den Kleinen nach den Regeln der Großen und wird ihn verwirrt zurücklassen.

Ein weiterer Grund für die kleinen Jungs, mal so richtig Gas zu geben, ist die Suche nach einem aufregenden und spannenden Erlebnis: Wenn die kleinen Jungs beispielsweise mit den großen ringen und sich dabei mitreißen lassen, können sie erleben, dass aggressiv sein auch Spaß machen kann, sie anstachelt, nicht nachzugeben. In diesen Fällen geschieht es mitunter, dass die Jungs ein wenig den Überblick verlieren und sie irgendwann beginnen, harte Schläge auszuteilen – wieder ein Ausdruck dafür, dass sie noch lernen müssen, ihre Aggressivität richtig zu dosieren. Die Lösung: Klare Regeln für das Ringen aufstellen *(„Kneifen und boxen verboten!“)* und die Sache friedlich ausklingen lassen, sich vielleicht abschließend voreinander verbeugen, wie das die Judokämpfer immer machen, um einander Respekt zu bezeugen.

Und schließlich kann es sein, dass die Jungs eben dabei sind, unbekannte und fremde Terrains zu erobern – und sich dafür mitunter gewaltsam von ihren alten und vertrauten befreien müssen. Der bekannte Familienberater Jan-Uwe Rogge hat es in seinem Buch *„Der große Erziehungsberater“* so auf den Punkt gebracht: Es gibt *„keine Entwicklung ohne Aggression. Wer Aggressionen generell stillegt, legt die Entwicklung des Kindes still“*. Rogge folgt dabei der These der Gestalttherapeuten, die die Aggression als eine positive Fähigkeit begreifen, die Welt nach eigenen Vorstellungen zu verändern. Nur wem das versagt bliebe *(wer seiner Aggression also keine „Gestalt“ geben könne),* der flüchte in die Destruktion.

So beginnen sich Jungs oft auf aggressive Weise gegen all jene Formen der Fürsorge zu wehren, die sie als bevormundend erleben: *„Lass mich in Ruhe – das kann ich schon alleine!“* Wer in diesen Momenten beleidigt reagiert, hat mehr seine eigenen Gefühle im Blick als jene der Jungs. Die Antwort kann also nicht sein, sie zurechtzuweisen, sondern das große Thema wachsender Selbständigkeit in Angriff zu nehmen, zum Beispiel indem man den Jungs ein weiteres Stück Freiheit zugesteht: *„Einmal die Woche kannst du anziehen, was du willst – vorausgesetzt es ist keine Sommerhose im Winter.“*

Der Drang, sich zu neuen Ufern aufzumachen, kann bei den Jungs so weit gehen, dass sie Dinge kaputt machen, die sie als Ausdruck jener Phase begreifen, die sie hinter sich lassen wollen – bestimmtes Spielzeug in seine Bestandteile zerlegen zum Beispiel. Wer nicht sehr genau hinsieht, kann dieses Verhalten mit einfacher Zerstörungswut verwechseln, während doch die verstümmelten Playmobil-Männchen für etwas ganz anderes stehen.

Wie im Kapitel über das Beobachten nachzulesen ist *(siehe Seite 180ff.)*, lernen Jungs viele Verhaltensweisen durch Beobachtung. Es kann sein, dass sie bevorzugt aggressiv reagieren, weil sie es sich bei ihrer engsten Umgebung abgeschaut haben. Wenn zu Hause Gespräche kaum stattfinden und stattdessen die Großen einander anbrüllen und beschimpfen, dann werden die Jungs sich an diesen Beispielen orientieren. In diesem Falle führt der Weg zum richtigen Umgang mit Aggressionen nicht über die Jungs, sondern über die Änderung des eigenen Verhaltens.

Es geht für unsere Jungs darum, ihre Aggression kennen zu lernen, sie im richtigen Moment zu nutzen und im ungeeigneten zu überwinden. Wir können ihnen auf diesem schwierigen Weg zu Seite stehen, indem wir

- klassische Keilereien zwischen Jungs als das betrachten, was sie sind, nämlich klassische Keilereien, die sich eben bisweilen ereignen. In diesem Zusammenhang sollten wir berücksichtigen, dass Jungs während des Kindergartens, der Vor- und der Grundschule in einer von Frauen dominierten Welt aufwachsen. Das bleibt nicht ohne Folgen, denn Frauen haben ein deutlich distanzierteres Verhältnis zu offener Aggression als Männer und finden sie daher schneller bedrohlich; das ist einerseits gut *(weil das die Aggressionen mindert)*, andererseits schlecht, weil es den Jungs eine Quelle ihrer Kraft zu nehmen droht.
- den Jungs klar entgegentreten, wenn sie Aggressionen nutzen, um ihre Grenzen zu testen; Beschimpfungen dürfen wir keinesfalls tolerieren.
- unsere Jungs in den richtigen Momenten ermutigen, sinnvoll aggressiv zu sein, zum Beispiel wenn es darum geht, ein Problem anzupacken oder sich mit einer starken Persönlichkeit auseinanderzusetzen.
- ihnen in all jenen Momenten, in denen sie von einer ziellosen, vor allem körperlich bedingten Aggression heimgesucht werden, Möglich-

keiten bieten, sie abzubauen: Sie zum Beispiel körperlich fordern, indem man mit ihnen Sport macht – wobei man besonders aggressive Sportarten meiden sollte, während solche wie Judo zu einer sinnvollen Disziplinierung der Aggressionen führen. Eine andere Möglichkeit ist es, die Jungs durch einen radikalen Themenwechsel von ihren Aggressionen abzulenken und auf andere Gedanken zu bringen.

- wenn die Jungs aggressiv werden und uns damit auf die Nerven gehen, dieselben behalten und keinesfalls selber aggressiv werden! Schlechtes Vorbild verdirbt bekanntlich gute Sitten.
- daran denken, dass es Jungs oft recht schwerfällt, unmittelbar über ihre Gefühle und Bedürfnisse zu sprechen. Über einen indirekten Weg kommt man leichter mit ihnen ins Gespräch – am besten über Dinge, die ihnen Freude machen wie bestimmte Sportarten oder Lieblingsfiguren aus Büchern oder Comics.
- den Jungs ein paar Tricks verraten, mit denen sie sich aus aggressiven Situationen herausretten können *(Details dazu finden sich in dem Kapitel „So verteidigt man sich selbst" auf Seite 247f.).*

☛ Wann es Zeit ist, sich Sorgen zu machen – und zum eingangs zitierten Psychologen zu gehen:

- wenn sie auf keine Interventionen reagieren, sondern bis zur Selbstschädigung auf ihrem Weg weitergehen
- wenn sie in der Schule mit ihren Mitschülern und ihren Lehrern beständig auf aggressive Weise umgehen, sie attackieren und beleidigen
- wenn sie ständig in Schlägereien und Keilereien verwickelt sind
- wenn mit ihnen kein harmonisches oder sachliches Gespräch möglich ist, sondern jede Bemerkung heftige Gegenwehr auslöst
- und wenn sie zu Vandalismus neigen und ohne erkennbaren Grund immer wieder Gegenstände zerstören.

Zu den Waffen!

Jetzt kommen wir zu einem Thema, das geeignet ist, Zwietracht zu säen: Jeder denkt anders über den Spaß der Jungs an Waffen und wird beim Nachdenken darüber schnell grundsätzlich. Das freilich ändert nichts daran, dass Jungs in einer bestimmten Phase ihres Lebens begeistert Waffen basteln und mit ihnen herumfuchteln.

Die Frage kann also nicht lauten: Wie verhindern? Sondern vielmehr: Wie damit umgehen? Und: Wie baut man eigentlich eine Schleuder?

Aufrüstung

Für die Eltern von Jungs kommt der Tag, an dem sie vor ihrem kleinen, unschuldigen Sohn stehen, der einen Stock in der Hand hält und damit eigenartige Gesten und Geräusche macht. Erst denkt man sich weiter nichts dabei, bald beschummelt man sich, indem man das Gefuchtel und Geballere absichtlich missdeutet. Bis man dann eines Tages nicht darum herumkommt, sich einzugestehen: Der Junge schießt mit einer Waffe um sich. Auf die Großen, auf die Katze des Nachbarn, auf den Schrank.

Die Romantiker unter den Eltern sind geschockt. Mein Sohn! Schießt! Liebt Waffen! Wie kann das sein? Niemand in der Familie hat ihm das gezeigt, der Vater Wehrdienstverweigerer, die Mutter allem Schießgerät so fern wie die meisten Frauen.

Die Vermutung lautet also: Die Lust an der Waffe kommt aus den Tiefen der Jungsseele! Aus jenen männlich codierten Genen, die Jungs in manchen Situationen agieren lassen, wie Jungs das typischerweise tun. Diese Einsicht kommt der Wahrheit schon nahe, wenngleich wir noch ein paar zusätzliche Ursachen für die plötzlich erwachte Waffenliebe berücksichtigen sollten.

- Die Jungs bewegen sich unter ihresgleichen. Und die übernehmen mit zunehmendem Alter einen immer größeren Teil der Erziehungsarbeit. So hat irgendeiner der anderen Jungs bereits eine großkalibrige Spielzeug-Wumme und erzählt das allen anderen. Oder er hat einen bis an die Zähne bewaffne-

ten größeren Bruder *(von dem übrigens auch die eigenartigen Witze stammen, die Ihr Sohn so gerne erzählt).*

- Wenn wir genau hinsehen, werden wir feststellen, dass in einigen Kinderklassikern Waffen eine wichtige Rolle spielen. Wir müssen nicht gleich an Karl May und Winnetou denken, es reicht auch, wenn wir uns Tom Sawyer und Huckleberry Finn vornehmen, *„Die drei ???“*, *„Die drei Räuber“* und sämtliche Harry Potters: Irgendwann erhebt immer jemand die Waffe – warum sollten die Jungs nicht auch welche haben wollen?
- Eine weitere Quelle sind Tageszeitungen, Fernseh- und Radionachrichten, in denen von den Kriegen dieser Welt die Rede ist. Und die die Jungs selbst dann registrieren, wenn wir hektisch das Programm wechseln, wenn die Rede darauf kommt.
- Zudem sind da viele Videospiele, in denen Waffen eine Rolle spielen – und mögen sie auch in der harmlosen Form von Feuerbällen, grinsenden Kanonenkugeln oder trötenden Pistolen daherkommen.
- Und schließlich gibt es sogar Sportarten, in denen Menschen mit Gewehren auf dem Rücken herumlaufen und auf bewegliche Ziele schießen.

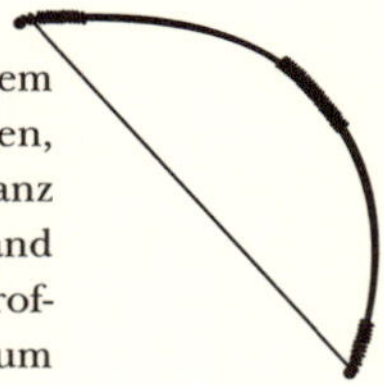

Diese kleine Liste soll andeuten, wie präsent Waffen in unserem Alltag sind und wie schnell kleine Jungs auf die Idee kommen, auch eine besitzen zu wollen. Denn diesen Dingern wohnen ganz offensichtlich große Kräfte inne: Man muss sie nur auf jemand anderen richten, und schon fürchtet sich der. Oder er fällt getroffen um. Oder die ängstlichen Waffenträger werden mutig, kaum haben sie so ein Ding in der Hand.

Und auch wir Eltern tun unseren Teil dazu: Sobald wir Waffen in den Händen unserer Jungs sehen, reagieren wir heftig – meist ablehnend. Wer sich ein wenig mit der Jungspsyche beschäftigt hat, der weiß, dass jede Form der heftigen Reaktion das entsprechende Verhalten der Jungs erst mal attraktiv macht *(weshalb auch in der Ruhe die größte Kraft der Pädagogik liegt – versichern viele Fachleute).*

Was nun? Was tun?

Uns großen Jungs sei als Erstes empfohlen, an die eigene Kindheit und Jugend zu denken. An die Waffenarsenale, die wir selbst besessen und die wilden Spiele, die wir damit angestellt haben; an die zahllosen Spielkameraden, die wir totgeschossen haben und die wenige Sekunden später wieder aufgesprungen sind, um wieder in den Kampf zu ziehen.

Das wird uns schnell zur Einsicht bringen: So schädlich kann das nicht gewesen sein, denn haben wir nicht Zivildienst gemacht? Und sind aus uns nicht durchaus sympathische, friedliebende Männer geworden? Ja, mitunter müssen wir uns sogar sagen lassen, wir könnten durchaus ein bisschen aggressiver sein in der Durchsetzung unserer Ziele.

Wer wissenschaftlichen Beistand braucht, für den sei die herrschende Meinung der Kinderpsychologen zitiert: Die vorübergehende Waffenliebe der Jungs ist vollkommen normal. Es geht, wie so oft, darum, wie man mit den Vorlieben und Eigenarten der Jungs umgeht. So empfiehlt es sich,

- die Waffenliebe weder zu fördern noch zu unterdrücken und sie als normales, vorübergehendes Phänomen zu behandeln.
- zu akzeptieren, dass Jungs während wilder Schieß-Spiele zwar aggressiv sind, sich das aber wieder legt, kaum ist es mit der Ballerei vorbei.

Welche Waffen wünschen sich die Jungs?

Prinzipiell gilt: Es gibt keinen Gegenstand der Welt, der sich von einem schießwilligen Jungen nicht in eine Waffe umfunktionieren ließe. Die Aufforderung also, endlich die Pistole wegzulegen, ist tendenziell sinnlos, denn dann wird eben einfach die Spielzeug-Schraubzwinge in einen „*Schießer*" uminterpretiert oder schnell aus Lego eine Laserpistole gebastelt. Schuld an dieser Unausweichlichkeit ist die kindliche Fantasie und Improvisationsgabe, die wir an anderer Stelle so bewundern *(„Ein tolles Bild ist das geworden! Und was ist das Dunkle hier? Ah, ein Schießer ...")*.

Das bedeutet, dass Jungs ebenso gut ein Stock, ein Brett, ein Kinderwerkzeug, drei Legosteine oder ein Küchenquirl als Waffe dienen kann wie ihr Zeigefinger und Daumen.

Und doch ist es nicht gleichgültig, welche Waffen wir unseren Jungs aushändigen. Abzuraten ist von all jenen Plastik-MPs, -revolvern und -pistolen, die so täuschend echt aussehen, dass es zum Großalarm käme, wenn die Jungs solcherart bewaffnet eine Bank betreten würden. Zudem hieße es, die kindliche Freude an Waffen in eine Richtung zu drängen, die im Beitritt zu einem Schießclub enden könnte. Durchaus akzeptabel hingegen erscheinen all jene Waffen, denen ihr kindlicher Verwendungszweck deutlich anzusehen ist *(Stoppel- und Knallkapsel-Revolver)*.

☛ Wenn schon, dann lieber selbst gebastelt

Wenn es also schon zur Aufrüstung im Jungszimmer kommen muss, dann empfiehlt es sich, ein paar Kinderwaffen mit den Jungs zu basteln. Außerdem können sie dabei die eine oder andere handwerkliche Fähigkeit erwerben. Selber basteln lassen sich viele Waffen. So zum Beispiel Schwerter und Speere. Weil es bei deren Herstellung mehr um das konkrete Aussehen als um die feststehende Grundform geht, wollen wir uns auf vier andere Waffen konzentrieren.
Bei diesen wie allen anderen Waffen gilt: Vorsicht!

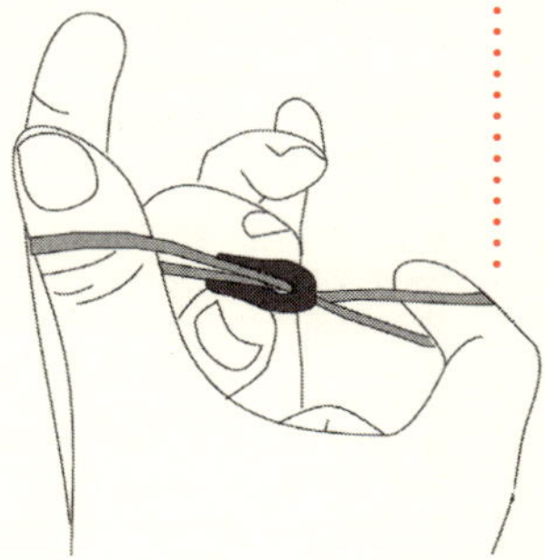

Papierkrampe/U-Hakerl *(österreichisch)*

Gebraucht wird
- ein Stück Papier *(10 × 10 cm)*
- einfaches Gummiband

Herstellung
1. das Papierstück einmal in der Mitte falten
2. Blatt hochkant auf den Tisch legen
3. an der unteren Kante einen ca. 0,5 cm breiten Streifen falten
4. Vorgang so lange wiederholen, bis ein dicker Papierstreifen entstanden ist
5. diesen Papierstreifen in der Mitte u-förmig zusammenfalten *(daher der österr. Begriff des „U-Hakerls")*
6. Gummiband zwischen Daumen und Zeigefinger der linken Hand spannen *(Linkshänder nehmen die rechte Hand)*
7. das U-Hakerl über das Gummiband legen
8. Papierstück durch Zurückziehen abfeuern

Blasrohr

Gebraucht wird
- ein stabiles Plastikrohr (ca. 40 cm lang, ca. 1 cm Durchmesser – Baumarkt)
- Fensterkitt

Herstellung
1. Fensterkitt zu erbsengroßen Kügelchen rollen
2. an einem Ende ins Blasrohr legen
3. an diesem Ende kräftig hineinpusten
4. das Kügelchen zischt los

▶

BIC Crystal Kuli – kurz vor dem Umbau in ein Mini-Blasrohr

Blasrohr

Die Schrumpfvariante: Dazu braucht man einen Einweg-Kugelschreiber mit Mine, die man rausziehen kann *(am besten geeignet ist der „BIC Crystal", Art.Nr.: 802156);* den kleinen farbigen Stoppel ebenfalls entfernen; ein münzgroßes Stück Löschpapier abreißen, gut durchkauen, daraus ein winziges Kügelchen formen, in die Spitze des BIC Crystal stecken, das Löchlein am Kuli zuhalten *(das die Hersteller dafür angebracht haben, dass Luft ins Kuliinnere kann),* pusten. Die Papierkügelchen bleiben sehr gut an der Zimmerdecke kleben.

Schleuder/Zwille

Gebraucht wird

- ein Y-förmiger Ast *(Astgabel)*
- 2 starke Gummibänder *(z. B. von Einweckgläsern)*
- ein Lederstück *(ca. 5 cm lang, 3 cm breit)*
- dünne Packschnur
- Taschenmesser

Herstellung

❶ im Wald einen Y-förmigen Ast suchen *(geeignet sind alle Laubhölzer, also Haselnuss, Birke, Ahorn)*

❷ mit dem Taschenmesser die Ästchen entfernen und gegebenenfalls den Ast verzieren *(Rinde am Griff abmachen, Muster reinschnitzen etc.)*

❸ die beiden Enden des Ypsilons mit einer ringförmigen Einkerbung versehen *(hier kommt das Gummiband dran)*

❹ die beiden Gummibänder auf eine Länge von ca. 20 cm zurechtschneiden

❺ je eines an den Enden des Ypsilons befestigen und zwar mit Hilfe der Packschnur

❼ in die Schmalseiten des Lederstücks zwei 0,5 cm breite Löcher schneiden

❿ die beiden losen Enden der Gummibänder durch die Löcher ziehen und wieder mit Hilfe der Packschnur befestigen – das Lederstück muss genau in der Mitte der Zwille liegen

⓫ Schleuder in die linke Hand nehmen *(Linkshänder in die rechte),* eine Kastanie in das Lederstück legen, mit der rechten Hand zurückziehen

⓬ als Munition eignen sich zurechtgeschnittene Weinkorken, kleine Steine, Fensterkitt, Kreidestücke usf.

Obacht: So eine Schleuder befördert die kleinen Dinge mit ziemlicher Geschwindigkeit durch die Gegend. Verletzungsgefahr, also keinesfalls auf Menschen schießen.

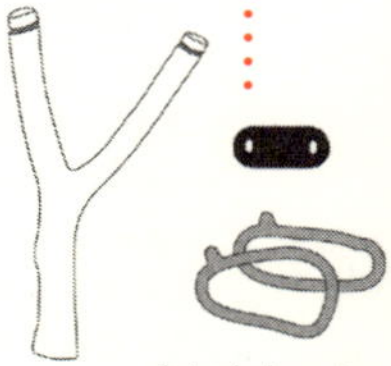

Astgabel samt erforderlichem Zubehör (Gummibänder, Lederstück)

Luftballon-Schießer

Gebraucht wird

- das Innere einer WC-Papier-Rolle
- ein Luftballon

Herstellung

❶ das dünne Stück des Luftballons *(wo man ihn aufbläst)* großzügig abschneiden

❷ den solcherart bearbeiteten Luftballon über eine Seite der WC-Papier-Rolle stülpen

❸ auf der anderen Seite der Rolle ein Kreidestück reinstecken, so dass es im Inneren des Luftballons liegt

❹ von außen den Luftballon samt Kreidestück fassen

❺ nach dem Schleuder-Prinzip losschießen.

Ein kleiner Hinweis zum Schluss

Wer das Interesse der kleinen Jungs für Waffen dazu nutzen will, sie in sportlichere Richtungen zu lenken, der kann sich dem Bogen- und Armbrustschießen zuwenden.

Der Held aus vielen Spielen: Super Mario

Am Drücker

Das Leben vieler kleiner Jungs besteht aus zwei unversöhnlichen Welten: Aus der guten, in der sie pädagogisch wertvolle Spiele spielen und kreativ sind; solange sie sich darin bewegen, sind die großen Jungs stolz auf sie und sehen sie in eine erfolgreiche Zukunft schreiten. Doch kaum betreten die kleinen Jungs die weniger gute Welt, gibt es Stress. Denn dort kämpfen sie sich durch die siebte Welt von Super Mario und ballern mit kleinen Spielzeugpanzern herum. Im Folgenden eine kleine Meditation über digitale und analoge Jungsspiele samt einem gut begründeten Hinweis, dass Videospiele genauso zum erfüllten Leben unserer Jungs gehören wie analoge.

Digitale gegen analoge Spiele

Während es als ausgemachte Sache gilt, dass analoge Spiele wie Klickern, Diabolo und Schach unumschränkt zu empfehlen sind, rollen viele große Jungs die Augen, wenn es um Video- und Computerspiele geht. Ob es denn unbedingt sein müsse, dass sie schon wieder vor dem Fernsehschirm oder dem Computer herumhängen, werden die Jungs gefragt. Und: *„Geht doch mal raus spielen!"*

Es ist nicht das einzige Thema, bei dem die Ansichten und Vorlieben der großen und der kleinen Jungs stark divergieren. Das Besondere an diesem Thema ist jedoch, dass es zu dauernden familieninternen Debatten führt, denn hinter dem Gerangel um die Videokonsole steht die zentrale Frage: Machen Videospiele aus unseren lieben und klugen Jungs aggressive und doofe Jungs?

Es wäre vermessen, hier eine endgültige Antwort geben zu wollen. Wie so oft ist es eine Mischung aus Vorlieben, Prägungen und Weltanschauungen, die uns zu einem Urteil kommen lässt. Überblickt man freilich die aktuellen Untersuchungen zum Thema *„Kinder und Videospiele"*, dann sollten wir uns entspannt zurücklehnen, denn es wird klar: Es sind nicht die Spiele, die unsere Jungs verderben! Es gibt keinen Nachweis dafür, dass grimmige Videospiele aus heiteren und fröhlichen Jungen aggressive Verbrecher machen.

Vielmehr verhält es sich umgekehrt: Jungs zwischen 8 und 13 Jahren suchen sich jene Videospiele aus, *„die zu ihrer Persönlichkeitsstruktur passten. Jungen, die ohnehin ein aggressives Verhalten an den Tag legten, tendierten über* *die Zeit eher dazu, sich mit gewalthaltigen Computerspielen zu beschäftigen"* – so das Ergebnis einer *(stellvertretend zitierten)* Studie an der Freien Universität Berlin aus dem Jahr 2006. Das bedeutet, dass alle Analysen, an den Amokläufen in Littleton 1999 und am Erfurter Gutenberg-Gymnasium 2002 sei übermäßiger Gewaltvideo-Konsum schuld, vorschnell und unhaltbar waren. Die Täter hatten eine Menge Probleme – und die zeigten sich u. v. a. im Spielen von einschlägigen Gewaltvideos.

Das bedeutet freilich nicht, dass wir den Jungs prinzipiell den Weg freigeben sollten, wenn sie gen Videokonsole oder Computer streben. Vielmehr gilt es, den Zugang zu Spielen wie Medien so zu dosieren, dass niemand daran Schaden nimmt: die Grundsätze der großen Jungs nicht und die Gesundheit wie Geistesverfassung der kleinen auch nicht. Denn das Herumlungern vor Videospielen hat durchaus unerwünschte Nebeneffekte:

☛ Es gibt viele **schlechte, lieblos programmierte und simpel gestrickte Spiele,** die kein Junge spielen muss. Leicht daran zu erkennen, dass sie von anderen Eltern im Internet und von den Fachleuten der einschlägigen Presse mies bewertet werden.

☛ Bei **„Ego-shooter"-Spielen** nehmen die Jungs die Welt durch die Augen eines Wesens wahr, das sich ballernd und tötend durch Labyrinthe voller Gefahren bewegt. Diese Form der Unterhaltung muss nicht sein, denn wer sich vorwiegend damit beschäftigt, wie man imaginäre Feinde erledigt, der übt eine gewisse Sichtweise ein, die wenig empfehlenswert ist.

☛ Wer Videogames spielt, der sitzt – die Augen auf den **Bildschirm** fixiert – stundenlang herum, anstatt sich zu bewegen.

☛ Meist ist die Spielerei eine **einsame Angelegenheit** – Freunde treffen und mit anderen spielen ist es nicht.

☛ Die fantastischen Welten können **die Fantasie der Jungs überwuchern.**

Doch bevor wir uns in eine Video-Verdammungsspirale begeben, sei daran erinnert, dass Videospiele durchaus positive Seiten haben können:

☛ Es gibt einige **höchst gelungene** Videospiele, die den Jungs große Freude machen *(siehe übernächste Seite).*

☛ Die guten Spiele sind nicht nur unterhaltend, sondern können auch **intelligenzfördernd** sein.

☛ Gute Videospiele können **faule Jungs wieder auf Trab** und sie mit anderen Jungs zusammenbringen.
☛ Die Programmierer von Videospielen haben eine **neue Ästhetik** entwickelt, die Jungs zu Recht fasziniert.
☛ Videospiele haben sich zu einer genuinen **Kulturform** entwickelt, über die nur Jungs verfügen, während die Großen keinen Zutritt haben bzw. kaum Kompetenz entwickeln. Für heranwachsende Jungs eine wichtige Erfahrung.

☛ Kleine Empfehlungsrunde in Sachen digitaler Spiele

Wie das Videospielen sich auf die Psyche und die Gesundheit der Jungs auswirkt, das hängt von den **Rahmenbedingungen** und den **konkreten Spielen** ab. Daher gilt:

■ **Spielzeit klar beschränken:** Wecker stellen – und wenn der läutet, ist es vorbei. Verbindliche Werte, wie viele Minuten bzw. Stunden gut und wie viele schlecht sind, gibt es nicht, zu verschieden sind die Jungs, und zu sehr hängt es von den Spielen ab. Wer gerne einen Anhaltspunkt hätte, hier ist er: Zwei-, dreimal die Woche muss genügen und dann sollte nach einer Stunde Schluss sein – Nachverhandlungen der Jungs nicht eingerechnet, ebenso wenig Ausnahmen in Sonderfällen. *Diese Empfehlung ist entsprechend dem Alter und der Reife der Jungs individuell anzupassen.*

■ **Kein Computer und keine Videokonsole im Kinderzimmer;** diese Geräte gehören ins Familienzimmer bzw. zum anderen technischen Equipment.

■ Keine auf **Gewalt** fokussierten Spiele erlauben. Große Jungs sollten jedoch akzeptieren, dass es in vielen Spielen – neben anderen Dingen – auch um Schießen und Kämpfen geht; so ist das nun mal bei Videospielen.

■ Videospiele auswählen, bei denen die Jungs nicht nur rumsitzen, sondern sich auch **bewegen.**

☛ Konkrete Empfehlungen: Spielkonsolen und Spiele

Nintendo Wii

Diese Spielkonsole schließt man an einen Fernsehapparat an; sie unterscheidet sich in vielen Details wohltuend von den Konkurrenzprodukten *(daher ist damit zu rechnen, dass in naher Zukunft ähnliche Konsolen anderer Anbieter auf den Markt kommen).* Der Fokus der Nintendo Wii liegt auf familienkompatiblen Spielen. Gesteuert werden die Aktionen in den Videospielen durch eine Fernbedienung, die bewegungssensibel ist. Das heißt: Man spielt Tennis, indem man tennisähnliche Bewegungen macht, oder Golf, indem man die Fernbedienung bewegt, als halte man einen Golfschläger in der Hand. Das hat zur Folge: Bei vielen Spielen bewegen sich die Jungs ausgiebig. Preis: ca. € 250,– *(offiziell – bei verschiedenen Händlern gibt es immer wieder Rabatte bzw. sogenannte Bundles, also Pakete mit mehreren Spielen bzw. Spielen und Konsolen).*

Spiele für die Nintendo Wii

■ **Wii Sport** *(Golf, Tennis, Bowling, Baseball):* Das Spiel liegt der Konsole bei; an verregneten Tagen eine kleine Entschädigung für die mangelnden Bewegungsmöglichkeiten; auch für große Jungs unterhaltsam – man kann langweilige Abendessen auflockern, indem man zwischendurch ein Tennismatch gegen andere Gäste spielt.

■ **Wii Play** *(verschiedene Spiele wie Kuhwettrennen, Fische angeln, Luftballons abschießen, mit Spielzeugpanzern kämpfen):* Ziel dieser kleinen Spiele ist es ausschließlich, den Jungs Spaß zu machen; pädagogischer Mehrwert ist keiner zu entdecken, was aber auch nicht gegen diese Spiele spricht.

■ **Super Mario Party 8** *(ein virtueller Rummelplatz mit sehr verschiedenen lustigen Spielen):* Ebenfalls dem puren Vergnügen gewidmet; als Belohnung gewidmet; als Belohnung für erfolgreiches Spielen warten unentdeckte Welten auf die Jungs.

■ **Super Mario Galaxy** *(Neuauflage der klassischen „jump and run"-Spiele, bei denen es darum geht, in galaktischen Welten die unterschiedlichsten Aufgaben zu bestehen, indem man hüpft und läuft und schießt):* die aktuellste Version jenes Game, das jeder mit Videospielen verbindet. Nachteil: Es entwickelt einen starken Sog, eine Welt nach der anderen entdecken zu wollen – so fällt es schwer aufzuhören, weil man immer weitermachen will, bis alle verborgenen Welten entdeckt sind.

■ **Mario Kart** *(aberwitziges Autorennen mit ebensolchen Rennstrecken z. B. durch venezianisch anmutende Innenstädte und durch das Innere von riesenhaften Uhrwerken; wird mit eigenem Lenkrad angeboten):* Durch die Netzwerkfähigkeit der Nintendo Wii kann man gegen andere Mitspieler antreten, mit denen man übers Internet verbunden ist.

■ **Wii Fit** *(Fitnesstraining auf dem Balance Board; Yoga-, Muskel-, Aerobic-, Balanceübungen):* höchst erfolgreiches *„Spiel"*, bei dem es um Fitness geht; wird mittlerweile auch in Altersheimen eingesetzt; eigene Fitness-Statistik inklusive.

■ **Guitar Hero 3 – Legends of Rock** Bundle *(Hier kann man sich auf einer mitgelieferten Gitarre vom kleinen Musiker zur Rocklegende hochspielen, indem man Gitarregriffe beherrschen lernt):* höchst unterhaltsames Musikspiel, das Jungsträume von einer Karriere als Rockstar bedient.

Nintendo DS

Der Nachfolger des berühmten Gameboy. Kleines, elegantes, tragbares Videospielsystem. Wer damit spielt, sitzt freilich bewegungslos herum und drückt Knöpfe. Daher am besten bei Reisen und in Notsituationen einsetzbar. Preis: ca. € 150,–

Spiele für die Nintendo DS

■ **Dr. Kawashimas Gehirn Jogging** *(Verschiedene Aufgaben und Merkspiele, die das Gehirn trainieren sollen):* Gilt als berühmtestes und erfolgreichstes Beispiel der *„Serious Games"*, die eindeutig pädagogische Ziele haben; wer Quantität für einen Erfolgsnachweis hält: es wurde bislang ca. 12 Millionen Mal verkauft *(2008).*

■ **New Super Mario Bros.** *(jump and run):* Details siehe links unter Super Mario Galaxy.

■ **Mario Kart DS** *(Rennfahrspiel):* Details siehe links.

■ **Pokémon Pearl bzw. Diamond** *(Videospiel-Variante des beliebten Kartenspiels; die Jungs müssen ihre Pokémons trainieren):* Eines jener Spiele, bei denen sich große Jungs ratlos fragen, was die kleinen da machen; spricht nicht gegen das Spiel.

■ **Chessmaster – Die Kunst des Lernens** *(Schach lernen mit dem meisterlichen Josh Waitzkin; er gibt sowohl Anfängerunterricht als auch solchen für Fortgeschrittene; kabelloser Mehrspielermodus für 2 Spieler).*

■ **42 Spieleklassiker** *(Weit verbreitete Brett- und Kartenspiele wie Backgammon, Rommé oder Blackjack).*

■ **Tetris DS** *(Jedem ans Herz gewachsen, der schon den ersten Gameboy hatte: Es geht darum, vom Himmel fallende geometrische Formen so zu stapeln, dass keine Lücken entstehen. Klingt simpel, ist aber spannend).*

■ **Augen-Training:** Trainieren und entspannen Sie Ihre Augen! *(Übungen, die die Stärke der Augen testen und üben sollen. Ein Spiel aus der japanischen Spezialistenecke, das Spiel wurde von Dr. Hisao Ishigaki entwickelt).*

Auf eine Partie Schach bei den Wikingern

Es gibt natürlich unzählige empfehlenswerte Spiele aus der analogen Welt – Brettspiele, Spiele für draußen, Spiele für viel Platz, für noch mehr Platz, für die Schulbank und so fort. Diese kleine Liste muss also mehr als kursorisch bleiben. Wir beschränken uns daher auf weniger beachtete und solche, die einfach zu spielen sind.

Kugelbahn:
Die Firma *Haba* hat eine wunderbare Kugelbahn entwickelt. Dabei gilt es, aus einem Haufen verschiedener Holzteile (Rinnen, Kurven, Fallrohre etc.) eine möglichst komplizierte Kugelbahn zu bauen; anschließend immer wieder die eigenen Murmeln runterrollen lassen und sehen, was man durch Änderungen an der Bahn bewirken kann.

Schere, Stein, Papier:
Die beiden Spieler strecken einander eine Hand entgegen; zur Faust ballen; bis drei zählen. Bei *„eins"* und *„zwei"* die Faust ruckartig nach unten bewegen – auf *„drei"* die Faust öffnen und eines der drei folgenden Symbole bilden:

- Zeige- und Mittelfinger zum V strecken *(Symbol für Schere)*
- Die Faust unverändert belassen *(Stein)*
- Finger ausstrecken, als würde man jemandem die Hand geben *(Papier)*

Gewonnen hat, wer das stärkere Symbol gewählt hat. Also: Schere schneidet Papier, Stein zerbricht die Schere, Papier

☛ Schere, Stein, Papier: Die Regeln

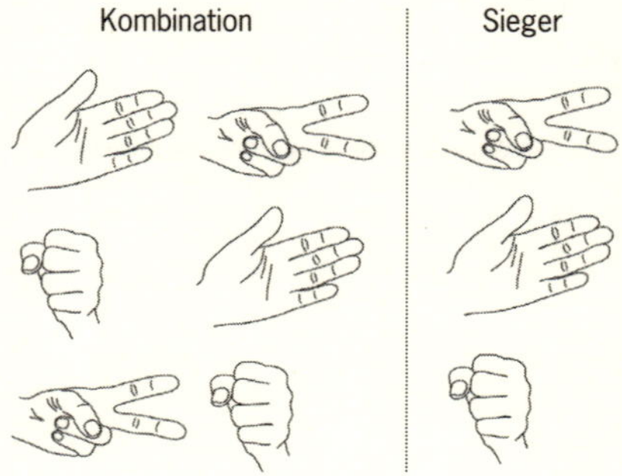

wickelt den Stein ein. Unentschieden geht die Runde aus, wenn beide dasselbe Symbol zeigen.

Wikingerschach ***(Kubb):***
Wird vor allem in Schweden und Norwegen gerne gespielt, mittlerweile auch hierzulande zu haben. Zwei Mannschaften spielen gegeneinander; zwischen ihnen werden Holzklötze aufgebaut, die es mit Hölzern umzuwerfen gilt, zuletzt den König; wer das schafft, hat gewonnen. Es gibt auch Kubb-Turniere und -Weltmeisterschaften.

Details und Termine für Kubb-Turniere findet man hier:
www.vmkubb.com
www.kubbturnier.de
www.kubbsport.at
www.swisskubb.ch

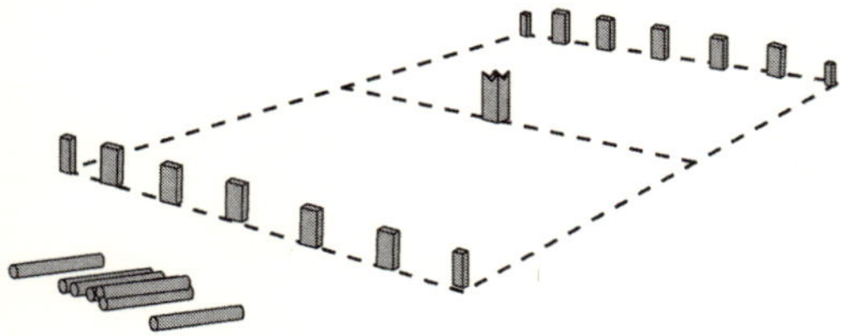

So sieht die Grundaufstellung des Wikingerschachs aus.
Das Spielfeld hat eine Länge von 8 m und eine Breite von 5 m (man kann das Spielfeld auch 10 × 8 m groß anlegen).

Tischfußball mit Münzen ***(österreichisch Schuberln):***
Auf einem Tisch mit Kreide ein stilisiertes Fußballfeld aufmalen; aus je elf Centmünzen zwei Mannschaften formen, mit Papier bekleben (schöne Trikots ausdenken), auf je eine Spielhälfte verteilen, eine Münze als Ball verwenden; abwechselnd versuchen, mittels Lineal einen eigenen Spieler gegen den Ball zu spielen und diesen wiederum ins gegnerische Tor.

Murmeln ***(Klickern):***
Jungsklassiker. Es gibt eine Vielzahl verschiedener Regeln; meist werden den Murmeln je nach Aussehen und Größe verschiedene Werte beigemessen. Es kann darum gehen, in ein Loch zu treffen oder die Kugel des anderen anzustoßen. Wer gewinnt, sackt jedes Mal die Kugeln des anderen ein. Regeln von anderen Jungs erfragen oder selber welche entwickeln.

☛ Schiffe versenken

Auf der nächsten Seite findet sich der Doppelraster zum Kopieren; jeder Spieler bekommt einen; zwischen den Spielern eine kleine Wand aufbauen *(großes Buch)*, rüberschauen verboten! Auf dem linken Raster die eigenen Schiffe verstecken – sie dürfen ganz am Rande eingezeichnet werden, aber einander nicht berühren *(außer an den Ecken)*.
Welche Schiffe zur Verfügung stehen – siehe unten; abwechselnd auf die Schiffe des anderen schießen, auf dem rechten Raster eintragen, wo man schon hingeschossen hat. Getroffene Boote anmalen *(nicht vergessen: rundherum jene Felder markieren, wo kein Schiff mehr sein kann)*. Wer zuerst alle Schiffe des Gegners versenkt hat, ist Sieger.
Und so sieht ein Spiel z. B. aus:

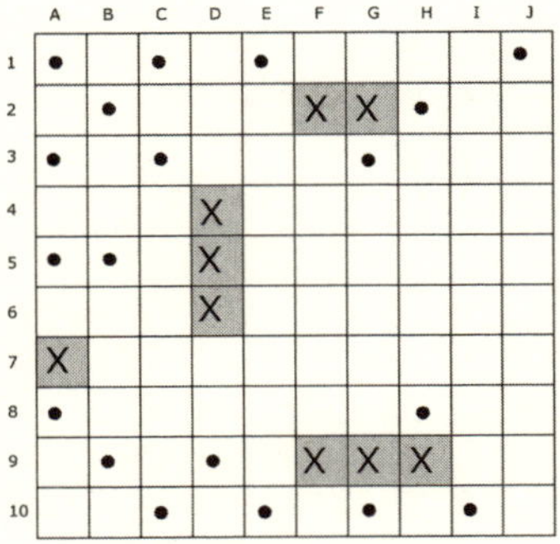

Gegnerische Schiffe: Alle versenkt!

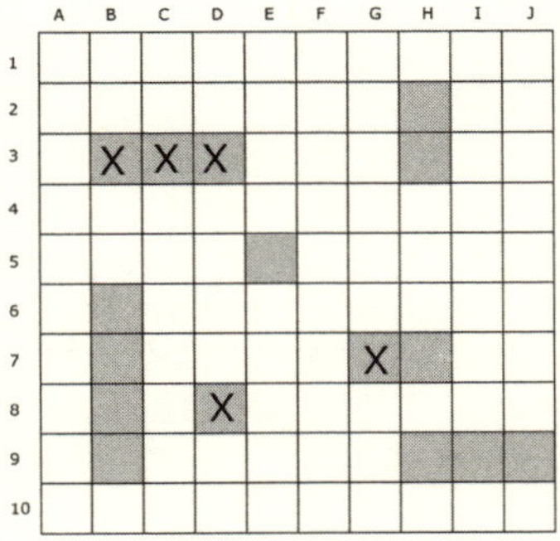

Eigene Schiffe: Zwei versenkt, eines getroffen

Die Schiffe fürs Schiffeversenken:
1 Containerschiff (vier Kästchen),
2 Kreuzfahrtschiffe (je drei Kästchen)
2 Motoryachten (je zwei Kästchen),
2 Ruderboote (je ein Kästchen)

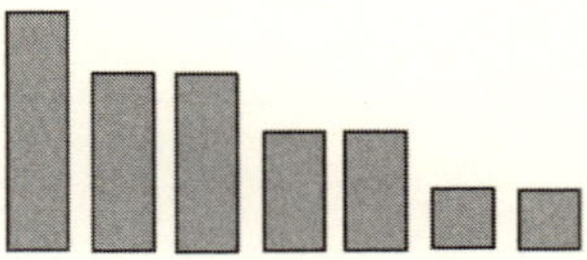

Schiffe versenken – das Spieleblatt zum Kopieren

	A	B	C	D	E	F	G	H	I	J
1										
2										
3										
4										
5										
6										
7										
8										
9										
10										

	A	B	C	D	E	F	G	H	I	J
1										
2										
3										
4										
5										
6										
7										
8										
9										
10										

Gefühle zeigen

Über den Wunsch von Jungs, eine Band zu gründen, die **Wichtigkeit enger Freunde,** über ihr bestgehütetes **Geheimnis,** nämlich ihre Kuscheltiere, ihre **Freude am Kochen** und ihre **Sehnsucht nach einem Haustier.**

Kochende Jungs – ein paar Tipps für Einsteiger

Vor nicht allzu langer Zeit war Kochen eine wenig spektakuläre Sache, die viel mit Alltagsarbeit und wenig mit Selbstverwirklichung zu tun hatte. Das hat sich grundsätzlich geändert, zum Glück! Schuld daran sind ein paar coole Jungs wie Jamie Oliver oder Tim Mälzer, die vorgezeigt haben, dass Kochen ein gemeinsames Vergnügen sein kann – und eine Möglichkeit, anderen seine Gefühle und Zuneigung zu zeigen.

Kochen für Jungs ist keine Frage aufwendiger Rezepte und stundenlanger Tüfteleien, sondern sollte schnell gehen, Spaß machen, die Bekochten erfreuen und, vielleicht das Wichtigste daran, Gelegenheit bieten, mit Papi oder dem besten Freund gemeinsam loszulegen.

Weil hinterher immer die Frage auftaucht, wer das Durcheinander wieder wegmachen soll, sollte es schließlich auch möglichst ressourcenschonend sein, damit die Jungs das auch noch erledigen können (und wollen). Hier ein paar Vorschläge für Einsteiger – ob für kleine oder große, bleibt dahingestellt, denn man sollte nicht glauben, dass es einige große Jungs gibt, die sogar damit Probleme haben, ein Ei in die Pfanne zu hauen. Hier ein paar einfache Rezepte und Hinweise, die kleinen Jungs einen ersten Geschmack auf die Küche vermitteln können.

☛ Morgens 1

Vollkorntoast mit Rührei und Tomaten

Geht schnell, schmeckt lecker, mag jeder.

Zutaten Toast und Rührei

■ Schüssel ■ Pfanne ■ ein bisschen Butter ■ 1 Ei pro Person ■ 1–3 Tomaten ■ Salz und Pfeffer

Und so geht's:

❶ 1 Scheibe Toastbrot pro Person. ❷ Eier aufschlagen, in eine Schüssel geben, verquirlen. ❸ Pfanne auf kleiner Flamme erhitzen, Butter rein, zerlaufen lassen. ❹ Eier rein, nach einer Minute erstmals umrühren. ❺ Toast in den Toaster. ❻ Wenn die Eier fast fertig sind, die klein geschnittenen Tomaten rein, das Ganze noch kurz in der Pfanne lassen. ❼ Je 1 frisch getoasteten Toast auf den Teller legen, Rührei drauf, salzen, pfeffern, servieren. Fertig. Wer will und hat, kann gehackte Petersilie oder Schnittlauch drauftun.

☛ Morgens 2

Müsli mit Früchten

Schmeckt viel besser als die fertigen Mischungen mit den Trockenfrüchten. Der Trick ist, dass man das Vollkornmüsli schon am Vorabend vorbereitet.

Zutaten Müsli

■ Frühstücksschalen ■ Vollkornmüsli *(ohne alle Gimmicks wie Schoko etc.)* ■ 1/4 l Milch ■ 1 Becher Joghurt (normales, ohne irgendetwas drinnen) ■ Apfel, Banane, Birne, Erdbeeren, Pflaume etc. *(alles möglichst reif!)* ■ ein bisschen Zitronensaft ■ Honig oder Ahornsirup

Weiter geht's auf der nächsten Seite!

☛ Morgens 2 *(Fortsetzung)*

Müsli mit Früchten *Und so geht's:*
❶ Das Vollkornmüsli schon am Vorabend in eine große Schale tun und die Milch darübergeben, bis es ganz mit ihr bedeckt ist. Kühl stellen. Über Nacht quellen die Körner und Flocken auf, und es schmeckt viel besser als das Müsli, in das man erst kurz vor dem Essen Milch kippt.
❷ Banane, Birne etc. (was eben da ist) klein schneiden. Apfel auf einer Apfelreibe reiben.
❸ Ein bisschen Zitronensaft ausquetschen.
❹ Früchte, Zitronensaft, den Becher Joghurt ins Müsli geben, dazu ein bisschen Honig oder Ahornsirup zum Süßen, durchmischen. Fertig.
❺ So lange herumprobieren, bis die ideale Mischung der Früchte gefunden ist.

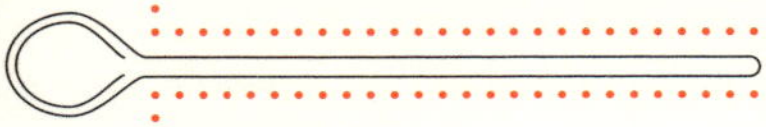

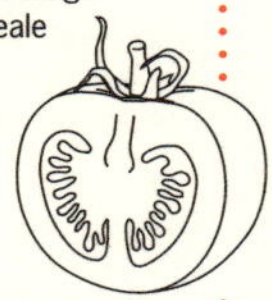

☛ Mittags 1

Taboulé *Ein wunderbares Gericht, das lauwarm oder gekühlt serviert wird und ganz ohne Fleisch auskommt. Die einzige Arbeit besteht im Kleinschneiden des Gemüses.*
Zutaten Taboulé
■ 1 Schüssel ■ Topf mit Deckel ■ Couscous
■ 1 Gurke ■ 4 Tomaten ■ 1 gelber Paprika ■ Zitrone
■ 1 Bund Petersilie ■ Butter ■ Salz und Pfeffer
Und so geht's: ❶ Gurke, Tomaten, Paprika klein schneiden und in eine Schüssel tun. Bei den Tomaten den Stielansatz entfernen. ❷ Petersilie hacken, Zitrone auspressen, beides dazugeben. ❸ Salzen und pfeffern. Alles mischen. ❹ Pro Person eine kleine Schale Wasser in den Topf gießen, Wasser aufkochen, vom Herd nehmen. ❺ Pro Person eine kleine Schale Couscous in das heiße Wasser schütten. Ein paar Minuten aufquellen lassen. ❻ Ein großes Stück Butter im Couscous verrühren, das Gemüsegemisch ebenfalls ins Couscous tun, durchmischen, fertig. Gut schmeckt der Couscous auch mit frischer, klein gehackter Minze und/oder frischem Koriander.

☛ Mittags 2

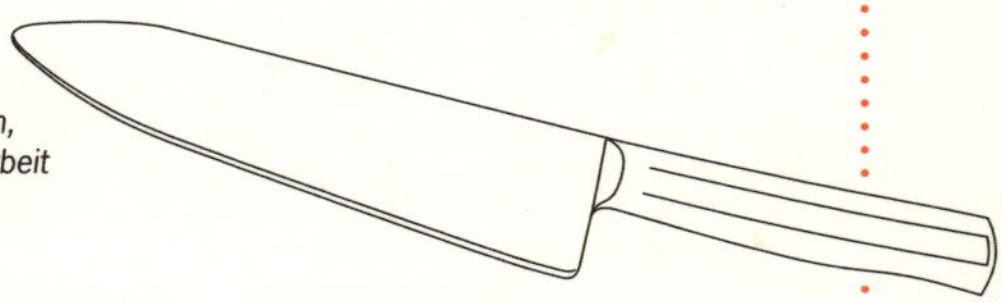

Panierte Hühnerschnitzelchen und grüner Salat *Ein richtig großes Unternehmen, weil das Panieren der Schnitzelchen richtig Arbeit macht – und Spaß, weil man mit den Fingern matschen kann.*
Zutaten Hühnerschnitzelchen
■ 1 Schüssel ■ 1 Pfanne ■ 3 Suppenteller
■ 1 Küchenrolle ■ Pflanzenöl fürs Herausbacken der Hühnchenschnitzel ■ Hühnerbrustfilet
■ Mehl, Ei, Paniermehl
■ Salz und Pfeffer ■ Preiselbeeren ■ 1 Zitrone
Zutaten grüner Salat
■ 1 Kopfsalat *(eher von der knackigen Sorte)*
■ 1 kleines Gläschen mit Deckel ■ 1 Zitrone
■ Olivenöl ■ Salz und Pfeffer ■ ein bisschen Zucker
Und so geht's:
❶ Salat waschen, Blätter in kleine Stückchen reißen, in eine Schüssel tun.
❷ Zitrone ausquetschen, Saft in das kleine Gläschen tun, eine ordentliche Portion Olivenöl, ein Teelöffel Salz, 3 Teelöffel Zucker dazu, Deckel verschließen, gut schütteln *(diese Soße kommt nachher über den Salat; sie schmeckt ein bisschen süß, was fein ist).* ❸ Das Hühnerbrustfilet in kleine, dünne Scheiben schneiden. ❹ Die 3 Suppenteller nebeneinander aufstellen, links Mehl, in der Mitte das verquirlte Ei *(mit ein bisschen Milch)* und rechts das Paniermehl rein.
Weiter geht's auf der nächsten Seite! ▶

☛ Mittags 2 *(Fortsetzung)*

❺ Jetzt mit allen kleinen Schnitzeln das Gleiche machen: erst salzen und pfeffern, dann in Mehl wenden, dann ins Ei tauchen, dann im Paniermehl wenden. Die Schnitzelchen nur durchziehen, nicht ins Paniermehl legen und fest andrücken, sonst wird die Panade zu dick.❻ Wenn alle Schnitzelchen fertig sind, Pfanne 1 cm hoch mit Öl füllen, erhitzen, wenn es heiß ist, die Schnitzelchen reinlegen *(ob das Öl heiß genug ist, kann man testen, indem man einen winzigen Tropfen Wasser ins Öl fallen lässt; Vorsicht, das spritzt meistens, auch das Reinlegen der Schnitzelchen).* ❼ Jede Seite nur einmal braten. Sobald beide Seiten goldgelb gebraten sind rausnehmen. ❽ Drei Blätter von einer Küchenrolle abreißen, übereinanderlegen und die Schnitzelchen darauf ablegen, umdrehen – so sind sie weniger ölig. ❾ Jetzt noch schnell die Soße im Gläschen schütteln, Deckel aufmachen, über den Salat gießen, durchmischen. Fertig! ❿ Neben die Schnitzelchen kleine Zitronenschnitze legen und einen Klacks Preiselbeeren, schmeckt sehr fein.

☛ Abends 1

Mozzarella und Tomate
Das geht schnell, muss nicht gekocht werden und schmeckt gut. Wieder ein Essen ohne Fleisch.
Zutaten Mozzarella ■ Mozzarella ■ Tomaten ■ Basilikum ■ Olivenöl ■ Balsamessig ■ Salz und Pfeffer
Und so geht's:
❶ Mozzarella in fingerdicke Scheiben schneiden, auf den Teller legen. ❷ Bei den Tomaten den Stielansatz entfernen. Tomaten in Scheiben schneiden und auf die Mozzarellascheiben legen.❸ Nun das Ganze salzen, pfeffern, das Öl und – wenn man mag – ein paar Tropfen Essig drübergießen. ❹ Ein paar Blätter Basilikum nehmen, mit der Schere in Streifen schneiden *(nicht mit dem Messer, schmeckt nicht so gut)* und auf den Mozzarella geben. Fertig. Dazu passt eine Scheibe Vollkornbrot mit Butter drauf oder Ciabatta.

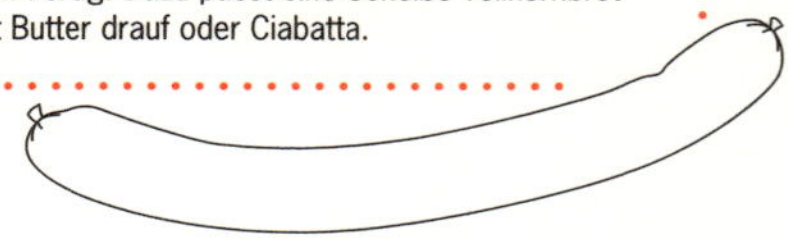

☛ Abends 2

Pellkartoffeln und Kräuterquark
Eine feine Sache. Geht schnell, die einzige Arbeit ist das Abschälen der Kartoffeln – aber das können die großen Jungs machen.
Zutaten Pellkartoffeln
■ 1 Topf ■ speckige Speisekartoffeln
Zutaten Kräuterquark
■ 1 Schüssel ■ Quark ■ frische Kräuter: Petersilie, Schnittlauch, Kerbel etc. ■ Frühlingszwiebeln ■ Olivenöl ■ Salz und Pfeffer
Und so geht's:
❶ Kartoffeln in ausreichend Salzwasser kochen *(in der Schale)*. Nach 15 Minuten das erste Mal mit der Gabel reinstechen, dann merkt man gleich, ob sie weich sind. Noch 5 Minuten, vielleicht? ❷ Quark in eine Schüssel tun, kleingehackte Kräuter und Frühlingszwiebeln, 2 EL Olivenöl, Salz und Pfeffer dazu. Durchmischen. ❸ Kartoffeln abgießen, schälen, auf den Teller legen, Kräuterquark dazu, fertig!

☛ Was Jungs sonst noch alles leicht zubereiten können

- Milchshakes mit verschiedenen reifen Früchten
- Würstchen mit selbstgemachtem Kartoffelpüree
- Nudeln mit einer selbstgemachten Tomatensauce
- Kleine Buletten
- Pizza mit verschiedenen Belägen
- Pfannkuchen
- Geröstete Brote mit tollen Dingen drauf
- Selbstgemachte Pommes (im Backrohr)

Mein Teddy!

Auch wenn es die allermeisten Jungs nie zugeben würden – zu Hause, in ihrem Bett, liegt gut versteckt und wohlgehütet ihr Kuscheltier. Wenn es dunkel wird, kramen sie es hervor und schlafen selig ein, während sie es in der Hand halten. Aber wehe, das verrät irgendjemand! Oder er behandelt es respektlos! Da hört sich der Spaß schnell auf. Bis ins hohe Jungsalter.

Wie sie aussehen, die besten Freunde unserer Jungs, lässt sich schwer sagen. Klassischerweise wie kleine Bären, aber es wurden auch schon Enten gesichtet, Haie, Eisbären, Hasen, Hunde, Elefanten, Löwen, Frösche, Nilpferde und Schafe. Sie alle befinden sich meist in einem ziemlich ramponierten Zustand; es ist ihnen anzusehen, dass sie häufig angefasst, viel herumgeschleppt und oft geknuddelt werden. Deshalb gehört es zu den Eigenheiten von Kuscheltieren, dass ihnen irgendetwas fehlt: ein Auge, das Haar, die Mähne, eine Flosse, ein Ohr. Was ihren subjektiven Wert nur noch steigert.

Ins Leben unserer Jungs treten die Kuscheltiere nach einem unberechenbaren Ausleseprozess. Anlässlich ihrer Geburt werden die Jungs ja mit einer Unzahl solcher Tiere überschüttet. Aus ihnen wählen die Eltern jenes aus, das ihnen am besten gefällt – und legen es dem Kleinen ins Bettchen. Dort bleibt es erst mal über viele Jahre liegen, bis die Jungs die Entscheidung ihrer Eltern entweder bestätigen, indem sie es zu ihrem einzigen und wichtigsten Kuscheltier erklären. Oder sie wählen sich aus dem Haufen ein Kuscheltier aus, auf das die Großen nicht gekommen wären. Warum, fragen sie sich, fällt die Wahl bloß auf diese vollkommen unspektakuläre Ente, wo es doch heroische Löwen und freundliche Bären gegeben hätte?

Der Zweck eines Kuscheltiers ist naheliegend. Man muss den Jungs nur dabei zusehen, wie sie mit ihm umgehen. Sie reden mit ihm und entschuldigen sich bei ihm für ruppiges Benehmen (sie sehen in ihm also ein lebendiges Wesen), sie umhegen es und packen es sorgfältig ein, wenn eine Reise ansteht oder das Übernachten bei anderen Jungs *(sie nehmen ein Stück Vertrautes mit in die fremde Welt),* sie halten es fest, wenn sie sich nicht gut fühlen *(lassen sich also vom Kuscheltier trösten),* und sie bestehen darauf, dass es ins Bett mitkommt *(weil es zum Ritual des Einschlafens dazugehört – zur Wichtigkeit von Ritualen siehe Seite 171 f.).*

Gerne zitiert wird in diesem Zusammenhang der englische Psychoanalytiker Donald Winnicott. Er sah im Kuscheltier ein sogenanntes Übergangsobjekt; es hilft den Jungs, sich aus der Symbiose mit der Mutter zu lösen. Anfänglich nimmt sich das Baby nämlich laut Winnicott als Teil der Mutter wahr. Um sich während des Selbständigwerdens über die Abwesenheit der Mutter hinwegzutrösten, behelfe sich das Kind mit einem Übergangsobjekt. Was erklärt, warum Jungs ihr Leben lang ein inniges Verhältnis zu ihrem Kuscheltier behalten. Und es selbst heute noch an sicherem Ort verwahren – aber wehe! Niemandem verraten!

So gründet man eine Band und schreibt einen Hit

Musik ist unter Jungs ein sehr beliebter Weg, Gefühle auszudrücken. Noch besser, als alleine ein Instrument zu spielen, ist es freilich, gemeinsam mit Freunden eine Band zu gründen – und damit den anderen nebenbei ein wenig zu imponieren. Das Bandgründen geht heute deutlich einfacher und schneller als noch vor zehn Jahren. Kein Grund also, die Sache hinauszuschieben – das gilt auch für große Jungs, von denen sich einige immer noch mit dem Gedanken tragen, ihren Jugendjungstraum endlich wahr zu machen.

Die Ausgangslage

Noch vor einem Jahrzehnt war es für Jungs deutlich schwerer und zeitaufwendiger, sich über aktuelle Musik zu informieren, mit anderen eine Band zu gründen, erste Musikaufnahmen zu machen und die Songs zu veröffentlichen. Heute geht das alles leichter und ist billiger.

■ Das Internet ist voller Musik *(www.lastfm.de)*, die man erkunden, vergleichen, hören und downloaden kann.

■ Die Computer sind keine teuren, langsamen Geräte mehr, sondern billig und leistungsstark, und es gibt eine Menge professioneller Software für das Produzieren von Musik, für die Aufnahme, die Nachbearbeitung und die Vervielfältigung.

■ Auf Plattformen wie **YouTube, MySpace und StudiVZ** kann man seine Songs und Videos präsentieren, ohne einen Plattenvertrag zu haben – wenn die Songs gut sind und das viele andere auch finden, dann kann das mit dem Bekannt- und Beliebtwerden recht schnell gehen. Aber das soll ja erst mal nicht das Hauptziel für die Gründung einer Band sein.

Wie eine Band zusammengesetzt sein kann

Ob Duo oder Bigband, alles ist möglich … Hängt davon ab, welche Musik man machen will, wie viele Freunde Lust haben mitzumachen und wer welche Instrumente beherrscht. Dennoch gibt es eine klassische Besetzung für Gruppen, wie das Beispiel vieler erfolgreicher Bands zeigt. An ihnen kann man sich orientieren. Eine klassische Band besteht aus einem, der singt *(voc)*, die Lead-Gitarre spielt *(g)*, den Bass zupft *(b)*, das Schlagzeug bedient *(d)* und der den Rhythmus macht, also z. B. am Keyboard sitzt *(key)*.

☛ **Equipment für die Auftritte:**

Bands brauchen mindestens ihre Instrumente (logisch):
❶ Eine klassische E-Gitarre
❷ Ein klassisches Schlagzeug
❸ E-Bass mit 4 Saiten

■ Einen Verstärker plus Box (Minimalausrüstung sind tragbare Kofferverstärker mit rund 100 Watt für Gitarre, Gesang, Bass)
■ Ein Mikrofon
■ Lichtanlage (aber nur eventuell)

Wichtiges Thema: der Bandname

Eine schwierige Frage, die nur durch die beteiligten Jungs und deren Vorlieben zu klären ist. Der Bandname sollte

- sich von allen anderen Bandnamen abheben
- auffällig sein
- leicht zu merken sein
- nicht allzu schwer auszusprechen sein
- und klarmachen, wofür die Band steht.

So weit die Theorie. Nun ab zum Brainstorming.

Welche Musik und welche Texte?

Wir sind uns doch einig darüber, dass die Gründung der Band Spaß machen und ihre Musik aus dem tiefsten Herzen der Bandmitglieder kommen soll? Also scheiden viele Überlegungen von vorneherein aus. Wie zum Beispiel die, es all jenen Bands gleichzutun, die gerade Erfolg haben; das reicht als alleiniger Bandzweck nicht aus, denn: Einmal abgesehen davon, dass das auch viele andere machen, bleibt das ganze Projekt ziemlich oberflächlich und bloß auf den Wunsch beschränkt, auch Erfolg zu haben. Das reicht als Grundlage für eine Herzensangelegenheit nicht aus.

Wer aber seine Gefühle ausdrücken will, davon erzählen, was ihn beschäftigt, und der andere für all das interessieren möchte – der wird sich entweder daranmachen, solche Musik zu texten und zu komponieren *(wie das geht, steht auf der nächsten Seite)*, oder er wird sich die Musik anderer suchen, die ganz in diese Richtung geht.

Doch Obacht: Wer die Songs anderer nachspielen will, muss deren Urheberrechte beachten – das heißt, man muss diesen Leuten Geld dafür zahlen, dass man die Ergebnisse ihrer Arbeit nutzt, was nur fair ist, wie wir finden. Das gilt freilich nur für den Fall, dass man mit den Songs öffentlich und gegen Geld auftritt, nicht für den privaten Spaß.

Details zu diesen Fragen findet man zum Beispiel bei der Gema *(www.gema.de)*, einer der großen Verwertungsgesellschaften für Musik. Die Texte vieler Songs sind auch im Netz zu finden – beispielsweise bei www.songtexte.com.

Die Band Tokio Hotel tritt in folgender Besetzung auf:

Bill Kaulitz (voc)

Tom Kaulitz (g)

Georg Listing (b)

Gustav Schäfer (d)

Proben und der geeignete Raum dafür

Tja, wer bisher geglaubt hat, er gründet eine Band, stellt sich auf die Bühne und kann loslegen, der wird es sich an dieser Stelle vielleicht anders überlegen. Denn hat man sich mit den anderen Jungs erst mal auf ein paar Songs geeinigt bzw. welche geschrieben, dann geht es daran, deren Aufführung einzustudieren. Das ist eine mitunter mühselige Angelegenheit, aber unverzichtbar. Die Mitglieder einer Band müssen sich kennenlernen, aufeinander verlassen können, in eine Richtung gehen. Wie oft geprobt werden muss, hängt vom musikalischen Niveau der beteiligten Jungs ab und deren Bereitschaft, auch alleine zu üben. Einmal die Woche sollte aber schon sein.

Als Ort eignet sich für den Anfang die Garage der Eltern oder einer der sprichwörtlich gewordenen Probenkeller.

☛ So schreibt man einen Hit

Diese kleine Anleitung stammt von jemandem, der vielfach unter Beweis gestellt hat, dass er weiß, wie man das macht. Die Rede ist von der Musikerin und Produzentin **Annette Humpe,** die u. a. mit Ideal, Die Prinzen, Rio Reiser, Udo Lindenberg und mit Ich+Ich große Erfolge feierte und feiert.

- Stellen Sie eine Behauptung auf wie *„Deine blauen Augen machen mich so sentimental“, „Ich steh' auf Berlin“, „Du musst ein Schwein sein“, „Du erinnerst mich an Liebe“* oder *„So soll es bleiben“.*
- Als Nächstes übertragen Sie die natürliche **Satzmelodie** in eine **Gesangsmelodie.** Das heißt: Geht die Stimme beim Sprechen nach oben, so geht die Melodie beim Gesang eine Sekund, Terz oder Quart nach oben. Geht sie nach unten, gilt Entsprechendes.
- Erläutern Sie anhand von Beispielen in den Strophen Ihre Behauptung. Die Melodie der Behauptung ist der Chorus und sollte eingängiger sein als die der Strophen, die auch experimentell daherkommen können.

Man sollte ihn sich aus Kostengründen mit anderen Bands teilen; einfach eine Kleinanzeige im Netz aufgeben bzw. nach solchen Anzeigen suchen.

Es hängt von der verwendeten Musikanlage und vom Material der Wände ab, wie der Sound der Band im Probenraum klingt. Weil Garagen meistens aus Beton gebaut werden, ist damit zu rechnen, dass dort ein eher schreiender Sound entsteht. Das kann man im großen Forum für Musiker, dem www.musiker-board.de, nachlesen. Der Trick mit den Eierkartons, so die Jungs vom Musiker-Board, sei gar keiner: Auf die Wände geklebte Eierkartons bringen nichts und haben zudem den Nachteil, leicht Feuer zu fangen. Diese und viele weitere Informationen findet man auf dieser Homepage, die man unbedingt besuchen sollte, wenn man sich ans Bandgründen macht.

Oder doch lieber die spielerische Variante?

Wer auf all diese Dinge keine Lust hat oder keine Jungs findet, die eine Band gründen wollen, der kann sich mit einem Videospiel vergnügen – wenn das auch nur ein dürftiger Ersatz für das große Vorhaben ist. Dazu braucht man die Videokonsole *„PlayStation"* und das Spiel *„Rock Band Special Edition"*. Einfach drei Jungs nach Hause einladen, sie vor dem Fernsehschirm versammeln und die Instrumente verteilen: Plastikgitarre, -schlagzeug, und -bass; einer singt und bekommt das Mikrofon. Das Spiel besteht darin, vorgegebene Rocksongs nachspielen zu können – bis man sich vom blutigen Anfänger zur Superrockband hochgespielt hat. Vielleicht bekommen die mitspielenden Jungs dabei solche Lust auf eine echte Band, dass es doch noch etwas wird mit diesem Jugendjungstraum.

☛ Und hier noch zwei Bücher

Geschichten über erfolgreiche Bands, Musikhandbücher, Gitarrenschulen und einschlägige Ratgeber gibt es unendlich viele. Daher hier der Hinweis auf zwei Bücher, die etwas ganz anderes erzählen.

- Heinz Strunk erzählt in seinem Buch **„Fleisch ist mein Gemüse: Eine Landjugend mit Musik"** *(Rowohlt TB)* von seinem zwölfjährigen Job als Mitglied einer Tanzband namens *Tiffanys* – sehr lustig und auch manchmal traurig.
- Vom Wunsch großer, über 40-jähriger Jungs, eine Rockband zu gründen, erzählt der Autor Frank Goosen in seinem Buch **„So viel Zeit"** *(Eichborn)*; lesenswert!

Mein bester Freund

Freunde zu haben ist in jedem Alter ein Garant dafür, glücklich zu sein. Je früher wir freilich damit beginnen, nach dem besten Freund zu suchen, umso besser; er wird uns ein Leben lang begleiten – vorausgesetzt, wir pflegen die Beziehung zu ihm und er die zu uns.

Jungs brauchen Menschen, denen sie vertrauen können. Läuft alles normal, finden sie die erst einmal in ihren Familien. Im Laufe der Jahre erweitert sich der Kreis all jener, die dafür in Frage kommen, das Herz und das Vertrauen unserer Jungs zu gewinnen. Denn sie verlassen den engsten Familienkreis und besuchen Kindergärten, Vor- und Grundschulen. Dort begegnen sie Kindern ihres Alters, die ihnen körperlich, geistig und seelisch ebenbürtig sind.

Im Gegensatz zur eigenen Familie, die den Jungs meist von Natur aus zugetan ist, läuft das mit dem Freundschaftschließen anders. Haben sich erst einmal zwei Jungs gefunden, die auf derselben Wellenlänge sind, so ist deren Initiative gefragt, soll mehr daraus werden. Sie müssen sich umeinander bemühen: das Interesse des anderen erregen, auf seine Wünsche, Bedürfnisse, Fantasien und Träume eingehen und schließlich sein Vertrauen und seine Loyalität gewinnen.

Von wesentlicher Bedeutung bei dieser Annäherung ist, dass sich die Jungs in den anderen einfühlen können, ihn verstehen, ihn akzeptieren, wie er ist. *„Ah, er reagiert deshalb so eigenartig auf Witze über seine Klamotten, weil er die Sachen seines großen Bruders tragen muss!“* – *„Ah, wenn er traurig ist, dann weint er nicht, sondern sieht böse aus.“* *„Empathie“* nennen die Psychologen diese Fähigkeit zur Einfühlung, die nicht nur für die Kleinen von Bedeutung ist, geht es darum, mit anderen gut zusammenzuleben. Und der Erwerb dieser Empathie ist für viele Psychologen die Grundvoraussetzung dafür, dass Jungs ein moralisches Bewusstsein entwickeln. Das Schließen von Freundschaften sei daher einer der wichtigsten Entwicklungsschritte von Kindern.

Zu einer Freundschaft gehören immer zwei, die einander verstehen und respektieren, die Interessen, Ideale und Werte des anderen teilen – und sich beide gleichermaßen um die Freundschaft bemühen. Los geht es mit der Suche nach Freunden schon im Alter von vier, fünf Jahren; dann beginnen die kleinen Jungs damit, jemanden als ihren Freund zu bezeichnen – oder aber im Konflikt mit den Großen zu sagen: *„Du bist nicht mehr mein Freund!"*. Was nur beweist, dass sie ahnen, wie wichtig Freunde sind. Freundschaften unter kleinen wie großen Jungs zeigen sich vorrangig durch gemeinsame Unternehmungen – sie gehen zum Judo, auf Entdeckungsreisen, zur Theater-AG und zum Baden an den See. Geredet wird auch, aber nicht so oft; das tun Mädchen viel lieber.

Wozu Freunde? Einmal abgesehen von der Herzensbildung haben enge Freundschaften jede Menge positiver Effekte – ob nun für kleine oder große Jungs.

- Der wichtigste: **Freundschaften sind auf Dauer ausgelegt.** Jungs, die einander in der Grundschule nahekommen, bleiben oft ihr Leben lang eng verbunden. Auch wenn sich die Beziehung später durch Umzüge oder wandelnde Interessen lockern mag, ihre Vertrauensbasis bleibt und ermöglicht es ihnen, die Freundschaft jederzeit zu erneuern. Jeder kennt das aus eigener Erfahrung: Man ruft seinen Kindheitsfreund nach vielen Jahren des Schweigens an und beginnt das Gespräch an jener Stelle, an der man es vor langer Zeit unterbrochen hat; sofort fühlt man sich ihm wieder ganz nahe.
- **Freunde zeichnen sich dadurch aus, dass sie einander akzeptieren, wie sie sind.** Das klingt selbstverständlich, ist aber – zumal in einer Gesellschaft, in der es ständig um Leistung und Status geht – von existenzieller Bedeutung. Der andere hat Schwierigkeiten bei der Rechtschreibung? Er trägt uncoole Klamotten? Er ist manchmal schüchtern? Egal! Er ist mein Freund! Da zählen ganz andere Dinge, nicht diese Äußerlichkeiten!
  Das bedeutet auch, dass man mit dem Freund streiten kann, die eigene, vielleicht etwas schwer nachzuvollziehende Meinung kundtun – kein Problem. Und weil das so ist, gibt es zwischen Freunden auch keinen Wettbewerb wie mit den anderen Jungs – und wenn, einen freundschaftlichen.
- **Das Vertrauen, das zwischen Freunden herrscht, ermöglicht eine Reihe wunderbarer Dinge.** So kann man einander Geheimnisse erzählen, weil man weiß, dass sie der andere für sich behalten wird. Man kann sich darauf verlassen, dass der andere auch ohne große Worte versteht, was los ist. Man kann ihm peinliche Dinge berichten und ihn danach fragen, man kann eigene Schwächen und Ängste eingestehen. Und schließlich

alle Pläne, Träume und Fantasien schildern, die einem durch den Kopf gehen. *„Ich würde gerne mal Häuser bauen, die über der Erde schweben!"*

- **Im geschützten Raum von Freundschaften wird es auch möglich, dass die Jungs einander trösten,** beschützen, verteidigen, Mut machen, zuhören, ohne das Gesagte gleich zu bewerten, selbstlos helfen und ihre Gefühle zeigen. *„Das ist schiefgegangen? Macht nichts – das ist mir schon oft passiert. Und ein paar Mal hat es mir sogar etwas gebracht!"*
- **Diese Nähe und Verbundenheit führen dazu, dass die befreundeten Jungs einander seelisch und auch körperlich sehr nahekommen.** Vor allem Letzteres ist von existenzieller Bedeutung und zugleich für die etwas größeren Jungs oft sehr schwer hinzubekommen. Im Gegensatz zu den Mädchen, die viel weniger Probleme damit haben, einander auch zu umarmen *(auch deshalb, weil die Großen das für ganz normal halten)*, geht das für Jungs ungleich schwerer. Immer noch existiert das Bild von den starken, autonomen Jungs, die ihre Probleme möglichst alleine lösen. Und das verträgt sich schlecht mit dem Bedürfnis, manchmal einfach vom besten Freund umarmt zu werden.
- **Und schließlich macht es schlicht und einfach Spaß, mit dem besten Freund alle möglichen Dinge zu unternehmen:** stundenlang nebeneinander zu angeln, was selbst ausgedachtes zu kochen, durch den Wald zu gehen und sich zu unterhalten, im Jungszimmer zu verschwinden und die neuesten Fundstücke zu begutachten sowie den Stand des privaten Euromünzen-Vermögens zu eruieren. Der angenehme Nebeneffekt dieses Gemeinsame-Sache-Machens: Mit den besten Freunden lassen sich all jene Dinge ausprobieren, vor denen Eltern immer warnen und die sie überhaupt nicht gerne sehen: auf hohe Felsen klettern, eine uralte Zigarre paffen, die man in Papis Schublade gefunden hat, Witze erzählen, die für Große streng verboten sind.

Das große Glück. Überblickt man die vielen positiven Effekte, die eine Freundschaft zur Folge haben, wird es niemanden wundern, dass eine ausführliche Glücksstudie des ZDF von Ende 2007 Folgendes ergeben hat: Ob Kinder von sich selber sagen, sie seien glücklich, hängt wesentlich davon ab, ob sie in einer intakten Familie leben und enge Freunde haben. Je älter sie werden, umso mehr verschieben sich die Prioritäten – die Bedeutung von Freunden nimmt zu. So sagten 42 % der befragten

Kinder, die sich täglich mit Freunden treffen, sie seien sehr glücklich. Wer sich hingegen nur selten oder nie mit anderen trifft, behauptet das deutlich seltener von sich – nur 17 % der Kinder tun es.

Und geht es um die Entwicklung der männlichen Identität, können wir die Bedeutung des besten Freundes kaum überschätzen: Die vertrauensvolle Nähe bietet für die Jungs die große Chance, den riesigen Wust an Erwartungen und Zwängen, denen sie durch die großen Jungs, die Frauen und Mädchen, die Gesellschaft, die Schule und die anderen Jungs ausgesetzt sind, zu sichten, zu ordnen und zu bewerten. Mit dem besten Freund können sie zu entscheiden versuchen, was für sie wirklich wichtig ist und woran sie sich lieber nicht halten wollen. Ob es nun um typische männliche Verhaltensweisen geht (stark sein, mutig, selbständig) oder unmännliche (weinen, ängstlich und empfindlich sein, Hilfe suchen) – in einer Freundschaft kann man über all das sprechen, vieles erfahren, ausprobieren und verwerfen. *„Wer sagt uns eigentlich, dass Ballettunterricht nur was für Mädchen ist?"*

☛ Ein paar Tipps für die Großen

■ Ermöglichen Sie es den Jungs, **Freundschaften mit Gleichaltrigen** zu schließen, auch außerhalb des Kindergartens, der Vor- und Grundschule. Eine Möglichkeit dazu ist der Weg in einen Sportverein oder in einen anderen Jungsklub *(siehe Seite 40 ff.)*.

■ Ermöglichen Sie es den Jungs, ihre **Freundschaften zu pflegen.** Entweder laden Sie die Freunde zu sich nach Hause ein oder Sie verabreden Treffen bei ihm. Eine wichtige Voraussetzung dafür, dass die Jungs ihr Ding machen können, ist das Vorhandensein von Räumen oder Plätzen, wo sie ungestört sind; sei es in der Wohnung oder in der näheren Umgebung. In der besagten ZDF-Glücksstudie sagten 60 % der Kinder, in deren Lebensraum es genug Plätze für ungestörte Treffen mit Freunden gibt, sie seien „total glücklich" – wenn nicht, sinkt die Zahl auf 30 %.

■ Ermutigen Sie Ihre Jungs, sich **auf Freundschaften einzulassen** und geben Sie ihnen alle Unterstützung, die sie dafür brauchen. Beispielsweise, indem Sie von Ihren eigenen Jungsfreunden erzählen. Reden Sie mit Ihren Jungs über deren Freunde und achten Sie darauf, dass Sie nicht die alten Jungsklischees reproduzieren, ohne es zu wollen: Machen Sie Ihren Jungs klar, dass die Nähe eines anderen – ob nun emotional oder körperlich – einer der größten Schätze ist, den sie finden können. In den Geschichten vom kleinen Bären und kleinen Tiger von Janosch beispielsweise tummeln sich zwei Jungs, die diesem Ideal schon recht nahekommen.

Drei Möglichkeiten, seine Freundschaft zu zeigen

Um seine Freundschaft zu zeigen, gibt es natürlich viele Wege; wie die aussehen, beschreibt das vorhergehende Kapitel. Hier drei Möglichkeiten, die mehr symbolischer Art sind und für die man in einem Fall ziemlich viel Mut braucht *(siehe nächste Seite)*.

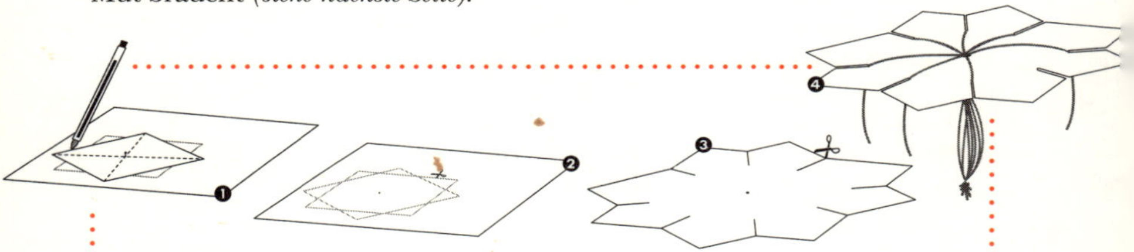

☛ So bastelt man ein Freundschaftsband

Dazu braucht man:

- ■ Kugelschreiber (Farbe egal)
- ■ Pappe
- ■ Schere
- ■ Nadel
- ■ 7 verschiedenfarbige Wollfäden *(ca. 50 cm lang)*

Das Freundschaftsband wird aus den Wollfäden zusammengeknüpft. Um das ordentlich hinzubekommen, sollte man sich erst eine Schablone aus Pappe dafür basteln.

❶ Auf die Pappe ein Quadrat zeichnen *(6 cm Seitenlänge)*. Die Diagonalen einzeichnen *(gestrichelte Linie)* und das Quadrat ausschneiden.
Das ausgeschnittene Quadrat auf die Pappe legen, nachmalen. Wieder die Diagonalen einzeichnen. Wo sich die Diagonalen schneiden, eine Nadel reinpiksen – erst durch das ausgeschnittene Quadrat, dann durch das aufgemalte. Jetzt das ausgeschnittene Quadrat um 45° drehen und den Umriss nachmalen *(siehe Zeichnung)*.

❷ Jetzt sollte ein sternförmiger Umriss entstanden sein. Wenn ja: ausschneiden.

❸ Mit Hilfe dieses Pappsterns kann man jetzt das Freundschaftsband knüpfen.
Dazu an den in der Zeichnung markierten 8 Stellen ca. 1 cm lange Schlitze reinschneiden – und zwar so breit, dass man die Wollfäden problemlos einklemmen und wieder rausziehen kann. Das feine Loch in der Mitte des Sterns mit der Kugelschreiberspitze deutlich größer machen. Da müssen gleich die 7 Wollfäden durchpassen.

❹ Jetzt alle 7 Wollfäden von oben durch das Loch in der Mitte des Sterns fädeln und dann unten miteinander verknoten *(siehe Zeichnung)*. Nun die 7 Fäden auf der Oberseite des Sterns straff ziehen und in die Schlitze klemmen – ein Schlitz bleibt frei.

❺ Jetzt beginnt das Knüpfen: Den dritten Faden links vom freien Schlitz nehmen und in den freien Schlitz klemmen. Wieder den dritten Faden links vom *(neuen)* freien Schlitz nehmen und in den freien Schlitz klemmen. Das immer wiederholen, bis ein Armband entstanden ist, das um das Gelenk des besten Freundes passt. Die losen Fäden fest zusammenknoten, die überhängenden Enden abschneiden. Fertig!

☛ Ein T-Shirt mit einem tollen Zeichen bemalen

Dazu braucht man:

- Pappe
- Nagelschere
- weichen Bleistift
- T-Shirt *(weiß)*
- Stoff-Farbe *(schwarz)*
- feinen Pinsel

❶ Das nebenstehende Zeichen in der gewünschten Größe auf die Pappe übertragen.
❷ Das Zeichen mit der Nagelschere ausschneiden.
❸ Die Schablone auf die Rückseite des T-Shirts legen – kurz unter dem Halsausschnitt.
❹ Mit dem weichen Bleistift die Form nachmalen.
❺ Schablone wegnehmen – ins Innere des T-Shirt eine alte Zeitung stecken, damit die schwarze Farbe nicht auf die Vorderseite des T-Shirts läuft.
❻ Mit dem feinen Pinsel das Zeichen nachmalen. Trocknen lassen.
❼ Mami bzw. Papi bitten, das Zeichen zu bügeln – erst dann kann man das T-Shirt waschen. Fertig.

Ach ja: Das Zeichen steht im Japanischen für *„Freundschaft"*.

友

☛ Blutsbrüderschaft schließen

Schon Winnetou und Old Shatterhand haben ihre Freundschaft besiegelt, indem sie Blutsbrüderschaft geschlossen haben.

Dazu braucht man:

- viel Mut ■ eine Nadel
- eine Kerze und Streichhölzer
- einen Blutstropfen von beiden Freunden
- einen schönen Stein

❶ Kerze anzünden.
❷ Die Nadelspitze kurz in die Flamme halten, damit sie ganz sauber wird *(durch die Hitze sterben ja alle Keime ab)*. Kurz auskühlen lassen.
❸ Allen Mut zusammennehmen.
❹ Nun piekt sich der Erste mit der Nadel in den Zeigefinger.
❺ Anschließend den Finger quetschen, bis ein Blutstropfen rauskommt. Auf den Stein tropfen lassen.
❻ Nadel wieder in die Flamme halten, kurz auskühlen lassen.
❼ Nun piekt sich der Zweite mit der Nadel in den Zeigefinger.
❽ Anschließend den Finger quetschen, bis ein Blutstropfen rauskommt. Auf den Blutstropfen des Ersten auf dem Stein fallen lassen.
❾ **Geschafft!** Die Blutsbrüderschaft ist geschlossen. Und nichts kann sie mehr rückgängig machen.

Anmerkung:
Wem die Sache mit dem Reinpieken zu heftig ist, kann auch mit seinem besten Freund einen geheimen Trank brauen *(Zutaten ausdenken – aber es muss auf jeden Fall roter Johannisbeersaft dabei sein, weil der wie Blut aussieht)*; damit zwei Becher füllen; nun führt einer den Becher zum Mund *(noch nicht trinken!)*, daraufhin hakt sich der andere unter – gleichzeitig aus dem Becher trinken. Das gilt auch!

Von Ratten, Hunden und Jungs

Im Leben jedes kleinen Jungen kommt der Moment, in dem er sich ein Haustier wünscht. Prinzipiell sehr gut für die Jungsseele, aber leider auch eine echte Belastungsprobe für den Haushalt und die großen Familienmitglieder. Wie aus diesem Dilemma rauskommen? Hier ein paar Pros und Contras und Sowohl-als-Auchs.

Für Psychologen ist die Frage *„Haustier ja oder nein?"* schnell entschieden. Auf jeden Fall – her damit! Es sind vor allem wichtige emotionale Gründe, die dafür sprechen: Plötzlich erleben die Jungs, dass sie für ein kleines Lebewesen verantwortlich sind, für dessen Wohlergehen, Ernährung und Erziehung. Ins vorher bloß mit leblosem Spielzeug angefüllte Kinderzimmer ist jemand eingezogen, mit dem sie sich beschäftigen können – oder mit dem sie sich trösten können, wenn sie sich einsam fühlen, traurig oder frustriert. Eingehend mit den positiven Auswirkungen von Haustieren hat sich zum Beispiel Prof. Reinhold Bergler vom Psychologischen Institut der Uni Bonn beschäftigt. Er hat nachgewiesen, dass Kinder, die einen Hund besitzen, davon profitieren. Sie würden sich besser als ihre hundelosen Mitschüler konzentrieren können, mehr Einfühlungsvermögen entwickeln, sich kooperativer verhalten, konzentrierter, aufmerksamer, kontaktfreudiger und teamfähiger sein und eine höhere Fähigkeit besitzen, Konflikte zu lösen. Ein eindeutiges Votum pro Hund.

Doch Haustier ist nicht Haustier – Jungs entwickeln unterschiedliche Beziehungen zu verschiedenen Tieren. Und noch etwas ist zu beachten: Der bloße Besitz eines Tieres bringt noch gar nichts. Wie bei Beziehungen üblich, entscheidet es sich im konkreten Fall, wie gut oder schlecht sie sich entwickelt.

☛ **Lesetipp**

Reinhold Bergler: **„Warum Kinder Tiere brauchen. Informationen, Ratschläge, Tips"**, Herder *(leider nur antiquarisch)*

Reinhold Bergler hat auch gezeigt, dass nicht nur Hunde und Katzen, sondern auch Wellensittiche und Aquariumsfische dazu in der Lage sind, positiv auf ihre Besitzer einzuwirken – wenn sich diese wirklich aktiv mit den Tieren beschäftigen.

Welches Tier soll es sein?
Unten stehend eine kleine Liste samt wichtiger Basisinfos zu dem jeweiligen Tier *(Lebenserwartung, Eigenarten)*. Diese Infos können freilich nur eine erste Orientierung bieten; so gibt es etwa Hunderassen, die für Familien besser geeignet sind als andere. Um eine detailliertere Auseinandersetzung werden Sie also nicht herumkommen, wenn es um die Frage geht: *„Um Himmels willen, ja! Aber welches Tier soll es denn nun sein?"* Bei der Gundsatzentscheidung gilt es zu bedenken:

- Haustiere sind erst für Jungs ab ca. sechs Jahren geeignet.
- Erst mal mit kleinen und pflegeleichteren Tieren beginnen *(z. B. Meerschweinchen)*.

Soll es eine Ratte sein?

Tier	Lebens-erwartung	Eigenarten
Aquariumsfische	1 Jahr	Still, schön anzusehen, nicht streichelbar, aufwendige Technik rund ums Aquarium; einziges Haustier, das dank Futterautomat kein Urlaubsproblem verursacht!
Goldhamster	2	Einzelgängerisch, nachtaktiv, bissig.
Ratte	2 bis 3	Gruppentier, nachtaktiv, gesellig, braucht Bewegungsfreiheit.
Rennmaus	3 bis 4	Gruppentier, vermehrungsfreudig *(bereits mit 6 Wochen geschlechtsreif!)*, sehr lebendig.
Zwergkaninchen	4 bis 6	Etwas distanziert, trainierbar auf einfache Kunststücke, mitunter bissig.
Wellensittich	6	Trainierbar, mag Gesellschaft, flattert in der Wohnung rum *(und manchmal auch weg)*.
Meerschweinchen	5 bis 7	Anspruchslos, lieb, zutraulich.
Kanarienvogel	7 bis 10	Flattert rum, piept, frisst Körner von der Handfläche.
Hund	10 bis 15	Je nach Rasse verschieden; benötigt prinzipiell viel Zuwendung und Auslauf *(wer geht mit ihm spazieren?)*; Gewohnheitstier; Urlaubsproblem *(wohin mit ihm?)*, Impfungen erforderlich.
Katze	10 bis 15	Eigenwillig, braucht Gesellschaft, ist aber auch einzelgängerisch; Katzenklo *(wer macht es sauber?)*, Kratzbaum *(ästhetische Probleme)*.

■ Katzen und Hunde sind eher etwas für Fortgeschrittene.
■ Nicht vergessen, dass die liebgewonnenen Tiere irgendwann mal sterben müssen! Das in die Planung mit einbeziehen.

Tolle Lektüre für Jungs, deren Haustier gestorben ist: Ulf Nilsson und Eva Eriksson *(Illustratorin)*: **„Die besten Beerdigungen der Welt“**, Moritz

Und was tun, wenn das Haustier stirbt?

Meist ist der Tod des geliebten Haustiers für Ihre Jungs die erste unmittelbare Erfahrung mit der Sterblichkeit von Lebewesen. Das prägt. Empfehlenswert ist es,
■ den Jungs schonend, aber unmissverständlich zu sagen, was geschehen ist.
■ Mitgefühl zu zeigen *(auch wenn Sie erleichtert sein mögen, dass der nervende Hamster endlich weg ist – für Ihre Jungs ist die Sache vermutlich eine Katastrophe!)*.
■ mit den Jungs ein Abschiedsfest bzw. eine Beerdigung zu planen. Dabei sollten die Jungs sagen, aufzeichnen oder aufschreiben, was so toll war am verstorbenen Tier.
■ das Tier an einem schönen Platz zu begraben *(mit allem Drum und Dran, also Sarg und Kreuz)*, an dem sich alle Familienmitglieder vom Haustier verabschieden – einzeln und laut vernehmlich. Das ist sehr hilfreich für die Jungs; am besten sagt einer der Großen noch so etwas wie *„Schau lieb auf uns, die wir noch da sind“*; das lässt das verstorbene Tier als ein Wesen erscheinen, das zwar körperlich verschwunden ist, aber als Bild bei den Jungs bleibt.
■ nicht sofort ein neues Tier anzuschaffen. Lassen Sie allen Beteiligten Zeit – auch sich selbst, der Sie sich an die fleckige Ratte in den vergangenen drei Jahren richtig gewöhnt haben, oder?

☛ Oder soll es ein Hund sein?

Die Leute von der sehr hilfreichen Homepage **www.haustierratgeber.de** bezeichnen den Havaneser als **„idealen Familienhund“** – was auch Nichthunde-b und -kenner schon allein wegen seines Aussehens nachvollziehen können.

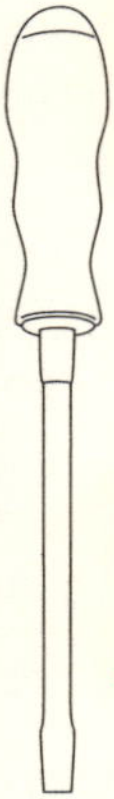

Bauen und zerstören

Über jenen Teil des Jungslebens, der wie eine **Werkstatt** eingerichtet ist und in dem sich **Baumaterialien** und hochfliegende **Ideen** stapeln, sowie über die gelegentliche **Lust an der Zerstörung** und den Hang zu Aufsehen erregenden **Experimenten.**

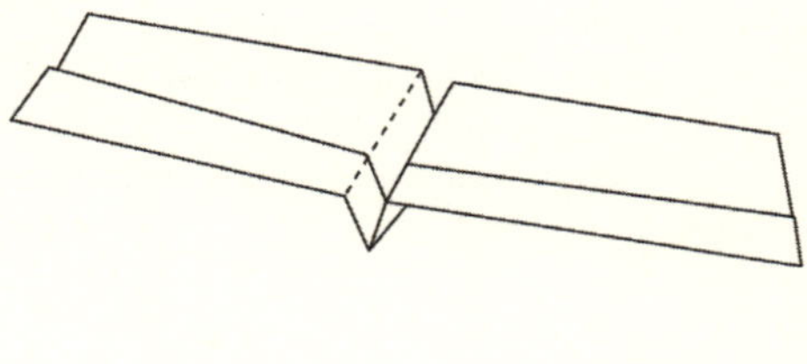

Seid doch mal ein bisschen kreativ!

Wenn sich Jungs in ihren Zimmern langweilen oder stundenlang vor einem Videospiel lümmeln, dann rufen ihnen Erwachsene gerne zu: „Seid doch mal ein bisschen kreativ!" Das ist leicht gesagt, aber in dieser Unbestimmtheit natürlich sinnlos. Außerdem ahnen die meisten Erwachsenen nicht, was sie erwartete, wenn ihre Jungs die Aufforderung tatsächlich in die Tat umsetzen würden. Hier ein paar Anmerkungen zum Thema Kreativität, die das ein wenig klarer machen sollen.

Wenn es eine Aussage gibt, zu der alle Erwachsenen heftig nicken, dann diese: *„Jungs sollen lernen, kreativ zu sein!"* Das ist nett gemeint, doch wem es ernst damit ist, darf sich nicht darauf beschränken, den Kleinen zu zeigen, wie sie Holzmännchen kleben oder Mandalas ausmalen. Jemanden zu einer kreativen Lebenshaltung zu erziehen bedeutet vielmehr, ihn darin zu bestärken, eine autonome Persönlichkeit zu werden – mit allen positiven und negativen Auswirkungen, die das hat.

Studiert man das Leben kreativer Menschen, zeigt sich bald, aus welchem Bündel an persönlichen Eigenheiten und Fähigkeiten sich Kreativität zusammensetzt – und welche davon es zu fördern gilt, wenn man will, dass die eigenen Jungs kreativer werden.

Selbstmotivation und Aktivität. Die Sache mit dem Fernsehen und Videospielen und Internetsurfen kann vor allem deshalb ein Problem werden, weil den Jungs dabei fertige Welten vorgesetzt werden. Dass es aber beim Kreativsein oft darauf ankommt, aus eigenem Antrieb, ohne irgendwelche Vorbilder und Rahmenbedingung loszulegen, also vor dem sprichwörtlichen weißen Blatt zu sitzen und irgendwo anzufangen – dieses Motiv kommt beim Fernsehen und Surfen viel zu kurz. Wer sich hingegen die Aufgabe stellt, aus irgendwelchen Teilen etwas Eigenes zu schaffen, der macht diesen entscheidenden Schritt: Er ergreift die Initiative und erschafft nur aus sich selbst etwas Eigenes. Wenn dann noch Fähigkeiten wie Ausdauer und Konzentration dazukommen, ist ein starkes kreatives Fundament gelegt.

Sensibilität und Offenheit. Nur wer ein feines Gespür dafür entwickelt, was um ihn (und in ihm) vorgeht, wird in der Lage sein, sich mit der Welt, ihrer Einrichtung und den Wünschen und Bedürfnissen anderer Menschen zu beschäftigen. Dabei sollte er kein festgefügtes Bild im Kopf haben, sondern mit wachem Geist und offenen Augen herumgehen. Nur so fallen einem unvermutete Zusammenhänge auf, erwacht die Neugierde, tauchen grundsätzliche Fragen auf und entsteht der Wunsch, diese Fragen zu lösen.

Ein weiterer Vorteil einer sensiblen Grundhaltung ist es, dass man auf diese Weise nicht nur Neues entdeckt, sondern auch in der Lage ist, Vertrautes und Gewohntes mit neuen Augen zu sehen – und sich zu fragen: *„Wir machen das zwar schon immer so – aber wer sagt, dass das so bleiben muss?“*

Bildliche Vorstellungskraft. Kreative Menschen zeichnen sich dadurch aus, dass sie sehr konkrete und greifbare Vorstellungen davon haben, wie ein bestimmtes Problem aussieht und wie es sich vielleicht lösen ließe. In ihrem Kopf formen sich klare Bilder.

Autonom sein und Quer Denken. Etwas Eigenes zu machen und ein Gefühl für die Welt zu entwickeln reicht noch nicht aus, um wirklich kreativ zu sein. Es fehlt noch die ganz wesentliche Fähigkeit, unkonventionell zu denken:

- Dinge, Sphären und Ideen miteinander zu verknüpfen, die scheinbar (oder tatsächlich) nichts miteinander zu tun haben
- sich über herrschende Konventionen hinwegzusetzen und sein eigenes Ding zu machen – egal, was die anderen dazu sagen. Der Physiker Albert Einstein hat das in dem schönen Satz zusammengefaßt: *„Wenn du ein wirklicher Wissenschaftler werden willst, dann denke wenigstens eine halbe Stunde am Tag das Gegenteil von dem, was deine Kollegen denken.“*

Es ist leicht nachzuvollziehen, dass man dazu einiges braucht:

- großen Mut
- die feste Überzeugung, klug zu sein und sich auf dem richtigen Weg zu befinden
- innere Stärke, um die Folgen einer solchen Lebenseinstellung auszuhalten.

Dazu kommt, dass es Kreative ohne allzu große Probleme aushalten müssen, einander widersprechende Ideen, Werte und Bedürfnisse zu verfolgen und zu vertreten – Psychologen sagen dazu, sie hätten eine hohe *„Ambiguitätstoleranz"*.

So gesehen erscheinen aufmüpfige, hellwache und sensible Jungs, die sich gerne über gesellschaftliche Konventionen hinwegsetzen, in einem deutlich milderen Licht: Sie vereinen Eigenschaften in sich, die die wahren Kreativen auszeichnen. Umgekehrt gilt: Wer es mit dem Vorhaben ernst meint, seine Jungs zu kreativen Persönlichkeiten zu erziehen, der müsste sie eigentlich explizit ermuntern, sämtliche Konventionen mit Röntgenaugen zu durchleuchten. Weil sich das mit einem normalen Alltag schwer vereinen lässt und die Jungs auch überfordern würde, sollten sich die großen Jungs darauf beschränken, sie gelegentlich dazu aufzufordern – entsprechend der Geschichte aus Manès Sperbers Lebenserinnerungen *(„Bis man mir Scherben auf die Augen legt. All das Vergangene", Fischer):* Darin schildert der Schriftsteller, wie der Lehrer einer Thoraschule seine Schüler erst auffordert, ihm die Richtigkeit eines bestimmten Satzes zu begründen – und ihn anschließend zu widerlegen.

Damit sich diese unkonventionelle Lebenshaltung nicht gegen die Jungs wendet, ist freilich eine weitere Fähigkeit unerlässlich, nämlich jene zur

Eigenverantwortung. Nur wer seine Fähigkeit, frei nachzudenken und ungewohnte Schlüsse zu ziehen, mit Disziplin zu verbinden weiß, wird aus seinem Talent etwas machen können. Bloß verrückte Ideen zu haben ist zu wenig, ja mitunter lebensgefährlich – irgendwann muss man sich hinsetzen, sie Wirklichkeit werden lassen oder verwerfen. Und zwar mit Hilfe von Voraussicht, Ausdauer und Erfahrung – womit wir wieder beim ersten Punkt unserer kleinen Liste angekommen wären, bei der Selbstmotivation.

Ein paar Beispiele. Wie kann man es konkret anstellen, unseren Jungs eine kreative Lebensführung näherzubringen? Diese Frage lässt sich nicht durch ein Zehnpunkteprogramm beantworten, das man in einer Woche abarbeitet. Das Ganze ist vielmehr ein langjähriges Projekt, eine Frage des persönlichen Vorbilds ebenso wie eine der grundsätzlichen Haltung. Doch ein wenig konkreter können wir durchaus werden.

☛ Wie können Jungs lernen, ein kreatives Leben zu führen?
Das ist ein langjähriges Projekt, das viel mit persönlichem Vorbild zu tun hat. Auf dem richtigen Weg ist:

☛ Wer Jungs auf viele ihrer Fragen eine **Gegenfrage** stellt, doch mal eigene Vermutungen anzustellen (*„Wieso Bienen einen Stachel haben? Überleg doch mal. Wozu könnte so ein Stachel gut sein? Und welche anderen Tiere haben auch noch Stachel? Und welche haben einen Stachel, der eine ganz andere Funktion hat?“*).

☛ Wer ihnen die Aufgabe stellt, etwas ganz **Alltägliches** doch einmal auf ganz neue Art zu erledigen (*„Heute gehst du, wenn du deine Spielsachen aufräumst, nur verkehrt herum durchs Zimmer“ oder „Heute gibt es statt eines Abendessens am Familientisch ein großes Picknick im Wohnzimmer; du packst alles ein, was wir dafür brauchen.“*).

☛ Wer ihnen bisweilen den anstrengenden Weg zumutet, sich mehrfach an einer **Lösung** zu versuchen (*„Die Rechenaufgaben stimmen nur zum Teil. Schau doch selber noch mal, ob dir etwas auffällt.“*).

☛ Wer sie ermuntert, sich vom Mainstream der Schulklasse oder jenem der eigenen Eltern nicht beeindrucken zu lassen, aber für ihre **eigenen Lösungen gute Argumente** vorzubringen (*„Die anderen schauen dich komisch an, weil du als Junge in die Theatergruppe gehen willst? Das kann sein – aber es wird immer irgendjemanden geben, der eigenartig findet, was dir wichtig ist. Und all diesen Leuten willst du so viel Einflussmöglichkeit auf dein Leben geben?“*).

☛ Wer ihnen **freie Räume in der Natur** gewährt, in denen sie sich unbeobachtet und mit ihresgleichen bewegen können – indem er die mühselige Aufgabe auf sich nimmt, genau das zu organisieren (was in Städten bekanntlich nicht so einfach ist: durch Ausflüge, durch ein eigenes Häuschen auf dem Land, wo das klappt; durch den Besuch bei Freunden, die so etwas haben).

☛ Wer sie **nicht daran hindert,** ihre Konstruktionen aus Holzstöcken plus Fischertechnik oder aus beidem plus Brotteig zu realisieren.

☛ Wer ihnen mit jenem **Respekt** begegnet, den man sich als Erwachsener für die eigene Person und die eigene Arbeit auch wünscht.

☛ Wer ihnen verständlich machen kann, dass man sich manchmal nicht für eine **Position** entscheiden muss, sondern beide etwas für sich haben (*„Das sind keine schönen Bilder, die dein Schulfreund malt? Für ihn sind sie das sicher, weil er ganz andere Dinge toll findet als du. Das bedeutet aber nicht, dass deine Bilder weniger toll sind.“*).

Fliegt, schwimmt und macht Dampf

Wer als Bastler ernst genommen werden will, sollte zumindest drei Dinge herstellen können: etwas, das fliegt, etwas, das schwimmt, und etwas, das Dampf macht. Zugegeben – diese Zusammenstellung mag sehr subjektiv sein, aber wenn sie nicht für einige fröhliche Stunden sorgt, dann zumindest für Widerspruch von der Art: *„Richtige Bastler können Schränke bauen und mit dem Schweißgerät umgehen …"* – womit wir mitten in der kreativsten Debatte wären. Schlecht?

☛ Etwas, das schwimmt.

Der Vorteil dieser Anleitung ist, dass man sie in groß oder in klein realisieren kann. Wer Lust auf eine Floßfahrt hat, der nimmt Baumstämme, wer einen Trupp von Plastikmännchen auf Expedition schicken will, Holzstöcke.

Material

- Rund 12 gleich lange Baumstämme (ca. 2–3 m)
- 1 starkes, langes Seil
- 1 Ruder bzw. ein als Ruder taugliches Brett
- *Eventuell:* 1 Bohnenstange als Mast
- *Eventuell:* 1 selbstgemalte Piratenflagge *(Details dazu im Kapitel „Flagge zeigen", Seite 8)*

Vorbereitung

❶ Obacht! Das Floß am besten in der Nähe des Ufers bauen, denn im fertigen Zustand lässt es sich nur schwer bewegen.
❷ Die Stämme von allen Ästen etc. befreien.
❸ Die Rundung der einen Seite der Stämme mit einem Beil abtragen – bis auf einen Rand von jeweils ca. 30 cm.
Das sieht dann so aus:

Zusammenbau

❶ 2 Stämme mit dem abgeflachten Teil nach oben, parallel auf den Boden legen; der Abstand zwischen den beiden Stämmen sollte ca. zwei Meter betragen *(je nach Länge der Baumstämme, die gleich draufgelegt werden);* diese beiden Stämme bilden die Basis der Floßkonstruktion.
❷ 8 Baumstämme im rechten Winkel zu den 2 am Boden liegenden Stämmen legen, sodass sich eine geschlossene Fläche ergibt.
❸ Die letzten 2 Baumstämme mit der abgeflachten Seite nach unten parallel zu den am Boden liegenden beiden Stämmen legen.
❹ Nunmehr die 2 oberen und unteren Querstämme fest mit einem Seil zusammenbinden, so dass die Baumstämme nicht verrutschen können.
❺ Einen Stock an einer der beiden Floßlängsseiten zwischen die Holzstämme rammen und daran ein Ruder festbinden, das schräg ins Wasser ragt und leicht zu bedienen ist.

Anmerkung:
Statt der Baumstämme kann man auch leere Wasserkanister oder -tonnen nehmen, über die man eine Plattform aus Brettern legt.

☛ Etwas, das fliegt.

Das vorliegende Papierflieger-Modell stammt von dem österreichischen Physiker, Universitätslektor und Buchautor Werner Gruber. Für ihn ist dieser Flieger ein perfekter Gleiter und leicht zu bauen. Was also hindert uns daran, ihn genauer unter die Lupe zu nehmen?

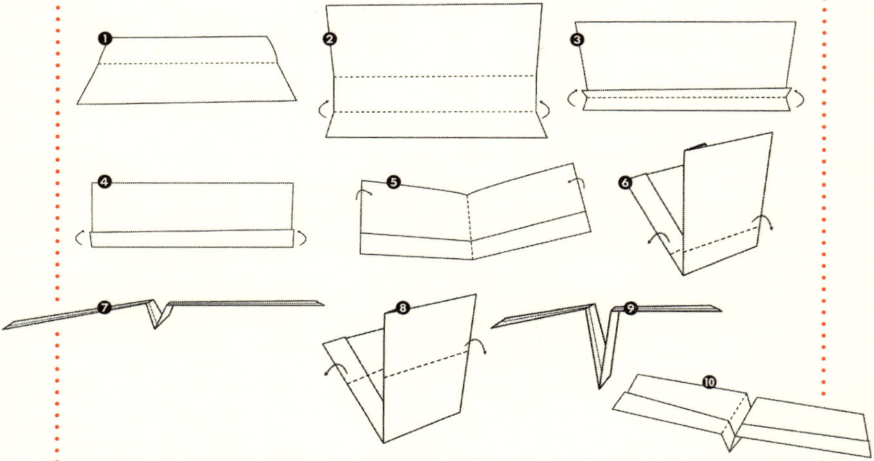

❶ Legen Sie ein **DIN-A4-Blatt** *(Schreibmaschinenpapier)* quer vor sich auf den Tisch und falten Sie es der Länge nach zusammen – und anschließend wieder auseinander.
❷ Falten Sie die untere Blattkante exakt bis zur Blattmitte.
❸ Falten Sie ein weiteres Mal die untere Blattkante bis zur Blattmitte.
❹ Falten Sie die zweifach gefaltete untere Blatthälfte entlang der Blattmitte.
❺ Falten Sie das Blatt in der Mitte – und zwar die linke Hälfte über die rechte.
❻ Jetzt müsste Ihr Blatt aussehen wie auf dieser Abbildung. Links müsste sich der Rumpf des Fliegers befinden und rechts die Flügel. Sie haben nun zwei Möglichkeiten weiterzumachen. Entweder falten Sie einen bloß zwei Daumen breiten Rumpf und dementsprechend längere Flügel.
❼ Das sieht dann im Querschnitt so aus.
❽ Oder Sie falten das Blatt in der Mitte, so dass Rumpf und Flügel gleich groß werden.
❾ Das sieht dann im Querschnitt so aus.
❿ Für welche Lösung Sie sich auch entscheiden mögen: Es wird auf jeden Fall nötig sein, die hinteren Spitzen der Flügel leicht nach oben zu biegen und den Flügeln eine Y-förmige Stellung zu geben, damit Ihr Gleiter so elegant segelt, wie das Werner Gruber verspricht.

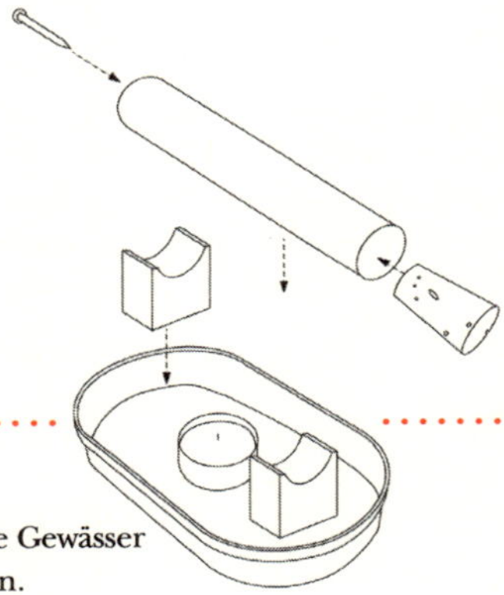

☛ **Etwas, das Dampf macht.**

Dieses Schiffchen ist nur etwas für ruhige Gewässer – außerdem muss man Dosenfisch mögen.

Material

■ 1 flache, leere Konservendose *(wie sie für Heringsfilets in Tomatensauce gerne verwendet wird)*
■ 1 Teelicht
■ Streichhölzer
■ 1 Metallröhre*
(ca. 1 cm dick und 8 cm lang) plus Korken
■ 2 Holzklötzchen
(ca. 2 cm hoch, 1 cm dick und 2 cm breit)
■ Klebstoff

Vorbereitung

❶ In den Boden der Metallröhre mit einem Nagel ein Loch bohren.
❷ Die Metallröhre zur Hälfte mit Wasser füllen und mit dem Korken verschließen *(Loch dabei zuhalten).*
❸ Die beiden Holzklötzchen U-förmig einkerben *(sie dienen als Halterung für die waagerecht in die Konservendose gelegte Metallröhre – es muss noch das Teelicht drunterpassen!).*

Zusammenbau

❶ Die Metallröhre der Länge nach im Konservendosen-Boot fixieren.
❷ Dazu klebt man die beiden Holzklötzchen vorne und hinten am Dosenboden fest.
❸ Den Abstand der Klötzchen so bemessen, dass man die Röhre gegebenenfalls ein wenig nach vorne oder hinten schieben kann, um ihr Gewicht besser im Schiffchen zu verteilen.
❹ Die Metallröhre so auf die Holzklötzchen legen, dass das Loch in deren Boden oben liegt *(hier wird es gleich rausdampfen!).*
❺ Das Teelicht anzünden und unter die Metallröhre schieben
❻ Das Schiffchen vorsichtig zu Wasser lassen *(Badewanne oder ein anderes ruhiges Gewässer).*
❼ Sobald das Wasser in der Metallröhre zu kochen beginnt, entweicht durch das Loch im Röhrenboden ein feiner Dampfstrahl *(dieser Dampfstrahl sorgt dafür, dass das Schiffchen losfährt.).*

***Anmerkung:**

Das Schwierigste wird sein, eines dieser Metallröhrchen zu finden, wie sie früher weit verbreitet waren, während heute Brausetabletten, Kopfwehpillen etc. fast ausschließlich in Plastik verpackt werden. Aber mit ein bißchen Beharrlichkeit dürfte sich eine solche Metallröhre in der Apotheke auftreiben lassen.

Bauanleitungen sammeln und wiederbeschaffen

Hier ein Hinweis, der einem als schusseliger Junge oder als Vater in Fleisch und Blut übergehen sollte: Sobald die neue Polizeistation aufgebaut oder das Modellflugzeug zusammengeklebt ist,

sofort die Bauanleitung in Sicherheit bringen!

Und zwar an einem schwer erreichbaren Ort, gemeinsam mit sämtlichen Beipackzetteln, Inhaltsangaben und ausgeschnittenen Rückseiten der Verpackungskartons. Am besten eignet sich dazu ein stabiler Karton, den man dadurch auszeichnen sollte, dass man ihn mit einer doppelt erhaltenen Bauanleitung beklebt.

Nur so ist sicherzustellen, dass man die zerfallene Polizeistation wieder zusammenfügen oder ein fehlendes Teil nachbestellen kann – und zwar unter Angabe der exakten Produktnummer!

Wer schon einmal erlebt hat, welche Selbstsicherheit einem der Umstand verleiht, dem Kundendienst ein unscheinbares Plastikteil exakt benennen zu können, von dem die Funktionstüchtigkeit des Flugzeugs abhängt – der weiß, wovon hier die Rede ist.

Doch was tun, wenn trotz aller Vorsichtsmaßnahmen die Bauanleitung doch verlorengegangen ist? Das Internet bietet einen schnellen Weg, das schmerzlich Vermisste ersetzt zu bekommen. Viele Unternehmen eilen auf ihren Homepages und mittels ihres Kundendienstes ratsuchenden Jungs und Vätern zu Hilfe. Auf den nächsten Seiten eine kleine einschlägige Liste.

Neben all den selbst ausgedachten Dingen, die Jungs gerne basteln, gibt es auch jede Menge fertiger Bausätze von Spielzeugherstellern.

Diese Bausätze enthalten eindrucksvolle Bilder des fertigen Dings, sämtliche benötigte Baumaterialien – und die alles entscheidenden Bauanleitungen. Sie erklären, wie man beginnt, welches Teil wohin gehört und wie das Raumschiff mal aussehen soll. Doch was, wenn eine dieser Bauanleitungen verschwindet?

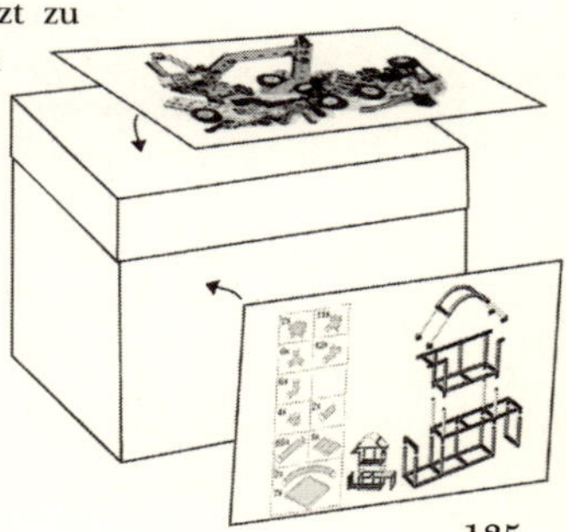

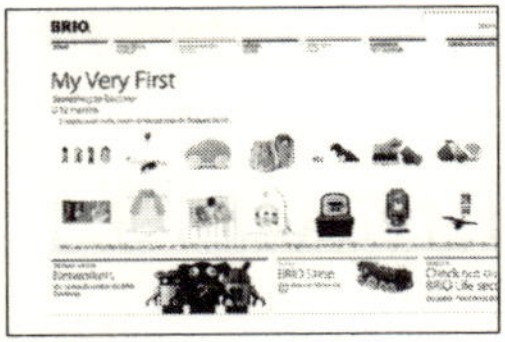

Brio
Bei Brio sagte man uns, dass man am besten die Nummer des Bausatzes nennen solle, man werde dann prüfen, ob es eine Anleitung gebe und man sie zusenden könne.
E-Mail an: susanne.hammer@brio.de

Carrera
Wer Hilfe für den Aufbau seiner Carrera-Bahn oder beim Planen seiner Rennstrecken sucht, der geht auf www.carrera-toys.de. Unter dem Menüpunkt „Specials" findet man viele „Betriebsanleitungen" als PDF zum Downloaden. Unter „Streckenvorschläge" und „Ausbauvorschläge" kann man sehen, wie man welche bekannten Rennstrecken nachbaut und mit Hilfe welcher Ergänzungsstücke man seine Standard-Rennbahn noch besser machen kann.

fischertechnik
Erst mal auf www.fischertechnik.de nachsehen. Dort gibt es einen Link namens „Fanclub" – „Forum", wo man nach Bauanleitungen suchen kann. Wer sich als Mitglied registrieren läßt *(„Internet Registrierung")*, bekommt Zugang zu einer umfangreichen Datenbank mit Bauanleitungen im PDF-Format zum downloaden. Unter „Fanclub" – „Links" schließlich gibt es Adressen von Fan-Seiten, die Bauanleitungen anbieten. Wenn das alles nichts bringt, einfach an den Vertriebspartner von fischertechnik schreiben:

Knobloch GmbH, Weedgasse 14a
D-55234 Erbes-Büdesheim
Tel: +49 6731 49620
Fax: +49 6731 496219
vertrieb@knobloch-gmbh.de
www.knobloch-gmbh.de.

Haba
Bei dem Hersteller der wunderbaren Murmelbahn (und vieler anderer Holzspielzeu-

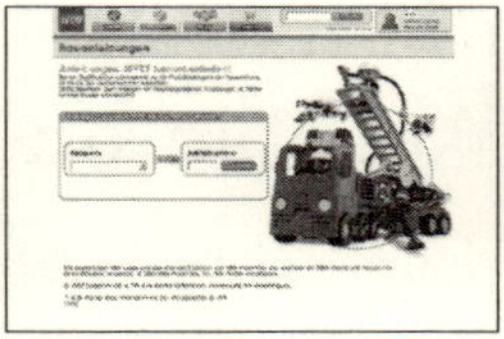

ge) läuft das mit den Bauanleitungen über E-Mail. Einfach an ErsatzteileHaba@haba.de schreiben, dann werde man, schreibt uns eine freundliche Dame aus dem Verkauf, gerne die gewünschte Anleitung zusenden. Der Haba-Verkauf sitzt hier:

August-Grosch-Str. 28–38
D-96476 Bad Rodach
Tel.: +49 9564 929-113
Fax: +49 9564 929-67300

Lego

www1.lego.com/deu/buildinginstructions/Default.asp

– unter dieser Adresse lassen sich Bauanleitungen suchen bzw. gleich downloaden. So einfach kann das sein.

Playmobil

www.playmo-portal.com *und* www.ebay.de

In diesem Falle hilft nicht das Unternehmen selbst, sondern nur eine Suche beim Playmo-Portal oder auf eBay *(hier gibt es Bauanleitungen im Sofortkauf ab 3 Euro inkl. Versand – nun ja, im Notfall durchaus überlegenswert).*

Revell

Wer auf dem Flohmarkt ein vollständig erhaltenes und noch eingeschweißtes Revell Modell-Set der „Northrop F-89 Scorpion" erstanden hat, dem die Bauanleitung fehlt, sollte eine E-Mail an Revell schreiben und um Hilfe bitten.

E-Mail an: contact_d@revell.de

☛ Hinweis

Und schließlich: das gute alte **Internet.**
Wer bei den Herstellern nicht fündig wird, der kann sich mittels einer **Suchmaschine** zu den Fan-Seiten der entsprechenden Spielzeugfirmen durchklicken. Mögen dort auch keine Bauanleitungen verfügbar sein – hilfreiche **Ratschläge** findet man allemal.

Dinge, die man definitiv nicht ausprobieren sollte …

… die aber dennoch immer wieder gerne gemacht werden.

Diese kleine Liste an Warnungen ist natürlich eine haarige Sache. Wie jeder gute Pädagoge weiß, ist es sinnlos, all das aufzulisten, was die anderen nicht tun sollten. Man erreicht bloß das Gegenteil. Ein einfaches Beispiel macht das deutlich. Wer beispielsweise verhindern will, dass andere an weiße Elefanten denken, darf keinesfalls sagen: *„Denkt nicht an weiße Elefanten!"* Kaum ausgesprochen, geistert in unser aller Vorstellung ein ebensolcher Rüsselträger herum. Genauso verhält es sich mit Warnungen. Und dennoch: Einmal muss es ja gesagt werden!

Im Winter mit der Zunge an einem Geländer lecken
Da bleibt man nämlich sofort kleben und bekommt die Zunge nicht mehr ab, weil der Speichel an dem kalten Metall festfriert. Um wieder loszukommen, muss man warten, bis die Zunge das Metall so stark erwärmt hat, dass das Spuckeeis wieder schmilzt. Das kann aber dauern.

Einen Baum fällen bzw. dicke Äste absägen
Weil einem entweder die Äste wie dicke Speere um die Ohren fliegen oder der ganze Baum auf den Kopf. Das Fällen eines Baumes ist eine eigene Kunst und muss erlernt werden. Wer einmal miterlebt hat, welche Wucht fallende Bäume oder abbrechende Äste entwickeln, lässt diese Idee schnell fallen.

Einen Weidezaun anfassen
Der könnte nämlich unter Strom stehen – nun gut, die Spannung ist nicht lebensgefährlich, aber es tut einigermaßen weh. Was man hingegen durchaus machen kann: Die beiden Pole einer Flachbatterie gegen die Zunge halten, um ihre Spannung zu prüfen; das prickelt bloß ein bisschen an der Zunge.

Von einer Eisenbahnbrücke pinkeln
Das kann sehr böse enden, denn unter solchen Brücken laufen die Leitungen durch, die die Elektrozüge mit Strom versorgen. Wer auf solche Leitungen

pinkelt, gefährdet sein Leben; sie haben eine Spannung von 15.000 Volt (eine Autobatterie hat 6 bzw. 12 Volt), und durch den Wasserstrahl wird die elektrische Energie von der Leitung direkt auf den Runterpinkelnden geleitet. Und das endet tödlich.

In unbekanntes Gewässer springen
Wer kopfüber in unbekanntes Gewässer springt, riskiert, dass er mit dem Kopf gegen den Grund stößt – und als Querschnittsgelähmter wieder erwacht. Aus Jux und Tollerei irgendwo reinzuhüpfen, ohne mal nachzusehen, wie tief der verlockende See ist – das gehört zu den klassischen tragischen Jungsunfällen.

Auf zugefrorenen städtischen Seen Schlittschuh laufen
Das kann gefährlich werden, denn selbst bei lang anhaltenden tiefen Temperaturen sind die Eisdecken vieler städtischer Seen recht dünn. Der Grund: Es fließen warme Abwässer in diese stehenden Gewässer; sie verhindern, dass eine stabile Eisdecke entsteht. Gegen ein fröhliches Schlittschuhabenteuer auf ordentlich zugefrorenen Seen ist hingegen nichts einzuwenden.

Wettrennen gegen Züge, Autos, Garagentore und andere Maschinen
Bei diesem Spiel geht es darum, ein ganz privates Wettrennen zu gewinnen: Noch vor dem heranbrausenden Zug über den (ungesicherten) Bahnübergang zu kommen; noch rasch vor dem sich nähernden Auto die Straße zu überqueren; unter dem sich senkenden Rollgaragentor durchzuschlüpfen etc. Mag lustig sein, endet immer wieder schlimm.

Alleine mit dem Auto der Eltern eine Runde drehen
Die sollte man auf keinen Fall drehen! Auch wenn man der Ansicht ist, man beherrsche das Gefährt in ausreichendem Maße. Aber: Die meisten Väter sind durchaus ansprechbar, wenn es um den Wunsch größerer Jungs geht, mal gemeinsam eine Runde mit dem Auto machen zu dürfen. Dazu sollte man sich freilich in abgeschiedene ländliche Gebiete begeben, wo weit und breit nichts existiert als ein staubiger Feldweg, von dem man zur Not auch abkommen kann, ohne dass etwas Gravierendes geschieht, Lackschäden ausgenommen. Anschließend im dörflichen Gasthaus eine Limonade trinken und verabreden, dass von der kleinen Ausfahrt niemand etwas erfahren muss.

Was dauert wie lange?

Wie lange können sich Kinder bzw. Erwachsene eigentlich auf eine bestimmte Sache konzentrieren? Diese kleine Tabelle gibt Auskunft. Das Interessanteste daran: Die Länge einer Schulstunde entspricht weniger der Aufmerksamkeitsdauer der Jungs, sondern vielmehr jener der Erwachsenen.

Jahre	Aufmerksamkeitsdauer
5 bis 7	bis max. 15 min
7 bis 10	bis max. 20 min
10 bis 12	bis max. 25 min
12 bis 16	ca. 30 min
Erwachsene	45 bis 90 min

Wer sich daranmacht, ein Feuer zu entfachen oder ein Legoauto zusammenzubauen, der sollte ungefähr wissen, wie lange die Sache dauern wird. Sonst füllt das Unternehmen entweder keinen Nachmittag oder muss wegen Zeitmangels abgebrochen werden – oder es überfordert die Aufmerksamkeitsspanne der beteiligten Jungs.

Die nachfolgenden Zeitangaben sind Schätzungen, dienen daher als grobe Richtlinie, auf welches Abenteuer man sich einlässt, wenn man sagt: *„Lasst uns die Ritterburg aufbauen!“* Empfehlenswert ist es, die Liste aufgrund eigener Erfahrungen zu korrigieren und zu erweitern.

Dauer	Dauer	Tätigkeit
Minuten	Stunden	
0,25		Luftballon aufpusten
0,50		Gutes Versteck beim Versteckenspielen finden
2		Song aus dem Internet runterladen
3		Papierflieger falten
4		Super-Mario-Aufgabe in einem Level erledigen
5		Ei kochen
5		„Lego City"-Feuerwehrauto bauen
6		Wasserbombe aus Papier falten
10		Gokart fahren
10		Eine Folge von „Shaun das Schaf" ansehen
10		Spaghetti kochen
15		Reifen wechseln (Auto oder Rad)
15		Feuer machen
18		Billy-Regal aufbauen
23		Das Empire State Building hochlaufen
25		Playmobil-Ritterburg aufbauen
30		Carrera-Rennautobahn aufbauen
30		„Mensch ärgere dich nicht" spielen
45		Im Pokémon-Kartenstapel blättern
60	1,0	10 km Marathon laufen (Anfänger)
90	1,5	Fußball spielen
180	3,0	Floß bauen (Material vorhanden)
180	3,0	Iglu bauen (mit Schneesäge und Schaufel)
960	16,0	Baumhaus bauen (Minimalvariante)
1.530	25,5	„Harry Potter und die Heiligtümer des Todes" vorlesen

Von Höllenorakeln, Bumerangs und Helikoptern

Komisch. Sobald es Papier gab, haben die Menschen es nicht nur beschrieben, sondern auch kunstvoll gekniffen, geknickt und zusammengelegt. Es scheint also etwas dran zu sein an diesem Material, definitiv sogar. Erst recht, wenn die kleinen Kunstwerke nicht nur eindrucksvoll aussehen, sondern auch zu etwas nütze sind. Hier vier Anregungen.

☛ 1. Himmel und Hölle

Kurze Vorbemerkung: Wer zur Faulheit neigt, aber dennoch die anderen ein wenig beeindrucken will, sollte lernen, wie er aus einem Blatt Papier das Himmel-und-Hölle-Spiel falten kann – denn dann weiß er auch, wie er einen feinen Papierdampfer hinbekommt! Wie das geht, davon ist unter Punkt 2 die Rede. Wer den anderen vorhersagen will, wie ihre Zukunft wird, kann sich dazu eines Klassikers bedienen: des Himmel-und-Hölle-Spiels. Alles, was Sie dazu brauchen, ist ein Stück quadratischen Papiers, ein wenig Fingerfertigkeit sowie einen schwarzen und einen blauen Farbstift.

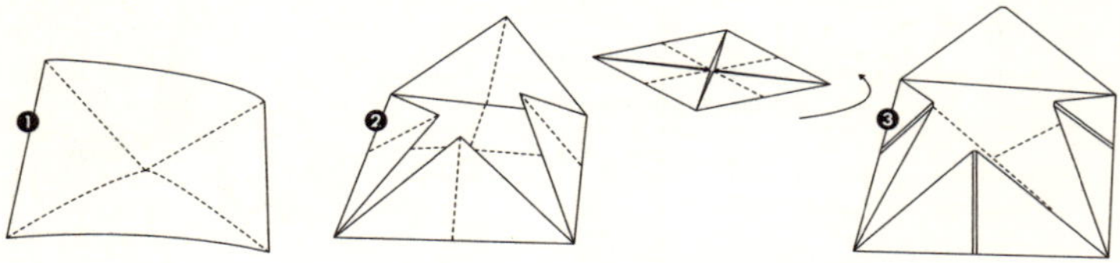

❶ Nehmen Sie ein quadratisches Blatt *(Schreibmaschinenpapier zuschneiden)* zur Hand. Falten Sie es in der einen Diagonale *(wieder auffalten)*, anschließend in der anderen Diagonale *(wieder auffalten)*. Nun haben Sie die Mitte des Blattes ermittelt und jene Falten erzeugt, die Sie gleich noch brauchen werden. ❷ Falten Sie nunmehr die vier Ecken exakt so, dass sie die Mitte des Blattes berühren. Das Ergebnis ist ein weiteres quadratisches Blatt Papier.

❸ Drehen Sie das Blatt um. Verfahren Sie wie in Punkt 2 – das heißt: Falten Sie die vier Ecken des Papiers exakt so, dass sie die Mitte des Blattes berühren.

Fortsetzung gegenüber!

Himmel und Hölle: Fortsetzung

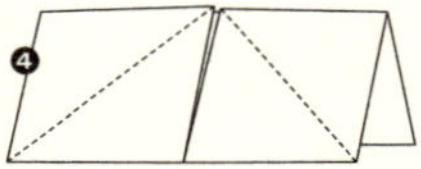

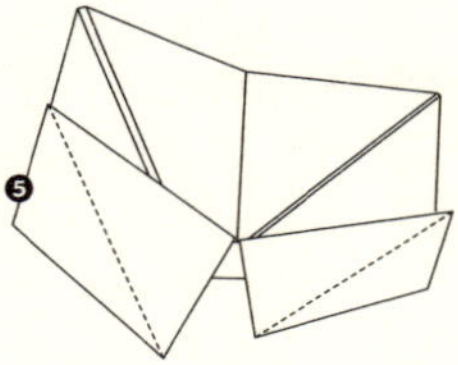

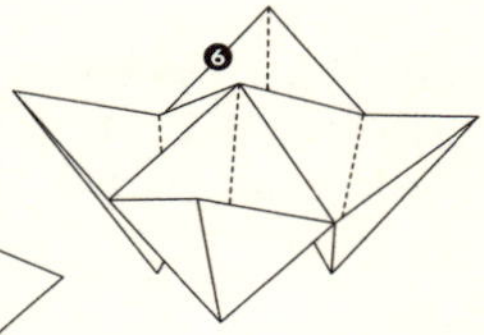

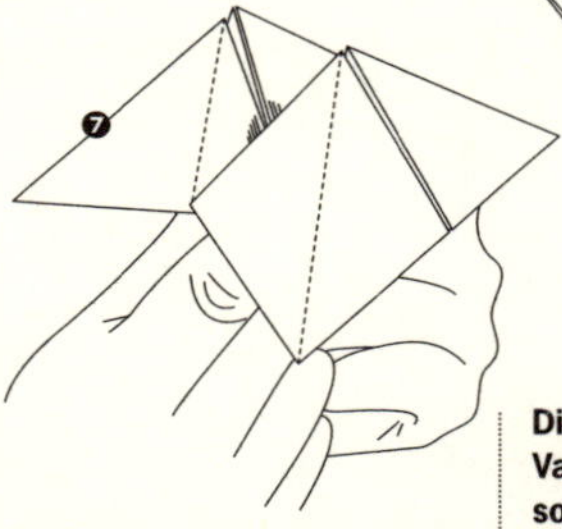

❹ Drehen Sie das Blatt ein weiteres Mal um. Zur Vorbereitung des nächsten und wichtigsten Schrittes falten Sie nun das Blatt entlang einer der beiden Linien, die sich zwischen den Quadraten bilden, nach hinten; anschließend wieder zurückfalten. Falten Sie nun das Blatt entlang der anderen Linie nach hinten – aber nicht wieder zurückfalten, denn nun kommt Schritt 5, der letzte.
❺ Klappen Sie jetzt die Spitzen der beiden Quadrate, die zu Ihnen schauen, nach außen, so dass sich kleine Papierpyramiden bilden. Wiederholen Sie das Auffalten mit den beiden anderen Quadraten. Jetzt müssten Sie ein Ding in Händen halten, das wie das abgebildete aussieht.
❻ Stecken Sie nun vier Finger in die vier Papierpyramiden und drehen Sie das Papierding um. Nun müssten Sie Ihr Himmel-und-Hölle-Spiel in der Hand halten. Doch halt! Es ist noch nicht ganz fertig. Dazu müssen Sie es noch bemalen bzw. beschriften.

❼ Wenn Sie von oben in Ihr geöffnetes Himmel-und-Hölle-Spiel hineinsehen, werden Sie feststellen, dass es aus acht dreieckigen Innenflächen besteht. Wenn Sie die einfache Spielvariante bevorzugen, klappen Sie das gefaltete Objekte so, dass sich eine der beiden durchgehenden Innenflächen bildet, und malen Sie diese mit dem blauen Buntstift an; sie stehen für „Himmel"; sobald Sie fertig sind, schließen Sie diese Flächen und öffnen die anderen, im rechten Winkel dazu befindlichen, um sie schwarz zu bemalen; sie stehen für die „Hölle". Das Spiel besteht nun darin, den anderen zu fragen, entlang welcher Linie er das Spiel geöffnet sehen will. Je nach seiner Wahl kommt er entweder in den Himmel oder in die Hölle.

Die etwas kompliziertere Variante des Spiels geht so: Beschriften Sie sämtliche acht Innenflächen des Spiels mit einer Zahl bzw. mit einem Symbol. Auf einem eigenen Zettel notieren Sie, wofür jede einzelne Zahl bzw. jedes Symbol steht. 1 = „Rufen Sie Ihren besten Freund an, er wartet darauf", 2 = „Heute wirst du noch eine Überraschung erleben" etc. Halten Sie nun Ihrem Gegenüber wiederum das geschlossene Himmel-und-Hölle-Spiel unter die Nase und fragen Sie, entlang welcher Linie er das Spiel geöffnet sehen will. Unter den sichtbar gewordenen Zahlen bzw. den Symbolen darf er sich dann eine bzw. eines aussuchen. Ob das Vorausgesagte wirklich eintrifft, dürfte davon abhängen, wie unbestimmt die Vorhersagen formuliert sind – oder ob Ihre Mitspieler einen Sinn für alltägliche Wunder haben.

☛ 2. Der Papierdampfer

Kurze Vorbemerkung: Wer gleich hier zu lesen angefangen hat, sollte mit Punkt 1 beginnen, denn dort lernt er, wie er ein Himmel-und-Hölle-Spiel falten kann. Das ist wichtig, weil es die Basis für unseren Papierdampfer bildet. Tja, da glaubt man, man kann sich etwas ersparen, und wird doch wieder zurückgeschickt. Ende der Vorbemerkung.

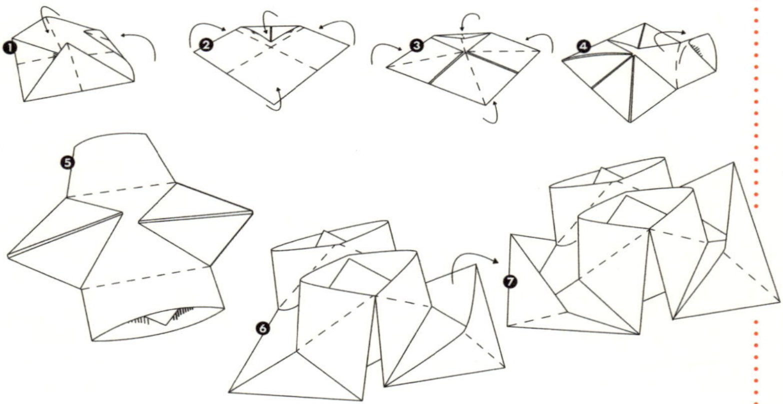

❶ bis ❷ Folgen Sie bitte der Faltanleitung für das **Himmel-und-Hölle-Spiel**.
❸ Drehen Sie das Blatt zum *dritten* Mal um. Falten Sie die vier Ecken des Papiers exakt so, dass sie die Mitte des Blattes berühren. Das Ergebnis ist ein mittlerweile ziemlich kleines, dickeres quadratisches Stück Papier.
❹ Drehen Sie Ihr Kunstwerk ein letztes Mal um und legen Sie es hochkant vor sich auf den Tisch. Jetzt beginnen Sie, den ersten Schornstein auszuklappen, wie in der Zeichnung zu sehen …
❺ … und machen Sie mit dem zweiten weiter.
❻ Anschließend geht es darum, den Bug und das Heck auszuklappen. Dazu falten Sie Ihr Kunstwerk entlang der waagrechten Mittellinie zusammen und klappen Sie die inneren Spitzen der beiden Vierecke links und rechts nach außen – und schon haben Sie Bug und Heck vor sich.
❼ Fertig ist das durchaus für eine begrenzte Zeit schwimmfähige Dampfschiff, das in seinem Inneren ein Himmel-und-Hölle-Spiel *(siehe Punkt 1)* birgt. Anmalen. Anker nicht vergessen. Und den Totenkopf auch nicht.

☛ 3. Der Bumerang

Für dieses Fluggerät reicht kein normales Schreibmaschinenpapier; Sie benötigen vielmehr einen Karton. Und gefaltet werden muss auch nicht viel, sondern nur ein bisschen geschnitten und geklebt.

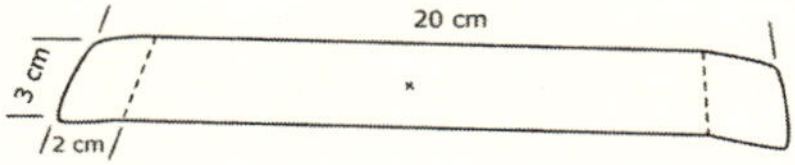

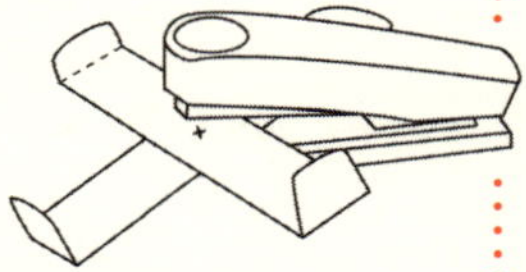

❶ Schneiden Sie zwei ca. 20 cm lange und ca. 3 cm breite Kartonstreifen aus. Runden Sie die Ecken etwas ab.
❷ Legen Sie die beiden Streifen exakt mittig übereinander und fixieren Sie sie mit einer Heftklammer (Sie können sie auch übereinander kleben).

Nicht vergessen:
Die vier Enden des Bumerangs ca. 2 cm vor dem Ende hochbiegen bzw. -falten.
❸ Wie jeder erfahrene Bumerangwerfer weiß, wird auch dessen Karton-Pedant senkrecht geworfen (und nicht waagrecht!).

Obacht auf zerbrechliche Gegenstände im Zimmer:
Das kleine Ding fliegt rund drei Meter weit und müsste anschließend wieder zu Ihnen zurückkehren. Wenn nicht – an den Enden herumbiegen, bis es klappt.

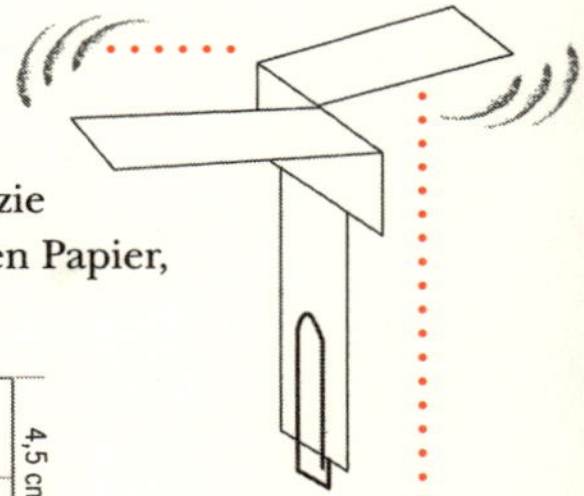

☛ 4. Helikopter

Etwas weniger spektakulär, dafür aber von einfacher Grazie ist jener Helikopter, der sich aus einem einfachen Streifen Papier, nein, nicht nur falten, sondern auch schneiden lässt.

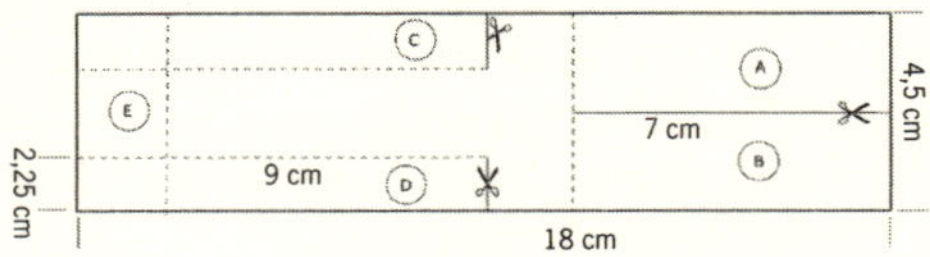

❶ Nehmen Sie ein 18 cm langes und 4,5 cm breites Stück Papier und schneiden Sie es wie auf der Abbildung angegeben ein.
❷ Bilden Sie nun die beiden Rotorflächen des Helikopters: Dazu falten Sie den einen Streifen (A) entlang der kurzen gestrichelten Linie nach vorne und den anderen Streifen (B) nach hinten.
❸ Nun falten Sie die Teile (C) und (D) nach innen und kleben Sie sie an. Falten Sie Teil (E) nach oben und stecken Sie eine Büroklammer darauf – das verleiht dem Helikopter das nötige Gewicht.
❹ So müsste das Fluggerät aussehen. Ans Fenster treten und Ihren Helikopter auf die Straße bzw. in den Garten trudeln lassen.

3 – 2 – 1 – lift off!

Raketen sind bei Jungs so beliebt, weil sie mehrere höchst attraktive Eigenschaften in sich vereinen: Sie machen Eindruck ebenso wie Krach, lassen alles Irdische hinter sich, und man weiß nie mit letzter Sicherheit zu sagen, was mit ihnen geschehen wird und wo sie landen. Gute Gründe, sich selber einmal am Bau einer Rakete zu versuchen.

Die Backpulver-Rakete

Wer für seine selbstgebaute Rakete einen Treibstoff sucht, der ungefährlich, leicht zu beschaffen und dennoch wirkungsvoll ist, der sollte in die Küche gehen und die Schublade mit den Backutensilien durchwühlen. Unter Garantie findet er darin ein Tütchen mit Backpulver. Damit wäre die erste selbstgebaute Rakete so gut wie gelauncht; alles, was jetzt noch fehlt, ist ein wenig Essig. Hier das genaue Mischungsverhältnis. Man nehme:

- einen Teelöffel Backpulver
- einen Esslöffel Essig

Als Rakete dient eine jener kleinen Plastikdosen, in denen Filme verpackt werden. In Zeiten zunehmender Digitalisierung sind diese Filmdosen zwar deutlich seltener geworden, aber in jedem klassischen Fotoladen müsste man ein paar davon bekommen.

Mehr als eine solche Dose braucht es im Grunde nicht, um eine Rakete zu konstruieren. Man sollte die Dose aber ein wenig verzieren, damit sie eindrucksvoller aussieht. Dafür stellt man die Filmdose – mit dem Deckel nach unten – vor sich auf den Tisch. Dann nimmt man ein Blatt dickeres Papier zur Hand und schneidet Folgendes aus:

Hinweis

Erste kleine Bemerkung (für Unvorsichtige): Die Rakete **keinesfalls in geschlossenen Räumen** starten, denn es entsteht eine ziemliche Treibstoff-Sauerei; außerdem ist nicht vorhersehbar, wohin die Rakete fliegt und was sie zerstört.

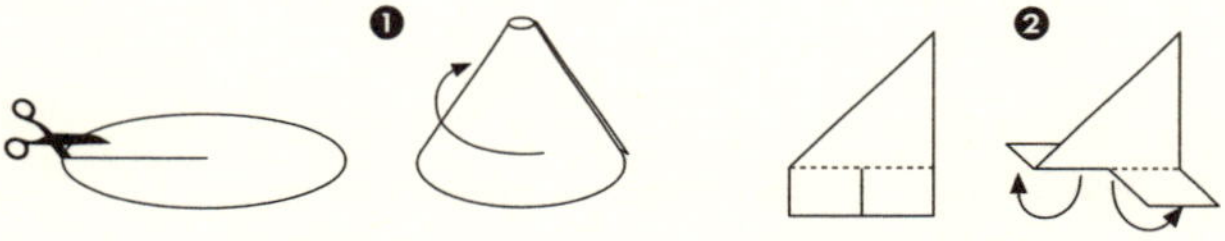

❶ Einen Kreis, aus dem man eine kegelförmige Spitze bastelt
❷ 4 Leitwerke

Anschließend klebt man die Spitze und die Leitwerke folgenderweise auf die Dose:

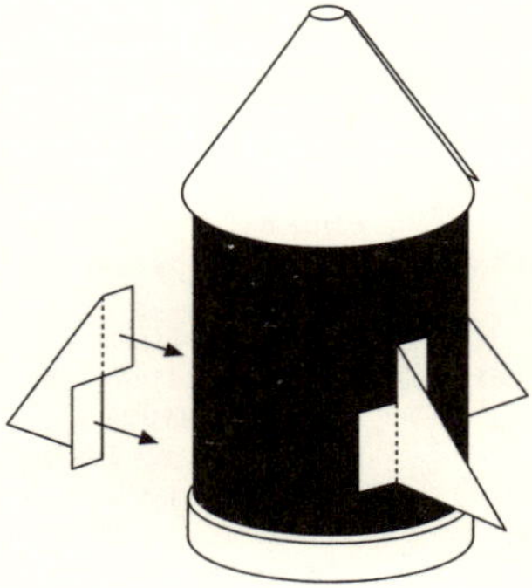

So wird die Rakete für den Start vorbereitet:

❶ Dosendeckel öffnen
❷ Einen Teelöffel Backpulver in die Dose füllen
❸ Einen Esslöffel Essig dazugießen
❹ Dosendeckel verschließen
❺ Kurz schütteln
❻ Rasch die Rakete mit dem Deckel nach unten auf die vorbereitete Startrampe stellen (eine Plastikschüssel)
❼ Zwei Schritte zurücktreten
❽ Der Rakete dabei zusehen, wie sie ein paar Meter hochzischt und wieder landet.

Hinweis

Zweite kleine Bemerkung (für alle, die es etwas genauer wissen wollen):
Wenn man **Essig** und **Backpulver** mischt, dann reagiert Letzteres, das doppelt kohlensaure Natron, chemisch und setzt Kohlendioxid (CO_2) frei – jenes Gas, das wir u. a. ausatmen. Während das Kohlendioxid des Backpulvers im Kuchen dafür sorgt, dass er flaumig wird (die kleinen Gasbläschen lockern den Teig auf), erzeugt es in der Filmdose einen **Überdruck.** Der wird schließlich so groß, dass er irgendwo entweichen muss; das tut er an der schwächsten Stelle der Dose, dem Deckel. Er wird weggesprengt und damit die Rakete in die Luft katapultiert.

Die Brausetabletten-Rakete

Auch diese Rakete bedient sich der wunderbaren Kraft des Kohlendioxids. Diesmal nehmen wir aber kein Backpulver als Treibstoff, sondern Vitamin-Brausetabletten, wie man sie in jedem Drogeriemarkt bekommt; die Geschmacksrichtung ist egal. Je nach Größe der Rakete braucht man unterschiedlich viele Tabletten. Aber alles der Reihe nach.
Um diese Rakete zu launchen, benötigt man:

- eine Plastikflasche bzw. eine Plastikröhre
- einen passenden Korken bzw. Plastikröhrenverschluss
- 1 bis 6 Brausetabletten
- Wasser

Um die Rakete zu starten, braucht es nicht viel. Verwendet man jene Plastikröhre, in der klassischerweise Brausetabletten verkauft werden, dann sollte man nur dafür sorgen, dass das Raumschiff auch aussieht wie eines (Details siehe unter „Die Backpulver-Rakete"). Anschließend:

❶ Eine halbe Brausetablette in die Plastikröhre stecken
❷ Eine halbe Tasse Wasser dazugeben
❸ Den Plastikröhrenverschluss drauf
❹ Ein wenig schütteln
❺ Die Röhre mit dem Verschluss nach unten auf die Abschussrampe stellen
❻ Warten und der Röhre dabei zusehen, wie sie nach kurzer Zeit abhebt

Nur im Freien starten! Kollisions- und Sauereigefahr!

Eine etwas größere Rakete erhält man, wenn man eine leere Plastikflasche verwendet – sie sollte möglichst leicht sein. Als Startrampe benutzt man am besten einen Weinkühler (oder irgendein anderes Behältnis, in das man die Flasche stecken kann, so dass sie senkrecht hochfliegt).

Und so klappt es:
❶ Ca. 6 Brausetabletten in die leere Flasche stecken
❷ Eine große Tasse Wasser dazugeben
❸ Den Korken in die Flaschenöffnung stecken (nicht zu fest!)
❹ Die Flasche mit der Öffnung nach unten in den Weinkühler stellen
❺ Warten und der Flasche dabei zusehen, wie sie nach kurzer Zeit abhebt

Auch hier gilt: nur im Freien starten! Kollisions- und Sauereigefahr!

Warnung

Wenn die Backpulver- oder Brausetabletten-Raketen nicht gleich abheben, **nicht ungeduldig werden!** Es kann sein, dass das Mischungsverhältnis von Backpulver und Essig bzw. von Brausetabletten und Wasser noch nicht stimmt, der Korken zu fest in der Öffnung sitzt oder der Tower den Countdown noch nicht eingeleitet hat. Einfach abwarten! Wer sich zu früh der Rakete nähert, riskiert, dass sie ihm um die Ohren fliegt.

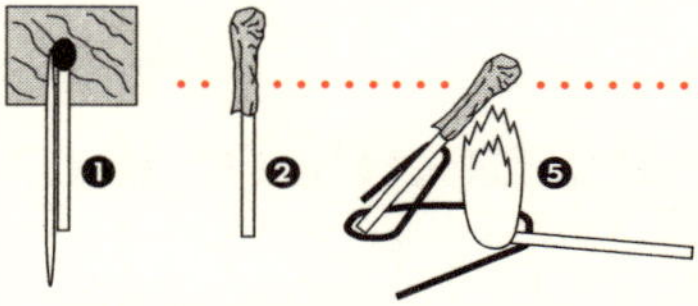

Die Eltern-Rakete

Nein, diese Rakete wird nicht von Eltern betrieben und dient auch nicht dazu, Eltern irgendwohin zu transportieren. Sie heißt vielmehr so, weil sie elternkompatibel ist, also *absolut harmlos*. Daher ist diese Rakete auch ein wenig langweilig, mag sein. Die Eltern-Rakete besteht aus nichts als einem Streichholz, das man ein wenig präparieren muss. Dazu braucht man:

- Ein klassisches Streichholz
- Ein kleines Stück Alufolie (Seitenlänge ca. 2 cm)
- Zahnstocher bzw. Nadel bzw. Sicherheitsnadel
- Eine Büroklammer
- Ein zweites Streichholz plus Streichholzschachtel

Um das Streichholz in eine Rakete zu verwandeln, muss man bloß dessen Kopf mit der Alufolie einwickeln und ihn anschließend entzünden. Man geht folgenderweise vor:

❶ Man nehme das Zündholz und lege den Zahnstocher bzw. die Nadel parallel zu dessen Holzteil. Die Spitze des Zahnstochers muss direkt unter dem Kopf des Zündholzes enden.
Er kann auf der anderen Seite ruhig überstehen, denn der Zahnstocher wird später entfernt; er dient dazu, aus der Alufolie eine Düse zu formen. Wer eine Nadel verwendet, sollte aufpassen, dass er kein Loch in die Alufolie piekst.
❷ Nun den Kopf und das obere Drittel des Zündholzes (samt Zahnstocher) mit Alufolie umwickeln. Die Metallfolie überall fein säuberlich andrücken.
❸ Vorsichtig den Zahnstocher entfernen. Die Alufolie liegt nun eng um den Zündholzkopf und bildet eine kleine Düse, die entlang des Streichholzes verläuft.
❹ Aus der Büroklammer eine winzige Abschussrampe biegen, die die Rakete schräg starten lässt.
❺ Das zweite Streichholz entzünden und die Flamme an den mit Alufolie umwickelten Kopf der Rakete halten.
❻ Lift off!

Ermahnende Worte sind hier keine erforderlich, da man nichts falsch machen kann – außer vielleicht mit dem brennenden Streichholz Löcher in den Teppich brennen, aber davor muss nicht eigens gewarnt werden. Das versteht sich von selbst. Wenn es doch Einwände gibt, verweist man am besten darauf, dass die Bauanleitung u. a. von der *„Oklahoma State University"* verbreitet wird.

Kleiner, nicht ganz ernst gemeinter Tipp

Wer bei der Konstruktion seines Himmelsstürmers besonderes Geschick beweist, macht vielleicht die **ESA** auf sich aufmerksam, die **European Space Agency.** Die durchkämmt nämlich die Science-Fiction-Literatur nach Fantasien, die sich möglicherweise verwirklichen lassen. Man sollte ihrer Aufmerksamkeit auch mal die privaten Abschussrampen einiger Jungs empfehlen.

Spektakuläre Experimente

Es gibt verschiedene Gründe, Experimente anzustellen. Von Eltern und Pädagogen wird am liebsten auf deren erzieherische Wirkung verwiesen: Versuche versetzten die Jungs in die Lage, Zusammenhänge zu verstehen, Naturgesetze sinnlich zu erfahren und ein paar Welträtsel zu entschlüsseln. Mag alles sein.

Doch mitunter geht es bei Experimenten ums bloße Vergnügen. Und das stellt sich mit Garantie ein, wenn es ordentlich kracht, raucht und stinkt. Hier ein paar einschlägige Anregungen.

Der Cola-Springbrunnen

Die Zutaten für dieses ganz und gar sinnfreie Experiment sind denkbar einfach – das Ergebnis hingegen ist höchst beeindruckend. Man nehme:

- eine 1-Liter-Flasche mit *„Coca-Cola light"*
- 1 *„Mentos"* (das ist ein Pfefferminz-Dragee)
- eine Plastikröhre, ca. 15 cm lang (aus dem Baumarkt)

Um einen Cola-Springbrunnen zu erzeugen, steckt man die Plastikröhre in die geöffnete Flasche und positioniert sie an einem geeigneten Ort; der befindet sich im Freien, denn gleich gibt es eine Riesensauerei. Anschließend ein Mentos in die Flasche werfen, schnell einen Schritt zurücktreten und die über zwei Meter hohe Cola-Fontäne begutachten. Das war's.

Ausgelöst wird der Springbrunnen durch den schlagartigen Austritt des Kohlendioxids, das in der Cola enthalten ist – provoziert wird das Herauszischen des Kohlendioxids durch die besonders raue Oberfläche des Mentos-Bonbons (mit dessen Inhaltsstoffen hat das Phänomen also nichts zu tun). In einer Cola light steckt (in gebundenem Zustand) das Volumen von vier Liter Kohlendioxid, schreibt Prof. Oliver Reiser von der Universität Regensburg auf seiner Homepage.

Aufgedunsene Gummibären

Dieser kleine Versuch lebt davon, dass er zu einem ekeligen Ergebnis führt – der Weg dorthin ist still und beschaulich. Man muss nämlich nichts anderes machen, als einen Gummibären (Farbe egal) in ein Glas Wasser werfen und es eine Nacht lang stehen lassen.

Das Ergebnis: Am anderen Morgen wird der Gummibär groß und schlabberig geworden sein und ziemlich unangenehm schmecken, weil ihn seine Geschmacksstoffe verlassen haben.

Selbst Gummibären eignen sich für Experimente. Für das hier beschriebene muss man nichts anderes besitzen als Geduld. Das Ergebnis aber ist erstaunlich!

Das wirklich Ekelige an dem ganzen Versuch ist die Erklärung dafür, warum der Gummibär dick und wabbelig wird. Er besteht nämlich aus Gelatine, die sich gerne mit Wasser vollsaugt. Und Gelatine wird aus nichts anderem gewonnen als aus Bindegewebe, das sich in der Haut und um die Knochen von Rindern, Schweinen und Geflügel befindet. Das heißt: Wer Gummibären isst, isst die Abfälle von toten Tieren – außer er kauft gelatinelose Bären, die es auch gibt.

Pupse entzünden

Mit diesem Experiment nähern wir uns einem jener Bereiche, der kleinen Jungs ganz besonders viel Spaß macht. Und zwar schon immer. So sind dem Autor die Kindheitserinnerungen seines Vaters sehr präsent. Der erzählt immer wieder gerne, dass es zu einem der eindrucksvollsten Experimente seiner Kindheit gehört habe, Pupse zu entzünden. Dazu hätten sich die Jungs in den Wald begeben, die Versuchsperson habe sich vorgebeugt, der Assistent ein Streichholz entzündet und der Leiter des Experiments die Anweisung gegeben, nunmehr zu pupsen. In vielen Fällen sei es gelungen, eine veritable Stichflamme zu produzieren, die bläulicher Färbung gewesen sei. Wer den Versuch nachmachen will, achte auf zweierlei:

- Es sind vor allem Kohl, Zwiebeln und Hülsenfrüchte *(Bohnen, Linsen, Erbsen)*, die besonders viele Pupse entstehen lassen.
- Vorsicht vor Verbrennungen. *Daher: Die Hose während des Experiments anbehalten!*

☛ Hintergrund für Wissbegierige

Während der Verdauung entsteht in unserem Magen und Darm ein **Gasgemisch.** Ein kleiner Teil davon entweicht durch den Po – in Form des sogenannten Pupses (lat. „Flatus“, was so viel bedeutet wie „der Hauch“ bzw. „das Schnauben“). Pupse bestehen aus Stickstoff, Kohlendioxid, Wasserstoff, Schwefelverbindungen und Methan. Letzteres ist in unserem Fall von besonderer Bedeutung, denn Methan ist brennbar; weil es leichter als Luft ist, steigt es auf; es verbrennt mit einer bläulichen Flamme. Das erklärt auch, warum die abgefackelten Pupse auf Englisch „blue angels“ genannt werden.

Rohe Eier

Spektakulär sind Experimente freilich nicht nur, wenn etwas auf eindrucksvolle Weise explodiert oder verbrennt, sondern auch dann, wenn eine erwartbare Katastrophe nicht eintritt. So zum Beispiel im vorliegenden Fall. Ein Sprichwort sagt bekanntlich, man solle etwas behandeln wie ein rohes Ei, weil es so zerbrechlich sei. Dabei sind rohe Eier extrem belastbar. Ein kleiner Versuch beweist das. Dazu braucht man:

- 2 Bauklötze *(ca. 10 cm hoch)*
- 1 rohes, unversehrtes Ei
- 1 Holzbrett
- etwas Knete

Daraus errichte man folgende kleine Brückenkonstruktion:

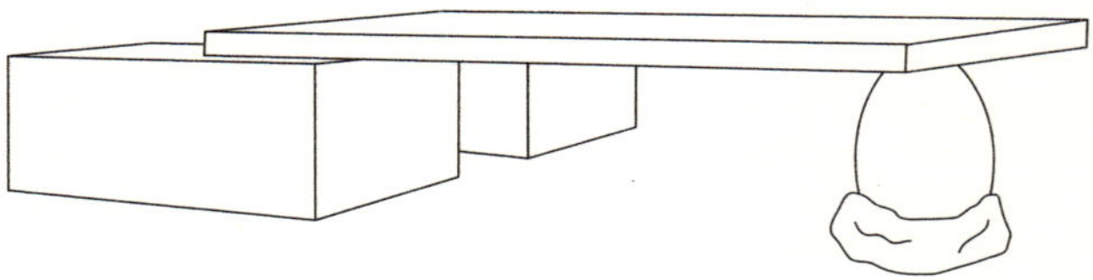

Eier gelten als zerbrechlich. Das stimmt nur bedingt. Wer weiß, wie man sie verwenden kann, wird sich wundern, was sie alles aushalten.

Aus der Knete einen Fuß für das Ei formen, damit es ganz gerade steht – nur so wird der Versuch erfolgreich sein.

Im nächsten Schritt gilt es herauszufinden, wie belastbar das rohe Ei ist. Einfach immer mehr schwere Dinge auf die kleine Brücke stapeln – entweder so lange, bis alle Beteiligten restlos begeistert sind (das Ei hält nämlich sehr viel Last aus) oder bis das Ei dann doch irgendwann zerbricht.

Der Grund für die Stabilität der Eierschale ist ihre Bogenform an den beiden Enden; sie trägt – vergleichbar einem Torbogen – einiges an Gewicht.

Jede Menge sehr spektakulärer Experimente

Auf keinen Fall nachahmen sollte man irgendeinen jener Aufsehen erregenden Versuche, wie man sie im Fernsehen verfolgen kann. Dort haben sich nämlich eine Reihe von Sendungen etabliert, in denen es darum geht, möglichst verrückten Fragen nachzugehen:

- Kann man zwei Kleinwagen der Marke *„Smart"* übereinanderstapeln und mit diesem Mini-Doppeldecker den Elchtest bestehen?

- Kann man mit ein paar Alligatoren ringen, und wenn ja, wie?

- Wie fühlt es sich an, wenn man seinen Slip mit Bienennahrung bestreicht und sich dann in die Nähe eines Bienenkorbes begibt?

- Was geschieht, wenn man einen Böller in eine Zugposaune steckt und ihn anzündet?

Wer diese Art von Experimenten zu schätzen weiß und wenn sichergestellt ist, dass keiner der Zusehenden auf die Idee kommt, sie nachzumachen, der gibt auf der Homepage von *www.youtube.com* am besten folgende Suchbefehle ein:

- **„Mythbuster"** (das ist eine Sendung des Discovery Channel, in der weit verbreitete moderne Mythen nachvollzogen und überprüft werden).

- **„Fifth Gear"** (das ist eine Sendung von Channel Five, in der es darum geht, allerlei absurde Versuche mit Autos anzustellen).

- **„Jackass"** (das ist eine sehr wilde Sendung von MTV, in der lauter Versuche angestellt werden, die haarsträubend gefährlich oder geschmacklos sind; nur für sehr gefestigte Charaktere).

Kleines Survivalkit für Papis

Neben einem Satz professioneller Werkzeuge, die in keinem Jungshaushalt fehlen dürfen, gibt es ein paar Dinge, die in jedem gut sortierten väterlichen Schreibtisch bzw. Schrank lagern sollten. Hier sind sie.

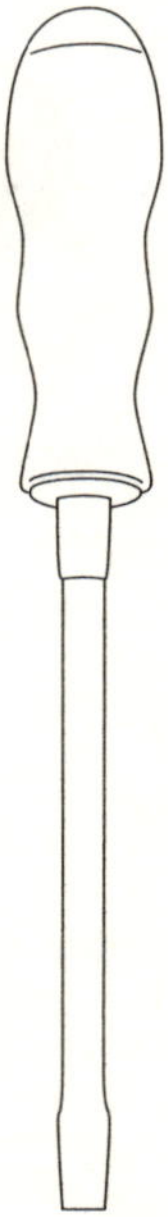

Ein Satz Micro-Schraubendreher, *wie sie von Uhrmachern verwendet werden; für das Öffnen von Fernbedienungsautos, Handys und ähnlichen Dingen*
Diverse Pinzetten *für das Entfernen von Splittern bzw. das Anbringen von Aufklebern auf winzigen Flächen*
Cutter *für das genaue Schneiden aller möglichen Materialien*
Schweizermesser und/oder Leatherman *für kleinere Reparaturen aller Arten, leicht transportabel*
Ein kompletter Satz Batterien *und zwar: 9-V-Block 6F22, Micro R3 (AAA), Mignon R6 (AA), Baby R15 (C), Mono R20 (D), Flachbatterie 3R12; alle natürlich in der wiederaufladbaren Variante; damit sind Sie für alle Eventualitäten gerüstet und können Fernbedienungen ebenso ausstatten wie Taschenlampen, digitale Rekorder, MP3-Player, Kassettenrekorder oder Baukräne; wer ganz auf Nummer sicher gehen will, sollte Aufladegeräte besorgen, die sich auch mittels Sonnenkollektor betreiben lassen*
Ein Erste-Hilfe-Kasten, *wie er sich in jedem Auto befinden muss; am besten einmal in einer ruhigen Minute den Inhalt begutachten und sich einprägen, was wofür gedacht ist*
Eine kleine homöopathische Notfall-Apotheke *(Globuli in der Potenz C 30; 5 Kügelchen alle zwanzig Minuten verabreichen) Arnica für mechanische Verletzungen der Weichteile, bei Stürzen, bei Blutungen, Nasenbluten, Schock; Bellis perennis bei Sportverletzungen, Schwellungen; Ledum bei Stichwunden, Insektenstichen, Prellungen, Bissen und blauem Auge*
Notrufnummer einprägen
112 (Deutschland)/144 (Österreich und Schweiz)

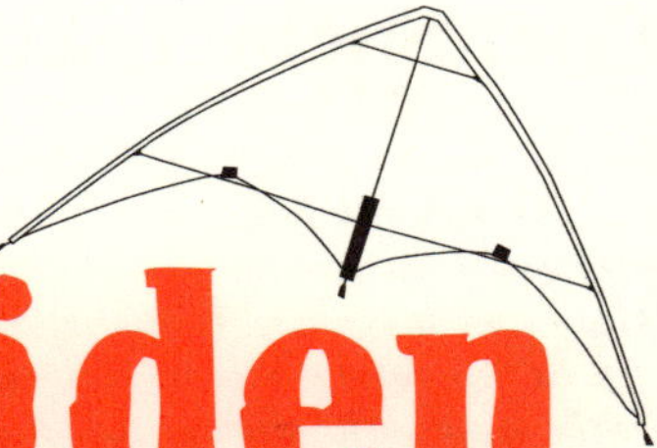

Die Fäden in der Hand halten

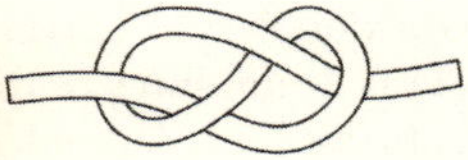

Über die Frage, wer im Leben von Jungs die **Richtung** vorgibt, wie man einen **Lenkdrachen** steuert und welche **Knoten** man kennen muss, wenn es darum geht, jemanden aus dem Wasser zu ziehen.

Auf der Suche nach dem eigenen Mut

Um sich zu vergewissern, dass sie es sind, die in ihrem Leben die Fäden in der Hand halten, unterwerfen sich Jungs gerne Mutproben. Wer sie besteht, kann sich und den anderen beweisen, dass er stark, durchsetzungsfähig und cool ist.

Im Grunde ist das ganz in Ordnung. Nur einige Jungs übertreiben die Sache ganz eindeutig. Es kann also durchaus lebensrettend sein, den jungen Herren klarzumachen, welche Mutproben vertretbar sind und welche die Bezeichnung „Schwachsinn" verdienen.

Mutigsein ist im Leben von Jungs ziemlich wichtig. Und das Umgehen mit der eigenen Angst auch. Ja, wenn man es genau bedenkt, besteht ein Großteil des Jungsdaseins aus der Suche nach dem richtigen Verhältnis zum Mut und zur Angst. Doch wie es finden?

Schwierige Sache, denn was wir unter *„mutig sein"* verstehen, hängt ganz von der Persönlichkeit des Einzelnen ab. Muss er sich überwinden, um etwas Bestimmtes zu tun? Oder fällt es ihm leicht? Während der eine nämlich mit den Zähnen klappert, wenn er dreißig Leuten etwas vorsingen soll, erfreut es den anderen, selbst wenn er falsch klingt. Und, so ist zudem zu bedenken, wie schätzen die anderen eine bestimmte Sache ein? Wer ein Käsebrötchen isst, wird damit kaum Aufmerksamkeit erregen, aber wer einen Regenwurm verspeist, über den wird man sagen *„mutig, mutig" (oder auch „Blödmann!", aber das ist eine andere Geschichte).* Und wer die Wahrheit sagt, die niemand hören will, wird damit ebenfalls auffallen.

Es gibt jede Menge Leute, die den Jungs dabei reinreden, was sie für mutig zu halten haben und was nicht. Da sind die Eltern, die sich dauernd um ihre Jungs sorgen *(„Sei vorsichtig, steig da nicht rauf!"),* da sind die anderen Jungs *(„Feigling, du traust dich nie!"),* da ist die innere Stimme der Jungs *(„Ich fürchte mich und schäme mich dafür"),* und da sind all die anderen unbekannten Stimmen, von denen wir nicht immer wissen, woher sie kommen *(„Jungs müssen mutig sein und kennen keinen Schmerz!").*

Ein klassisches Hilfsmittel, dessen sich Jungs bei der Suche nach ihrem Verhältnis zur eigenen Angst und zum eigenen Mut bedienen, sind Mutproben – vor allem in der Grundschule ist das ein Thema, wie Maria Limbourg und Kollegen in ihrer Untersuchung *„Mutproben im Jugendalter"* schreiben. Dabei geht es darum, irgendetwas, das in den Augen einer bestimmten Jungsgruppe gefährlich/verboten/ekelig/aufsehenerregend/peinlich ist, zu tun. Vor aller Augen. Und möglichst spektakulär. Wer sie besteht, macht allen deutlich: Ich bestimme, was ich mache.

Das ist prinzipiell in Ordnung. Denn wer dahinterkommen will, wo seine Grenzen sind, wie er sich in aufregenden Situationen bewährt und was er sich zumuten kann, der wird nicht drum rumkommen, manche Dinge auszuprobieren – zum Leidwesen der Eltern und oft auch zum eigenen.

Solange sich die Jungs der klassisch-harmlosen Mutproben bedienen, können wir das als *„charakterbildende Maßnahmen"* einordnen – wenn einem manches davon auch grenzwertig erscheinen und den Auftritt von Autoritätspersonen provozieren mag.

Zum echten Problem werden Mutproben erst dann, wenn sie in Vandalismus umschlagen oder wenn sich die Jungs selbst gefährden. So sterben in Deutschland alljährlich weit über 1.000 Jungs *(zwischen 10 und 20 Jahren)* an den Folgen eines Unfalls – viele von ihnen gehen auf Mutproben zurück. Man sollte nicht glauben, auf welche Ideen Jungs so kommen *(wenn man sich an die eigene Jugend erinnert, schon)*:

- auf Autos und S-Bahnen surfen
- auf dem Geländer einer Eisenbahnbrücke balancieren
- Autorennen im Stadtverkehr veranstalten
- einander in Ohnmacht versetzen
- eine Flasche Schnaps alleine austrinken
- in irgendwelche Gewässer springen
- irgendwelche Drogen ausprobieren
- kaum zugefrorene Eisflächen überqueren
- sich vor herannahenden Zügen auf die Schienen setzen und erst in letzter Sekunde weglaufen
- über stark befahrene Autobahnen laufen

All diese Projekte sind gefährlich – und doch dient jedes einem bestimmten Zweck. Den haben Maria Limbourg et al. erforscht und dabei herausgefunden, welche Art von Mutproben Jungs wie häufig unternehmen:

- Rund die Hälfte der Mutproben sind solche, bei denen es darum geht, die Angst vor Verletzungen und Schmerzen zu überwinden.
- Bei einem Fünftel geht es um die Übertretung von Gesetzen und Regeln.

ϟ Bei knapp einem Fünftel geht es darum, Ungewissheiten auszuhalten.
ϟ Und beim Rest geht es um soziale Ängste.
Das bedeutet, dass Jungs vor allem das Risiko eingehen, sich zu verletzen und mit dem Gesetz in Konflikt zu geraten, während Mädchen es meist als mutig betrachten, gegen Konventionen zu verstoßen.

Auch auf die Frage *„Was nun?"* wissen Maria Limbourg und Kollegen eine gute Antwort: Sie plädieren nicht dafür, den Jungs ihre Mutproben auszureden *(was ohnehin vergeblich wäre)*, sondern dafür, sie über die Risiken bestimmter Aktionen aufzuklären. So surfen Jungs zum Beispiel auf S-Bahnen, weil sie den Thrill suchen, gegen Vorschriften zu verstoßen – und ahnen nicht, dass ihnen die Stromabnehmer zur tödlichen Gefahr werden können.

Wie man sich aus gefährlichen Situationen rettet, ist ebenfalls ein wirksamer Schutz gegen die Liebe der Jungs zur Mutprobe – wenn schon heimlich übers dünne Eis gegangen werden muss, so sollte in den Tiefen des Jungsgedächtnisses abgespeichert sein, wie man sich retten könnte. Das sollten sie genau genommen in jedem Fall wissen – selbst wenn ihre Mutprobe darin besteht, dem bewunderten Mädchen aus der Parallelklasse endlich einen Brief zu schreiben.

☛ **Zu den klassisch-harmloseren Mutproben gehören Dinge wie**

- aufs Dach steigen und den First langlaufen
- Brennnesseln oder einen Weidezaun anfassen
- der Nachbarin ein rohes Ei in die Küche werfen
- ein Graffito an die Schulwand sprayen
- eine Spinne anfassen
- einen Finger in eine Flamme halten
- einen Hund so lange reizen, bis er wütend wird
- einen älteren und stärkeren Jungen zum Kampf herausfordern
- einen Regenwurm essen
- im Dunkeln ohne Taschenlampe und Handy durch den Wald gehen
- im Schwimmbad vom Zehner springen
- mit der Geisterbahn fahren
- mit der S-Bahn schwarzfahren
- nachts oder im Winter in einem See baden
- Obst vom Baum des bösen Nachbarn klauen
- sich eine Nadel in den Finger stechen
- sich in eine Diskothek einschleichen, obwohl man noch zu jung ist
- versuchen, sich abends im Kaufhaus zu verstecken und dort zu übernachten
- versuchen, im Internet eine Homepage zu hacken

Einen Drachen fliegen

Herkömmliche Drachen sind eckige Dinger, die man an einer langen Schnur in den Himmel steigen lassen kann, wenn genug Wind bläst. Das war es auch schon. Auf ihr Flugverhalten hat man kaum Einfluss. Wer freilich die Fäden wirklich in der Hand behalten will, der sollte sich einen Lenkdrachen besorgen. Denn wenn man über ein wenig Geschick verfügt, kann man ihn dazu bringen, eindrucksvolle Figuren zu fliegen.

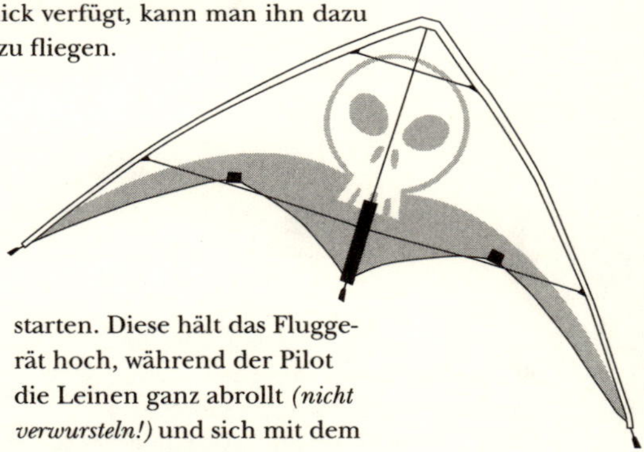

Im Gegensatz zu einfachen Drachen verfügen Lenkdrachen nicht bloß über eine, sondern mindestens über zwei Leinen, weshalb sie folgerichtig *„Zweileiner“* genannt werden *(es gibt auch sogenannte Vierleiner; die bieten noch mehr Möglichkeiten, den Drachen zu steuern).* Die klassischen zweileinigen Lenkdrachen sind an ihrem deltaförmigen Umriss zu erkennen.

Die zwei Leinen sind an den beiden Seiten des Fluggeräts angebracht; die eine wird mit der linken Hand festgehalten, die andere mit der rechten. Dabei hat man keine losen Schnüre zwischen den Fingern, sondern Griffe bzw. Handschlaufen.

Als Anfänger sollte man seinen Lenkdrachen mit der Hilfe einer zweiten Person starten. Diese hält das Fluggerät hoch, während der Pilot die Leinen ganz abrollt *(nicht verwursteln!)* und sich mit dem Rücken zum Wind stellt. Auf Kommando lässt der Helfer den Drachen los – vorher sollte man ihm klarmachen, dass er den Drachen keinesfalls hochwerfen soll! Er braucht ihn bloß loszulassen. Gleichmäßig an beiden Leinen ziehen, nötigenfalls ein paar Schritte zurückgehen, und schon startet der Drachen *(auch „Kite“ genannt).*

Ein wenig komplexer wird es, wenn es ans eindrucksvolle Figurenfliegen geht *(also ans eigentliche „Kiting“).* Dabei gilt:

Wie für viele andere Sport- und Freizeitvergnügen gibt es auch fürs Kiting jede Menge Homepages mit Tipps und Tricks und Bauanleitungen. Als Start für das einschlägige Studium empfiehlt sich beispielsweise drachenforum.net

kleinere Drachen sind wendiger, größere träger. Beginnt der Zweileiner zu fliegen, hält man erst einmal brav beide Hände horizontal nebeneinander und lässt ihn in die Luft steigen.

Steuern kann man seinen Drachen, indem man unterschiedlich stark an den beiden Griffen zieht und die Stellung der Hände variiert. Um ihn beispielsweise nach links fliegen zu lassen, zieht man leicht an der linken Leine; um ihn nach rechts zu dirigieren, rechts. An der grundsätzlichen Handhaltung ändert man nichts. Wenn man ein gewisses Gefühl für seinen Drachen bekommen hat, kann man damit beginnen, Figuren zu fliegen. Und zwar Loopings, Achter *(liegende oder stehende)*, Rechtecke, Sturzflüge.

Wer sein Fluggerät wieder landen will, kann folgenderweise vorgehen *(es gibt noch eine andere, etwas schwierigere Variante)*: Bewegen Sie Ihre beiden Hände auf eine Seite, bis sie übereinanderliegen *(so, als ob Sie mittels eines Lenkrads eine enge Kurve fahren wollen)*; der Drache wird auf die Seite fliegen. Anschließend schieben Sie die obere Hand in Richtung des Drachens, während die untere stabil bleibt. Um das Landen zu beschleunigen, können Sie ein paar Schritte auf den Drachen zu machen – und schon haben Sie ihn wieder auf dem Boden.

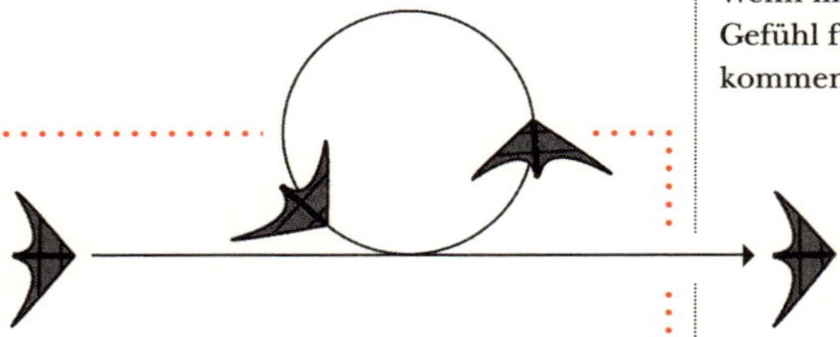

☛ So fliegt man Loopings

Dazu muss man nichts anderes machen, als kräftig an einer der beiden Schnüre zu ziehen (je nachdem, nach welcher Seite der Drachen den Looping fliegen soll) und die entsprechende Hand in der angezogenen Position zu belassen. Das Resultat: Der Zweileiner wird sich um die eigene Achse drehen.

Die Drehung beendet man wieder, indem man seine beiden Hände wieder parallel und horizontal nebeneinander hält. Wer jetzt denkt *„Beim Looping verdrehen sich aber die Leinen"* hat recht – beim Looping verdrehen sich tatsächlich die Leinen. Das macht aber nichts, der Drachen bleibt weiter lenkbar; man kann ruhig ein paar Loopings in eine Richtung drehen, ohne dass etwas passiert. Man sollte anschließend nur genau so viele Loopings auf die andere Seite drehen, damit sich die Leinen wieder entwirren.

Einige wirksame und einige weniger wirksame Drohungen

Manchmal nützen alle Argumente nichts mehr, um sich gegen andere durchzusetzen; da hilft nur mehr eine gezielte Drohung. Doch Obacht! Nicht jede Phrase eignet sich gleichermaßen, um den anderen einzuschüchtern. Eine kleine Liste als Anregung für die eigene Sammlung starker Sprüche.

Vage Drohungen – eher weniger wirksam

- Du, du, du!
- Gleich bist du fällig!
- Gleich ist der Ofen aus!
- Gleich kracht's!
- Gleich rappelt's im Karton!
- Ich drehe dir gleich den Suppenschlauch zu!
- Keine Mätzchen hier!
- Na warte!
- Noch so'n Ding – Augenring!
- Noch so'n Spruch – Kieferbruch!
- Noch so'n Ton – Intensivstation!
- Riech mal an dieser Faust! Riecht nach Verwesung resp. Friedhof!
- Ruck, zuck ist die Fresse dick!
- Zieh Leine!
- Zisch ab!

Konkrete Drohungen – schon etwas wirksamer

- Das sage ich deinem Papa!
- Das sage ich der Lehrerin!
- Du bist nicht mehr mein Freund!
- Du spielst nie wieder in meiner Mannschaft!
- Gleich kommt Papi!
- Ich erzähle dir nie mehr ein Geheimnis!
- Ich hab dich nicht mehr lieb!
- Ich hole gleich meinen großen Bruder!
- Isch mach disch Krankenhaus, Alter!
- Vorsicht, ich habe den schwarzen Gürtel!

Drohungen mit Bildungshintergrund – nur was für Eingeweihte

- „Franezki, wir hauen dich butterweich und schmieren deine Gebeine an unsere Latschen, du Made!" *Janosch, Der harte Kampf gegen die Gurkensack-Bande*
- „Ich bin gefürchtet waldaus, waldein/Geh hinter mir, dann zeig ich's dir:/Alle Tiere im Wald haben Angst vor mir." *Scheffler/Donaldson, Der Grüffelo*
- „Leg sofort das Ding zurück, sonst kracht es!" *Pixar, Monster AG*
- „Süßes – sonst gibt's Saures!" *Halloween*
- „Wenn du es nicht tust, so fresse ich dich!" *Brüder Grimm, Der Wolf und die sieben Geißlein*
- „Wenn ich aber wieder etwas hören sollte, dann werde ich handgreiflich." *Erich Kästner, Pünktchen und Anton*
- „Wenn Sie bis neunhundertneunundneunzig gezählt haben, dürfen Sie meinetwegen um Hilfe rufen. Aber nicht einen Augenblick früher, das sage ich Ihnen! Sonst können Sie was erleben! Verstanden?" *Otfried Preußler, Der Räuber Hotzenplotz*
- „Wird's bald?" *A. A. Milne, Pu der Bär*

Acht wichtige Knoten und wozu sie dienen

In vielen Handbüchern findet man erklärt, wie man bestimmte Knoten knüpft. Nur ein entscheidender Hinweis fehlt in den meisten Fällen: Welcher Knoten kann was am besten? Hier eine kleine Knotenkunde samt Verwendungszweck.

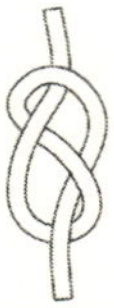
Achtknoten

Ankerstich

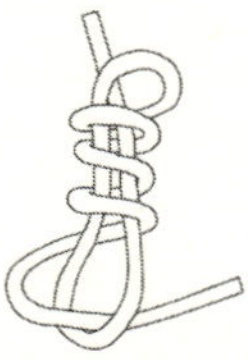
Franziskanerknoten

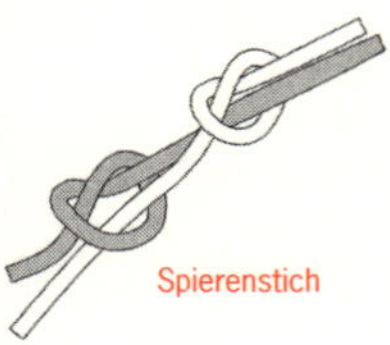
Spierenstich

Durchrutschen verhindern. Wer ein Seil daran hindern will, durch eine Öse zu rutschen, der schlingt um dessen Ende einen simplen *Achtknoten*. Fertig.

Baumaterial hochheben. Wer eben dabei ist, ein Baumhaus zu bauen, und das Baumaterial hochheben will, der muss wissen, wie man einen *Ankerstich* schlingt. Dieser einfache Knoten hat den entscheidenden Vorteil, dass er sich unter dem Gewicht der Last selbst zuzieht – und anschließend problemlos wieder öffnen lässt.

Eine Wurfleine basteln. Wer anderen gezielt eine Schnur zuwerfen will, sollte lernen, wie man einen *Franziskanerknoten* bindet. Damit kann man das Seilende mit einem Gewicht versehen, was das Werfen deutlich erleichtert *(daher auch: Wurfknoten genannt).* Weitere Einsatzmöglichkeit dieses Knotens: Wem bei seiner Jacke der Stopperknopf des Kapuzenbändchens verloren gegangen ist, kann ebenfalls diesen Knoten verwenden *(den übrigens die gleichnamigen Ordensleute dazu nutzten, die Enden jener Kordeln zu verknoten, die ihnen als Gürtel dienten).*

Ein gerissenes Seil neu knoten. Wer eine gerissene Angelschnur oder das durchtrennte Seil, mit dem die Schaukel im Obstbaum befestigt war, neu knoten will, ist mit dem *doppelten Spierenstich (auch bekannt als doppelter Fischerknoten)* gut beraten. Er eignet sich bestens dazu, gleich dicke und glatte Schnüre fest miteinander zu verbinden.

Hunde an die Leine legen. Wer einem Hund eine provisorische Leine umlegen will, muss wissen, wie man einen *Palstek* knotet. Der hat den entscheidenden Vorteil, dass er sich nicht zuzieht, wenn man dran zieht *(andernfalls würde man dem Hund die Luftröhre zudrücken)*; außerdem ist dieser Knoten jederzeit leicht zu lösen. Ein anderer Verwendungszweck: Mit einer mittels *Palstek* gebildeten Schlinge kann man jemand aus dem Wasser ziehen *(daher wird der Knoten auch Rettungsschlinge genannt).*

Verschieden dicke Seile verknüpfen. Wer aus mehreren kurzen Seilen, die alle verschieden dick sind, ein langes knüpfen will, muss dazu den *Schotstek* beherrschen.

Drachen bzw. Kreuz basteln. Wer zwei Stöcke so miteinander verbinden will, dass sie in Form eines Kreuzes fixiert werden, der muss (so er keinen Nagel zur Hand hat) den *Transom-Knoten* knüpfen können.

Schnell etwas festbinden. Wer nur rasch eine Plastiktüte an einen Ast hängen und den Knoten mit einer Handbewegung wieder lösen will, der liegt mit dem *Slipstek* richtig. Keinesfalls für dauerhaftes Festmachen von Dingen geeignet.

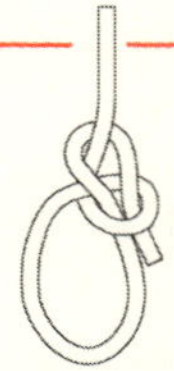
Palstek

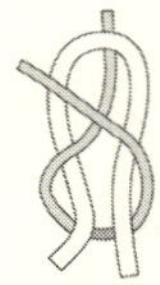
Schotstek

Transom-Knoten

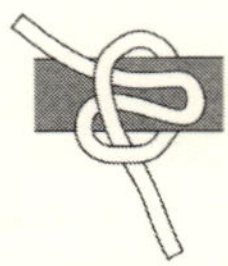
Slipstek

☛ **Hinweis**

Hier noch zwei kleine nützliche Nachbemerkungen für alle Jungs, die es genauer wissen wollen.

Es sind vor allem **Angler, Feuerwehrleute, Kletterer, Pfadfinder, Seeleute** und **Taucher,** die in Sachen Knoten besonders gut Bescheid wissen.

Und als Standardwerk in Sachen Knoten kann **„Das Ashley-Buch der Knoten"** (Edition Maritim) gelten. Es dokumentiert über 3.800 Knoten und wurde von **Clifford W. Ashley** nach elfjähriger Arbeit im Jahr 1944 vollendet. Ashley war Seemann und Künstler und starb 1947.

Das wilde Wochenende

Kaum nähert sich das Wochenende, sehen sich viele Väter mit stets derselben Frage konfrontiert: Was mit den Jungs unternehmen, das ihnen ebenso viel Spaß bereitet wie einem selbst? Hm. So viele Möglichkeiten gibt es nicht, selbst in Städten mit großem Freizeitangebot. Dabei liegt die Antwort sehr nahe. Sie lautet: auf in die Natur! Und zwar richtig! Hier die Details zu einem Wochenende, über das noch lange gesprochen werden wird.

Darum geht es. Schnappen Sie sich die Jungs und verbringen Sie mit ihnen zwei Tage in der freien Natur. Inklusive Übernachtung in einem improvisierten Lager! Unterwegs stehen jede Menge eindrucksvoller Dinge auf dem Programm. Einziger Nachteil: Die Jungs wollen diese Expedition womöglich wiederholen.

Was Sie vorab bedenken sollten. Und zwar, was Sie den Jungs und sich selber zumuten wollen. Je nachdem, wie gut sie sich vorbereiten und für welche Art des Nachtlagers Sie sich entscheiden, können Sie ein rundum abgesichertes Wochenende verleben – oder aber ein echtes Abenteuer, bei dem es geschehen kann, dass Sie in stressige Situationen geraten.

☛ **Juristische Details**

§

Stichwort **„Übernachten in freier Natur“**. Wenn Sie mit Ihren Jungs in der Natur verschwinden wollen, dann können Sie theoretisch überall Ihr **Zelt aufschlagen**. Explizit verboten ist das nicht. Aber weil die Wiese oder der Berg, auf dem Sie campieren wollen, irgendjemandem gehört, müssen Sie deren Besitzer **um Erlaubnis fragen**, damit Sie auf der sicheren Seite sind.

Ein wenig anders verhält es sich mit dem **Biwakieren** – das unterscheidet sich nicht nur begrifflich, sondern auch juristisch vom Zelten. Das wird nämlich in der Regel überall **„geduldet“**, wie die Jungs vom Alpenverein schreiben. Unter Biwakieren versteht man, dass man sich für eine einzige Nacht in einer notdürftig errichteten Unterkunft zum Schlafen hinlegt. Das heißt, man muss auf ein ordentliches Zelt verzichten und stattdessen in den **Biwaksack** schlüpfen *(also in den Regen abweisenden Überzug des Schlafsacks)* oder *(noch karger)* in Klamotten auf einer einfachen Isomatte schlafen. Doch Obacht! Das oben Gesagte gilt nicht fürs Übernachten im Wald. Dort ist nämlich sowohl das Campen als auch das Biwakieren verboten *(es sei denn, Sie fragen den Förster, ob er es erlaubt)*.

Vorbereitung

■ Sehen Sie sich in der näheren Umgebung Ihres Wohnortes um und kundschaften Sie aus, wo Sie zwei Tage lang mit Ihren Jungs unterwegs sein könnten. Ein Fluss, ein Berg und ein Wald sollten in der Region vorhanden sein. Ziehen Sie das Internet und einen Wanderführer zu Rate, welche Besonderheiten die Gegend hat.

■ Nehmen Sie das Auto, um dorthin zu gelangen – ja, es gibt jede Menge guter Gründe, mit der Bahn zu fahren, aber Sie müssen nicht gleich beim ersten Outdoor-Abenteuer alle Register ziehen. Vielleicht brauchen Ihre Jungs überraschenderweise einen vertrauten Zufluchtsort – und den sollten Sie Ihnen bieten können.

■ Es reicht für den Anfang, wenn Sie am Nachmittag loslegen und die Rückkehr für den nächsten Nachmittag anpeilen; Schulkinder sind durchaus in der Lage, eine Tagestour zu unternehmen.

■ Besuchen Sie im Rahmen der Vorbereitungen den lokalen Spezialisten für Survival-Ausrüstung *(z. B. „Globetrotter“).* Allein dieser Nachmittag mit Ihren Jungs wird schon ein

☛ Übernachten für Vorsichtige

Wenn Sie es gerne gemütlich und legal und dennoch aufregend haben, dann machen Sie am besten Folgendes:

■ Vergessen Sie das Zelt und **biwakieren** Sie.
■ **Fragen Sie den Besitzer der Wiese,** auf der Sie übernachten wollen, ob Sie das eine Nacht lang machen können; er wird es Ihnen in der Regel erlauben. Muss es unbedingt der Wald sein, dann fragen Sie den Förster, ob Sie dürfen. Aber bedenken Sie, dass Sie es mit Wildschweinen zu tun bekommen könnten.
■ Übernachten Sie **nicht allzu weit von Ihrem Auto entfernt,** damit Sie in Notsituationen (Regen, Angstattacken, Sehnsucht nach ein bisschen Komfort) auf den Liegesitzen schlafen können (ist immer noch aufregend genug).
■ Wenn Sie es kuscheliger haben wollen, ersetzen Sie das Biwak durch ein kleines Zelt.

☛ Übernachten für Mutige

■ Fragen Sie **niemanden**.
■ Parken Sie Ihr **Auto** weiter entfernt.
■ Suchen Sie sich einen geschützten und gut **verborgenen Platz** auf einer Wiese bzw. im Gelände und stellen Sie Ihr Zelt auf.
■ Machen Sie sich darauf gefasst, dass irgendein Herr auftaucht, der ihnen klarmachen will, dass das nicht geht. Haben Sie gute **Argumente** dafür, dass Sie dennoch bleiben werden.
■ Wenn Sie im Wald übernachten wollen, dann prüfen Sie vorher unbedingt, ob **Jagd-Saison** ist! Wenn ja, lassen Sie es bleiben, es kann richtig gefährlich werden. Denken Sie außerdem an die Wildschweine.

ziemlicher Spaß werden, denn in diesen Läden gibt es Dinge, die jedes Jungsherz höherschlagen lassen *(Klapp-Spaten, Trinkwasseraufbereitungsapparate, GPS-Geräte, Messer).*

Was Sie unterwegs so machen können

■ *Kochen*

Eigenartig! Selbst wenn Sie auf dem winzigen Gascampingkocher nur eine Fertigsuppe oder einen mitgebrachten Eintopf warm machen, wird es allen tausendmal besser schmecken als zu Hause. Also: größeres Picknick einplanen.

■ *Feuer machen*

(siehe auch Seite 73ff.) Auch so eine Sache, die romantisch klingt, über die man aber kurz nachdenken sollte. In Deutschland ist das Feuermachen im Wald und in Schutzgebieten verboten, sagt der DAV, ansonsten möge man regionale Regelungen beachten. Es führt also kein Weg dran vorbei, sie zu recherchieren. Wenn Feuermachen möglich ist, sollte es ein

☛ **Ausrüstung** (je nach Bedarf)

- ❑ Wanderkarte der Umgebung
- ❑ Kompass bzw. GPS
- ❑ Handy
- ❑ Pflanzen- und Tierbestimmungsbuch (Sie wollen ja mit Wissen vor Ihren Jungs glänzen)
- ❑ Notapotheke
- ❑ Trillerpfeife (für die Jungs, zum Wiederfinden)
- ❑ Leatherman (Minitool)
- ❑ festes Schuhwerk (sollte die Knöchel stützen)
- ❑ Regenklamotten
- ❑ Fleece-Pulli
- ❑ Plastiktüte (für einen improvisierten Regenschutz)
- ❑ Ersatzwäsche für etwaige Unfälle
- ❑ Mütze
- ❑ Handschuhe
- ❑ Creme
- ❑ Sonnenbrille, -hut, -creme (sommers)
- ❑ Insektenschutz (Zecken?)
- ❑ Fotoapparat
- ❑ Fernglas
- ❑ Dosenlupe
- ❑ langes, starkes Seil
- ❑ Zelt (Igluzelt; leicht, schnell aufzubauen, gute Belüftung, z.B. „Robens Lemon Light")
- ❑ Schlafsack
- ❑ Biwaksack
- ❑ Isomatte
- ❑ Gascampingkocher (ev. Ersatzgaskartusche)
- ❑ Alutopf
- ❑ Besteck, Teller, Becher
- ❑ Feuerzeug
- ❑ Taschenlampe (am besten Stirnlampe, damit man die Hände frei hat)
- ❑ Taschenmesser
- ❑ Angelschnur und Haken
- ❑ Proviantdose mit Verpflegung
- ❑ Trinkflasche
- ❑ Notproviant (Müsliriegel, Nüsse, getrocknetes Obst, Knäckebrot)
- ❑ ausreichend Wasser in Plastikflaschen (wenn die Jungs körperlich aktiv sind, sollen sie in drei Stunden einen Liter trinken)

Fuchs

Fixpunkt Ihres Wochenendes sein, vor allem mit beginnender Dämmerung. Dabei kann man einen *Knüppelkuchen* bzw. ein *Stockbrot* machen *(siehe Kasten rechts)*

■ *Etwas spielen*
Frisbee, Badminton, Boule, Verstecken

■ *Etwas beobachten*
Insekten, Vögel, Tiere, ferne Geschehen, Sterne am Nachthimmel

■ *Wo hinaufklettern*
Auf Bäume, auf einen Hochsitz im Wald

■ *Etwas suchen*
Tierspuren, Stille, eine Blindschleiche bzw. Kaulquappen

■ *Etwas fangen*
Insekten – und sie mit der Dosenlupe studieren; Fische mittels einer einfachen Angelschnur

■ *Etwas bauen*
Hütte aus Stöcken und Ästen, Brücke über einen kleinen Fluss, ein Floß aus ein paar Baumstämmen, Schaukel an einem Baum *(siehe rechts)*

■ *Einfach da sein*
In den Himmel schauen, gemeinsam ein Lied singen

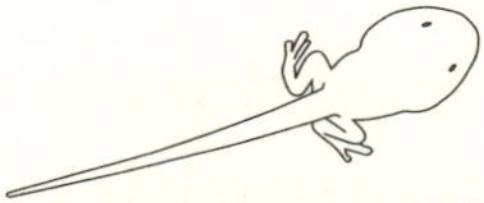

Kaulquappe

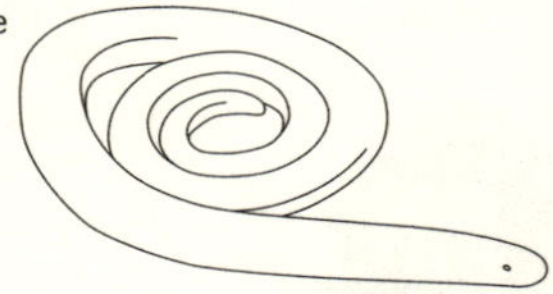

Blindschleiche

☛ Knüppelkuchen

Aus dem Teig Würste rollen und um die Spitze eines Stocks wickeln; diesen über die Glut, aber nicht über die Flamme halten, Stock langsam drehen; das Brot ist fertig, wenn es eine goldgelbe Farbe bekommt; ein Rezept plus Tipps finden Sie z. B. bei www.chefkoch.de – Stichwort „Stockbrot".

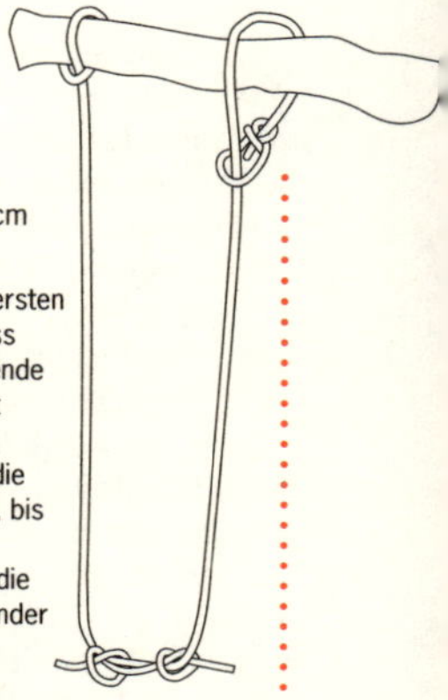

☛ Bauanleitung
für eine Schaukel

Dazu braucht man 2 Seile mit ca. 1,5 cm Durchmesser und ca. 3 m Länge.

Einen Palstek-Knoten in das Ende des ersten Seils machen (siehe Seite 163), so dass eine kleine Schlaufe entsteht; das Seilende mit dem Knoten über einen starken Ast werfen, Knoten bis zum Boden hängen lassen, anderes Ende des Seils durch die Schlaufe fädeln, am losen Ende ziehen, bis sich der Knoten am Ast zuzieht. Das Gleiche mit dem zweiten Seil machen; die beiden Seile sollten ca. 60 cm voneinander entfernt herabhängen. Nunmehr die beiden herabhängenden Seilenden mit einem doppelten Spierenstich (siehe Seite 162) zusammenknoten. Draufsetzen. Schweben …

Ignorieren, darüber lachen oder unfreundlich werden

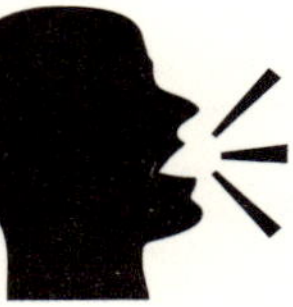

Da müssen wir dabei zusehen, wie unsere Jungs sich durch die Beleidigungen anderer Jungs aus der Ruhe bringen lassen. Und dann aus lauter Hilflosigkeit den anderen auf die Nase hauen wollen. Was tun? Wie wäre es mit ein paar rhetorischen Tricks? Sie versetzen unsere Jungs in die Lage, die Fäden wieder in die Hand zu nehmen.

- Klipp und klar sagen, dass man solche unverschämten Dinge nicht hören will. Dabei ganz ruhig bleiben *(auch wenn man sich sehr ärgert).* Immer *„ich"* sagen: *„Ich will das nicht hören!"*
- Dem anderen sagen, dass man nichts mehr mit ihm zu tun haben will, wenn er so weitermacht. Und dass man weiß, dass das die eigenen Freunde auch so sehen.
- Nachfragen, was eigentlich los ist. Warum der andere meint, einen beleidigen zu müssen? Ob irgendetwas geschehen ist, bei dem man ihm helfen kann?
- So tun, als ob man nichts gehört hat, und einfach von etwas anderem reden. *(Das kann aber zur Folge haben, dass der andere glaubt, weitermachen zu können; er versteht das Schweigen als Aufforderung.)*
- Sagen, dass man sich um den anderen Sorgen macht, und fragen, warum er sich so schrecklich aufregen muss. Ihn vielleicht ein bisschen bemitleiden oder beruhigen.
- Einfach darüber lachen und sich weigern, auf den Kinderkram einzusteigen.
- Sich ein paar sehr gute Schimpfwörter ausdenken, die der andere noch nie verwendet hat (*„Du Quastenflosser!"*). Und sie ganz ruhig anwenden.
- Dem anderen sagen, dass man seine Beleidigungen noch etwas schwach findet. Ob ihm nichts Besseres einfällt. *(Auch nicht ganz ungefährlich, weil das den anderen erst recht dazu bringen kann, ausfällig zu werden.)*
- Aufstehen, weggehen und den anderen einfach sitzen lassen.
- Mit ein paar coolen Jungs etwas Cooles unternehmen.
- Beim nächsten Fußballspiel der Mannschaft des anderen eine empfindliche Niederlage zufügen.
- In Erwägung ziehen, dass man dem anderen, wenn alles nichts nützt, in einem unbeobachteten Augenblick auf die Nase hauen könnte, wie es der *„kleine Nick"* gerne tut. Oder vielleicht doch lieber nicht?

Schweres Gerät

Es gehört zu jenen Dingen, die Jungs einmal in ihrem Leben gemacht haben müssen: sehr große und sehr eindrucksvolle Maschinen steuern und bedienen. Hier zwei Möglichkeiten mit jeder Menge schwergewichtiger Argumente.

☛ 1. Baggern, schaufeln, heben und abladen

Selbst kurze Fußwege dauern mit kleinen Jungs deutlich länger, wenn man unterwegs an einer Baustelle vorbeikommt. Es ist des Staunens kein Ende, wenn sich die Herren in den coolen Overalls auf eine Maschine schwingen und mit höchster Präzision einen Schacht ausheben. Baggerführer ist demnach auch ein häufig geäußerter Berufswunsch in diesem Alter. Diese Vorliebe für schweres Gerät verliert sich zwar nie, die Ausflüge zur nächstgelegenen Baustelle werden freilich seltener; nicht ohne Grund ist die Figur des *„Baumeister Bob“* vor allem bei Vorschuljungs besonders beliebt.

Wer seine Jungs einmal wirklich beeindrucken will *(und sich nebenbei einen lange gehegten Wunsch erfüllen)*, indem er sich selber ans Steuer einer Baumaschine setzt, der muss zum Beispiel nur nach Essen fahren und zwar in den ***„Blue Site Park“***. *„Tob Dich aus!“* haben die Chefs dieses sehr speziellen Veranstaltungsorts ihre Eigenwerbung überschrieben. Und bieten dann folgende Möglichkeiten an: Man könne bei ihnen

- ■ mit dem selbst beladenen **Dumper** *(wer jetzt fragt, was das sei, ist hier falsch!)* herumfahren und ihn wieder entladen *(na gut, es ist ein anderes Wort für Muldenkipper, siehe Abbildung oben)*.
- ■ einen **Kran** steuern und versuchen, irgendwelche Dinge aus 30 Meter Höhe exakt zu versenken
- ■ mit Hilfe eines **Baggers** einen Muldenkipper beladen
- ■ mittels eines **Radladers** ein wenig Baumaterialien herumschaufeln.

Wer bereits bei dieser andeutungsweisen Schilderung der Aktionsmöglichkeiten auf dem Essener Gelände unruhig wird, der sollte sich auf den Weg machen. Abschließend gibt es noch ein *„Sitemaster Diplom“* mit einem dreigliedrigen Qualifikationsnachweis. Zum Herumzeigen in der Jungsgruppe. Natürlich gibt es eine lange Reihe weiterer Möglichkeiten zu umfangreichen Erdarbeiten, so zum Beispiel im *„Bagger-Park-Emsland“*, im *„Baggerland“* in Herzfelde bei Berlin, auf dem *„Männerspielplatz“* bei Kassel oder gar im Rahmen eines *„Baggerurlaubs“* im Saarland. Manche Veranstalter bieten auch ein *„Wettbaggern“* zwischen großen und kleinen Jungs – die einen müssen ihren Job mit einem 20-Tonner bewältigen, die anderen mit einem Minibagger.

Nur für den Fall, dass jemand sein berufliches Leben mit dem Bewegen großer Mengen von Erde zubringen will: Die entsprechende Berufsbezeichnung lautet *„Erdbaumaschinenführer“*.

☛ 2. Abheben und bruchlanden

Das Äquivalent zum schweren, erdgebundenen Gerät ist das Flugzeug, tunlichst eine sehr große *Boeing* oder ein ebensolcher *Airbus*. Weil man aber große Jungs, auch wenn sie noch so eifrig bei der Sache sind, kaum ins Cockpit eines realen Jumbos lassen wird, bietet sich als Ersatz ein Flugsimulator an. Aber was heißt hier schon Ersatz!

So kann man beispielsweise im ZFB *(dem „Zentrum für Flugsimulation Berlin")* erleben, wie sich ein Airbus A330-322 *(D-AERQ)* oder Airbus A340-311 *(D-AIGA)* fliegt – und zwar unter professionellen Bedingungen *(keine Mindestalterbeschränkung; schon Dreijährigen macht es Spaß, auf dem Schoß zu sitzen und mitzufliegen; selbst fliegen können die Jungs von dem Moment an, da sie mit den Beinen die Pedale erreichen, also frühestens ab zehn Jahren)*. Denn der Berliner Flugsimulator ist kein billiges Jahrmarktvergnügen, sondern eine professionelle Einrichtung, wofür schon der Standort am Institut für Luft- und Raumfahrt der Technischen Uni Berlin sorgt; es befindet sich unweit des Flughafens Berlin-Schönefeld. Gefördert wurde die Errichtung u.a. durch die Bundesregierung und die Lufthansa, die den Simulator für das *„Flight Training"*, wie es unter Piloten heißt, einsetzt.

Das Schöne an der simulierten Realität ist ja, dass nichts schiefgehen kann. So schreibt das ZFB auch unbekümmert, man müsse keine fliegerischen Vorkenntnisse haben, um mit seinem virtuellen Airbus eine Bruchlandung hinzulegen. Wer für dieses Erlebnis besondere Destinationen vorzieht, der kann sie frei wählen, denn der Simulator bietet rund 80 verschiedene Flughäfen und Szenen an. Ob man lieber durch die Welt fliegt oder das Starten und Landen übt, das ist den aufgeregten Jungs hinter dem Steuer überlassen.

Wer vorher schon ein wenig üben will oder wem die Reise nach Berlin zu beschwerlich ist, der kann sich mit *„Google Earth"* vergnügen, jener kostenlosen Software, mit deren Hilfe man sich die gesamte Oberfläche unseres Planeten ansehen kann – inklusive des eigenen Hauses und des im Vorgarten herumstehenden Autos. In diesem beliebten und detailreichen Programm haben die Software-Entwickler einen Flugsimulator versteckt. Ein findiger Student aus Kapstadt hat ihn entdeckt und verraten, wie man ihn startet. Take off.

So startet man den versteckten Flugsimulator in „Google Earth"

Windows

■ Die Tastenkombination „Strg-Alt-A" drücken.

■ Manchmal muss man auch „Strg-A" oder „Strg-Windows-A" drücken.

Apple

■ Die Tastenkombination „Ctrl-Apfel-A" drücken (vor dem Start die Darstellung in die Horizontale kippen).

Kleines Lob der wiederkehrenden Dinge

Wer danach fragt, was Jungs heutzutage lernen müssten, der bekommt zur Antwort: fit sein für alles Unbekannte! Nur wer in der Lage sei, sich ständig anzupassen, könne erfolgreich sein; wer hingegen zu lange an Bekanntem festhalte, der sei schon verloren!

Das ist natürlich ganz großer Mist. Zwar muss jeder von uns zusehen, dass er Schritt hält mit der Zeit, aber dazu braucht er eine verlässliche Basis, die ihm Halt und Sicherheit gibt. Und genau die liefern ihm Rituale. Die zeichnen sich nämlich dadurch aus, dass wir sie in- und auswendig kennen und dass wir wissen, wann wir was zu machen haben. Hier eine kleine Revue der wiederkehrenden Dinge und wozu sie dienen.

Das Leben ist (auch) ein langer ruhiger Fluss, denn trotz aller täglichen Aufregungen gibt es während des Jahresablaufs einige Fixpunkte, die mit absoluter Sicherheit wiederkehren: Weihnachten, Ostern, Halloween, Fasching, der große Sommerurlaub am Meer. Wir wissen, wann die Ereignisse stattfinden, und wir wissen, wie wir sie gemeinsam begehen werden: Wir setzen uns eine Pappnase auf, backen Plätzchen, gehen um Mitternacht in die Kirche und nerven so lange unsere Nachbarn, bis sie mit den Süßigkeiten herausrücken. Am Beispiel von Halloween kann man übrigens sehr gut sehen, dass Rituale manchmal nur ein paar Jahre brauchen, um sich durchzusetzen.

Ich halte die Fäden in der Hand, denn ich weiß, was jeden Tag von neuem auf mich zukommt. Zum Beispiel morgens und abends gemeinsam mit den anderen essen *(inklusive der ritualisierten Ermahnungen, nicht zu lümmeln und anschließend das Geschirr wegzutragen).*

Ich weiß, dass gewisse Dinge wichtig sind, weil wir sie mit großer Beständigkeit jeden Tag machen. Zum Beispiel abends vor dem Zubettgehen lesen. Inklusive anschließenden Kuschelns und Noch-ein-bisschen-was-Erzählen, wenn das Licht schon abgedreht ist.

Mein Leben hat einen Sinn, denn viele andere Menschen machen es wie wir und feiern den Gottesdienst oder kommen zusammen, um sich zu besinnen – wie immer das im konkreten Fall auch aussehen mag.

Ich kann mich auf meine Leute verlassen, denn wir machen in bestimmten Momenten immer das Gleiche. Wenn es zum Beispiel Krach gegeben hat, gibt es anschließend das Ritual, den Ärger vom Balkon zu werfen, als sei er ein Ding, das man anfassen kann.

Wir gehören zusammen, denn wir haben gemeinsam ein paar Rituale entwickelt. Zum Beispiel das, in den Sommerferien jeden Abend ein Lagerfeuer zu errichten und dazu Lieder zu singen *(wie zum Beispiel die Pfadfinder)* oder uns vor schwierigen Aufgaben an den Händen zu fassen oder einander erst zu fragen *„Können wir es schaffen?“*, um dann zu rufen: *„Yo, wir schaffen das!“ (wie Baumeister Bob).*

Ich weiß, was ich tun muss, denn es gibt in bestimmten Situationen ganz klare Rituale *(oder Regeln).* Das beginnt bei dem Ritual, einander zur Begrüßung die rechte Hand zu geben *(womit man dem anderen früher einmal zeigte, dass man unbewaffnet war),* und endet mit dem Fall, dass ein Haustier oder gar ein Mensch stirbt *(eine Situation, für die unsere Gesellschaft eine Reihe von Ritualen entwickelt hat)*.

Ich zeige jemandem, dass er mein Freund ist, weil ich ihn auf eine ganz bestimmte Weise begrüße *(High Five)* oder weil wir erst mal einen Spezialtrank aus Cola, Fanta und irgendetwas Geheimnisvollem brauen, um ihn anschließend zu trinken.

Und zeige, dass ich Mitglied einer total geheimen Gruppe bin, weil ich ein paar total geheime Rituale kenne, die nur hinter verschlossenen Türen gemeinsam mit den anderen durchgeführt – und daher hier nicht verraten – werden dürfen!

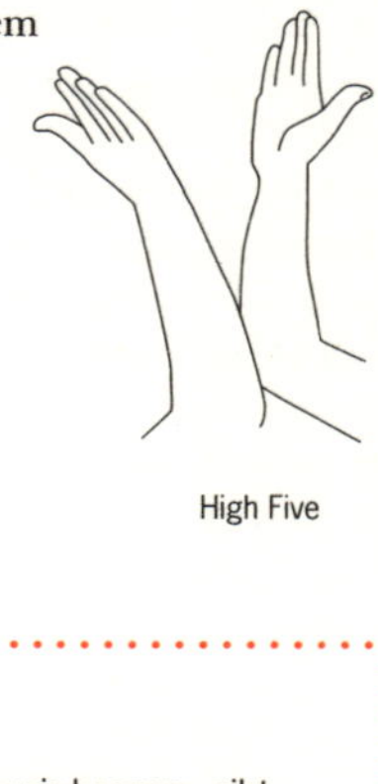

High Five

☛ **Hinweis**

Natürlich kann man es mit **Ritualen** auch **übertreiben**, denn: Was wir kennen, gibt uns nicht nur Sicherheit, sondern kann uns auch **sehr schnell langweilen.** „Was, schon wieder Geheimtrank trinken?“ **Das rechte Maß liegt wie so oft in der Mitte.**

Also: Nach so viel Ritualen jetzt schnell wieder raus ins aufregende Leben!

jagen, sammeln, besitzen

Über die rätselhafte **Begeisterung** der Jungs für das Angeln und das **Sammeln** der eigenartigsten Gegenstände, über die Kunst, Brennnesseln zu essen, über **geheimnisvolle Läden** und die **Tricks,** mit denen man Mäuse und Grillen fängt.

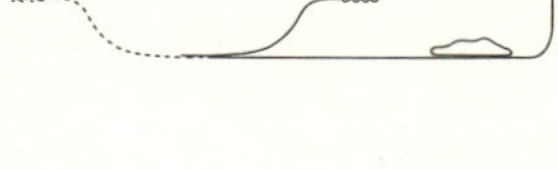

Das fehlt mir noch!

Worum sich das Leben etwas größerer Jungs ganz wesentlich dreht, kann ermessen, wer abends ihre Hosen in die Waschmaschine steckt – und zuvor sicherheitshalber ihre Taschen leert (um das Gefundene anschließend diskret im Jungszimmer zu deponieren). Darin findet sich alles: von rostigen Schrauben über verbogene Pokémon-Karten bis hin zu Murmeln und Holzstöckchen. Grund genug, uns diesem Thema zuzuwenden – samt einer Liste von Dingen, für die sich Jungs so interessieren.

Erreichen Jungs das Vorschulalter, können sie nicht mehr achtlos an Stöcken, Steinen, Spielkarten oder Panini-Bildchen vorbeigehen. Vielmehr beginnen sie damit, Sammlungen anzulegen. Wie diese konkret aussehen, variiert von Junge zu Junge. Grundsätzlich freilich sind sie sich ähnlich: Während in den Zimmern meist ziemliches Chaos herrscht, erstrahlen die Sammlungen der Jungs in der schönsten Ordnung. Erreichen die Jäger und Sammler das 12. Lebensjahr, ist es mit ihrer Begeisterung meist wieder vorbei – bis auf jene, die um die 30 herum in ihre alte Leidenschaft zurückfallen und sich an ihre unvollständigen Panini-Alben oder Spielzeugauto-Sammlungen erinnern; und das sind gar nicht so wenige.

Das Sammeln ist keine Marotte (was als Begründung eigentlich schon reichen würde), sondern die Jungs entwickeln und schärfen damit einige Fertigkeiten, die sie im weiteren Leben gut gebrauchen können – zumindest beim Weitersammeln.

- **Sie entwickeln Ordnungssysteme.** Die helfen ihnen, die unübersichtliche Welt zu sichten und zu strukturieren.
- Sie gewinnen **Wertvorstellungen.** Meist freilich subjektive. Also: Der Stock ist besonders wertvoll, weil sich aus ihm ein guter Degen basteln lässt. Aber beim Vergleich verschiedener Materialien oder Münzen spielt auch materieller Wert eine Rolle.
- Sie sammeln **Tauscherfahrung.** Welche Karten sind selten, welche häufig; wie viele wovon muss man geben, damit man wertvolle bekommt; werde ich eben betrogen?

- Sie verleihen Dingen ihre ganz **persönliche Bedeutung.** Normale Steine werden zu Zaubersteinen, Stöcke zu Zauberstäben.
- Sie lernen, **Ordnungen** zu schaffen. Wenn z. B. die Briefmarken nach Farbe, nach Land oder Wert gruppiert werden.
- Aber sie erschaffen auch ihre **eigenen Ordnungen,** die für Außenstehende nicht nachvollziehbar sind.
- Sie erwerben **Ausdauer.** Wenn die Jungs auf seltene Stücke lange warten bzw. viel dafür unternehmen, um sie zu bekommen.

Aufbewahren lassen sich Sammlungen an ganz verschiedenen Orten und in ganz verschiedenen Behältnissen. Sie alle sollten den Jungs erleichtern, eine penible Ordnung zu entwerfen, und den verständnislosen Eltern ermöglichen, die Sammlungen zumindest zeitweise verschwinden zu lassen. Aktenordner eignen sich ebenso gut wie Alben, Boxen, Keksdosen, kleine Koffer mit Fächern, Marmeladegläser, Schraubenkästchen aus dem Baumarkt, Setzkästen oder Werkzeugschränke.
Auf der nächsten Seite noch eine kleine Übersicht von Dingen, die sich von Jungs so sammeln lassen.

☛ **Hinweis**

Als Hauptlieferant von Sammelbarem im Klebebildchenbereich darf die italienische Firma **„Panini“** gelten, die 1961 von den Panini-Brüdern in Modena gegründet wurde.

Vor allem vor den Fußball-, Welt- und Europameisterschaften bricht auch unter großen Jungs das **Sammelfieber** aus. Meist werden die Sammelalben verschenkt. In der Folge heißt es dann, durch den Kauf von (blickdicht verschlossenen) Tütchen mit Sammelbildern, die Alben mit den Porträts der Spieler, Gruppen- und Stadionbildern sowie den Emblemen der Mannschaften vollzukleben.

Im Laufe des Tütchenkaufs lässt es sich nicht vermeiden, dass man eine Reihe von Bildchen **doppelt und dreifach** bekommt. Dafür gibt es im Internet eine Reihe von Sammlerbörsen, wo man kostenlos mit anderen Jungs tauschen kann. Eine dieser Börsen ist unter *http://klebebildchen.net/* zu finden. Aber es gibt natürlich auch private Tauschmöglichkeiten.

Bei aller Begeisterung sollte man nicht vergessen, zwischenzeitlich auszurechnen, wie teuer einem so ein Album schließlich kommt: so um die **60 Euro** sind durchaus wahrscheinlich.

- Abzeichen
- Autokennzeichen, ausländische
- Blumen
- Blätter und Gräser, getrocknete
- Briefmarken
- Comics
- Eintrittskarten *(Lieblingskinofilme, U-Bahnen, Legoland)*
- Fahrkarten
- Fossilien
- Fußball-T-Shirts
- Getränkedosen, internationale
- Glastierchen
- Knöpfe
- Kronkorken, internationale
- Kugelschreiber *(Werbe- oder welche, die nicht aussehen wie Kulis)*
- Mineralien
- Murmeln
- Muscheln
- Märklin Modellbahnen der Spur H0
- Münzen *(Euros, fremde Währungen, Spielmünzen)*
- Obstaufkleber *(Bananen, Orangen)*
- Pixi-Bücher
- Postkarten
- Radiergummis
- Sammelbilder *(Panini, aktuelle Kinofilme)*
- Sammelkarten *(Pokémon, Yu-Gi-Oh!)*
- Schlüsselanhänger
- Schneckenhäuser
- Schneekugeln
- Schrauben und Nägel
- Spielzeugautos *(Matchbox, Hot Wheels)*
- Stadionzeitungen
- Steine
- Stöcke
- Tannenzapfen
- Teddybären
- Überraschungseier *(Figuren, Spielzeug)*
- Würfel
- Zahnpastatuben, ausländische
- Zeug, altes und undefinierbares
- Zuckertütchen

So baut man ein einfaches Aquaskop

Auch wenn die Oberfläche eines Sees oder Flüsschens noch so ruhig sein mag, spiegelt sich meist das Sonnenlicht drin, oder es kräuseln sich feine Wellen. Und schon sieht man nicht mehr, was in der Tiefe vorgeht.

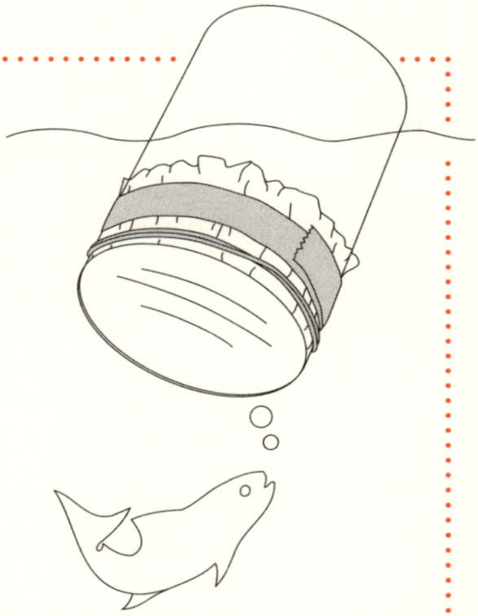

☛ **Bauanleitung**

Wer auf den Grund eines Sees blicken will, um dort rätselhafte Tiere oder versunkene Schätze zu finden – der braucht eine Art Fernrohr, mit dem er durch die Wasseroberfläche schauen kann. Um es selbst zu basteln, braucht man nicht viel.

Um klar zu sehen, braucht man Folgendes:

- ein dickes Plastikrohr (Durchmesser ca. 10 cm, Länge ca. 20 cm) – am besten aus dem Baumarkt
- starke Klarsichtfolie
- Gummibänder
- wasserfestes Klebeband
- Schere

Nun folgenderweise vorgehen:

1. über eine Seite des Plastikrohrs die Klarsichtfolie spannen
2. mit den Gummibändern provisorisch fixieren
3. anschließend mit dem Klebeband ordentlich festmachen. Fertig.

Nun den längsten Steg suchen, der sich finden lässt, und das Aquaskop zwei Zentimeter ins Wasser senken. Die Folie wird sich unter dem Wasserdruck nach innen wölben und nicht nur ein klares, sondern auch ein vergrößertes Bild der Unterwasserwelt zeigen. Und tatsächlich – da liegt er auch schon, der gesuchte Schatz! Oder es schwimmen die Fische vorbei, die man nachher zu angeln versucht …

Fallen bauen – Tiere fangen

Ins Wissensgepäck jedes Jungen gehören ein paar Tricks, die es ihnen ermöglichen, ein paar Tiere zu fangen. Wie soll man sie sich denn sonst genauer ansehen?

Dieser und viele andere Tipps für die praktische Frühpädagogik stammen von der Homepage *www.rahmenplan.de*

So fängt man sehr kleine Tiere

Um Tierchen, die durch die Wiese krabbeln, unbeschadet fangen und studieren zu können, baut man sich ein spezielles Glas, mit dem man sie ansaugen kann. Dazu braucht man:

- ein Marmeladeglas plus Metalldeckel
- zwei ca. 40 cm lange, ca. 0,5 cm dicke Plastikschläuche *(Aquariumsbedarf)*
- einen dicken Nagel

Jetzt geht man folgenderweise vor: Den Deckel auf das Marmeladeglas schrauben. Anschließend zwei Löcher stechen und die beiden Schläuche so hineinstecken, dass sie sich zu einem Drittel im Glas befinden. Fertig. Nun legt man sich in die Wiese und hält nach jenen Tierchen Ausschau, die man in seinem Glas studieren will. Sobald man eines entdeckt hat, hält man ein Schlauchende dran und saugt am anderen. Schwupps, schon ist das Tier im Glas. Lupe raus und ansehen. Dann wieder freilassen.

So fängt man noch mehr Tierchen

Für diese Falle braucht man bloß eine leere Konservendose *(oben offen, unten zu)*. Erst ein passendes Loch graben, die Dose hineinstellen, Erde rundherum andrücken, so dass von ihr nur mehr die Öffnung zu sehen ist. Ein bisschen Obst oder Gemüse reinlegen. Fertig. Nun heißt es abwarten, was sich alles am Boden der Dose sammelt. Nicht vergessen, die Dose am Ende des Tages wieder auszugraben, sonst fallen lauter Tierchen rein und kommen nicht mehr raus. Gar nicht schön.

So fängt man eine Maus

Es gibt zwar Möglichkeiten, selber eine Falle zu bauen, aber die sind meistens ziemlich erschreckend für die Maus. Am besten ist daher, sich eine Lebendfalle im Baumarkt zu besorgen. Und zwar

eine von jenen, bei denen keine Klappe zufällt, sondern eine, bei der die Maus zwar rein-, aber nicht mehr rauskriechen kann.
Doch Obacht: Mäuse haben einen sehr guten Geruchssinn. Sie riechen, wenn bereits eine Vorgängerin in die Falle gegangen ist, und machen dann einen großen Bogen um sie. Als Lockmittel wird u.v.a. Speck empfohlen, den man mit einem Streichholz kurz angekokelt hat, aber auch Nutella oder Erdnussbutter.

So fängt man eine Grille

Für diese Falle braucht man nicht mehr als eine leere Plastikflasche. Am besten eine eckige, die bleibt leichter auf dem Boden liegen.

- Den oberen Teil der Flasche abschneiden.
- In die Flasche ein wenig Lockmittel für die Grille geben *(Nutella, Bratensoße, Suppenwürfel).*
- Den abgeschnittenen Teil verkehrt herum in die Flasche stecken.
- Den Weg in den Flaschenhals mit einem Streifen Küchenrolle für die Grille gangbar machen.
- Flasche in die Wiese legen und warten.

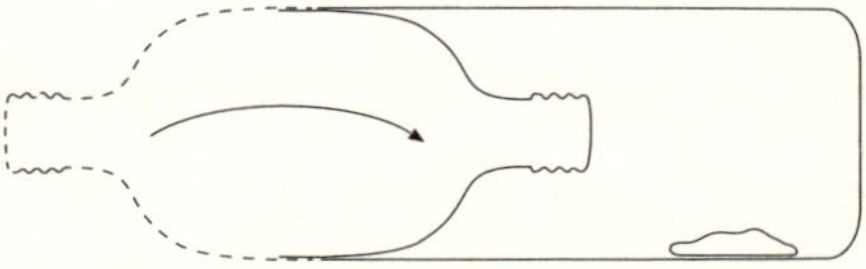
Fischreuse

So fängt man einen Fisch

Dazu geht man vor wie bei der Grillenfalle. Man muss nur zusehen, dass man den oberen Teil der Flasche fest hineindrückt, damit diese kleine Behelfsfischfalle *(Profis nennen so etwas eine „Reuse“)* nicht im Wasser auseinanderfällt.
Am besten an einer schattigen Stelle eines Flüsschens ins Wasser lassen und abwarten. Es werden sich freilich nur kleine Fische in diese Reuse verirren. Die Öffnung der Reuse in Richtung der Strömung drehen, damit die Fische leichter hinein- und dann schwerer wieder herauskommen. Als Köder empfehlen sich Maiskörner, Brot oder Würmer.

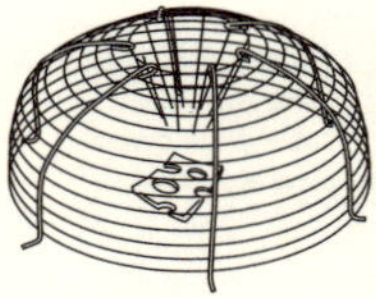
Mäusefalle

Was man sonst noch braucht

- Tierbestimmungsbuch, damit man weiß, was man da gefangen hat
- Einen Fotoapparat, der auch ganz kleine Dinge gut aufnehmen kann *(Macro-Funktion)*
- Geduld

Was sich beobachten lässt – und welchen Sinn das hat

Vieles lernen Jungs durch eine Fähigkeit, in der sie wahre Meister sind: durchs Beobachten. Es entgeht ihnen kein Detail – und sie ziehen ihre Schlüsse daraus. So will es also gut überlegt sein, auf welche Menschen, Tiere und Phänomene wir die Aufmerksamkeit unserer kleinen Beobachtungs-Spezialisten lenken.

Ein kleiner Ausflug in Welten, in denen es krabbelt, summt und zwitschert, aber auch donnert und quietscht.

Beobachten heißt lernen
Jungs lernen auf verschiedene Arten – unter anderem durch ihre meisterhafte Beobachtungsgabe. Sie sehen sich ihre nächste Umgebung genau an, verfolgen die Bewegungen, die Mimik und die Handlungen der Menschen, um sie anschließend zu imitieren. Nicht immer zur Freude der Beobachteten, denn die Jungs machen keinen Unterschied zwischen hilfreichen und weniger hilfreichen Vorbildern. Wie groß unsere Fähigkeit zur Beobachtung ist und welche mächtigen Auswirkungen sie auf uns hat, das zeigt eine Entdeckung der Hirnforscher: Vor rund fünfzehn Jahren fanden sie im Gehirn von Affen und anschließend in jenem von Menschen eigene Zellen, die dann tätig werden, wenn die Betreffenden selber etwas tun – oder wenn sie andere dabei beobachten, wie diese etwas tun. Grimassen schneiden beispielsweise, Handlungen ausführen oder Gefühle zeigen. Und was noch toller ist: Diese *„Spiegelneuronen"* genannten Zellen sind sogar damit zufrieden, wenn jemand eine Sache nur andeutet – das reicht ihnen vollkommen; sie können die fehlenden Bewegungen einfach vervollständigen. Besonders gut sind die Neuronen dabei, menschliche Handlungen zu verarbeiten und zu verstehen. Daraus haben die Hirnforscher den Schluss gezogen, dass uns die Spiegelneuronen ganz wesentlich dabei helfen, feine Anzeichen von Emotionen richtig zu verstehen, uns also in andere einzufühlen. Und eine noch wichtigere Rolle spielen sie dabei, wenn wir neue körperliche Fähigkeiten erlernen wollen; so können Sportler nur durch das Studium von Bewegungsabläufen z. B. ihre Sprungtechnik verbessern – ohne sie tatsächlich geübt zu haben.

Mit einem Wort: Die Spiegelneuronen sind die Antwort auf die Frage, warum wir solche tollen Beobachter sind und unsere Jungs auf diese Weise vieles lernen.

Was die Jungs alles so beobachten

Dass die Kleinen uns Große ständig beobachten – das wissen wir. Sie beobachten ihre Mütter, Väter, Geschwister, Großeltern, Lehrer, Mitschüler und die zwei Typen, die auf dem gegenüberliegenden Platz in der S-Bahn sitzen und in der Nase bohren. Daraus können wir den Schluss ziehen: Wir müssen unsere Rollen als Vorbilder ernst nehmen. Und weil den Jungs nichts entgeht, sollten zwischen unseren Aussagen und unserem Verhalten keine Differenzen bestehen. Die Ersten, die es bemerken, sind unsere Jungs. Und die Ersten, die das ungeliebte Vorbild imitieren, sind ebenfalls unsere Jungs. Und noch einen zweiten Schluss können wir aus alledem ziehen: Wir sollten die Jungs dazu ermuntern, Menschen, Vorgänge und Tiere zu beobachten, die einen positiven Einfluss auf sie haben.

Wer sich noch alles beobachten lässt

Die Beobachtungslust der Jungs beschränkt sich natürlich nicht auf Menschen,

☛ Vögel beobachten

Wer damit beginnen will, tut das am besten im Winter – man bekommt leichter einen Überblick, weil weniger Vögel unterwegs sind als im Sommer, zudem sind die Bäume unbelaubt und behindern die Sicht nicht. Wichtigste Voraussetzung für das Vögelbeobachten ist es, deren Stimmen und Gesang zu kennen. Man kann Kurse bei Ornithologen, also Vogelkundlern, machen oder sich CDs kaufen, auf denen die Stimmen von Vögeln dokumentiert sind. Wer die Vögel fotografieren und anderen zeigen will, kann seine Bilder auf einschlägige Homepages im Internet hochladen. Oder in ein persönliches Album kleben.

- Ausstattung: Fernglas, Notizblock, Schreibgerät, Fotoapparat mit Teleobjektiv, Vogelbestimmungsbuch
- Empfehlenswertes Bestimmungsbuch: Roger Tory Peterson et al.: „Die Vögel Europas", Paray (leider nur antiquarisch erhältlich); ABC der Vogelkunde: Naturschutzbund Deutschland e.V. (NABU), www.nabu.de/m01/m01_11/ mit Abbildungen und Beschreibungen der am häufigsten vorkommenden Vögel.
- Homepage: www.birdnet.de

sondern erstreckt sich im Grunde auf die ganze Welt. Von besonderem Interesse sind logischerweise unbekannte, überraschende, spannende und außergewöhnliche Dinge und Phänomene. Um die Jungs zu animieren, Neues zu lernen, ihren Forscherdrang zu befriedigen, Geduld zu üben, Respekt vor anderen und der Natur zu lernen, die Schönheit der Welt zu erkennen, auf andere Gedanken zu kommen, genau zu sein und ihre Sinne zu schärfen, empfiehlt es sich, sie in die freie Natur zu schicken. Dort können sie ihren Blick schweifen lassen und zum Beispiel Tiere beobachten.

☛ Tagebuch führen …

… und an einem Wettbewerb teilnehmen

Die Jugendabteilung des *„Bundes für Umwelt und Naturschutz Deutschland e.V."* veranstaltet alljährlich einen Wettbewerb, an dem Kinder im Alter von acht bis zwölf teilnehmen können. Die Jungs sollen **ein selbst gewähltes Stück Natur** über längere Zeit beobachten und festhalten, was sie gesehen haben – ob nun in schriftlicher, fotografischer, zeichnerischer oder gebastelter Form. Das Stück Natur kann eine Balkonpflanze, ein Haustier, die Wiese hinterm Haus oder ein Vogelnest sein – alles ist erlaubt.

- Ausstattung: Notizbuch, Lupe, Fotoapparat
- Homepage: www.naturtagebuch.de – dort sind auch die Teilnahmebedingungen nachzulesen

Operation Blumenwiese

In eine sommerliche Blumenwiese hocken, still sein und ein wenig warten. Binnen kürzester Zeit taucht der erste Grashüpfer, die erste Ameise und der erste rätselhafte Käfer auf. Zusehen. Einen Finger ausstrecken und warten, bis ein Marienkäfer draufgekrabbelt ist. Den Finger senkrecht nach oben halten; der Marienkäfer wird daran hochklettern, auf der Fingerkuppe kurz innehalten und dann wegfliegen.

- Ausstattung: keine nötig
- Empfehlenswertes Bestimmungsbuch: keines nötig
- Homepage: braucht es keine

Steine umdrehen

Einen großen Stein suchen oder ein Stück Holz, die beide offensichtlich schon lange an der entsprechenden Stelle lagen, sie umdrehen – und das Gewusel der Tierchen beobachten, das darunter herrscht. Die Regenwürmer ansehen, die Asseln, die Tausendfüßler und die unbekannten

Tierchen. Im mitgebrachten Bestimmungsbuch nachsehen, das entsprechende Insekt finden und anschließend stolz verkünden: *„Ich habe eben einen Balkenschröter gesehen!"*

- Ausstattung: Lupe, Insektenbestimmungsbuch
- Empfehlenswerte Bestimmungsbücher: Heiko Bellmann: „Der neue Kosmos-Insektenführer", Franckh-Kosmos / Steve Parker: „Naturführer für Kinder", Dorling Kindersley
- Homepage: www.insektenbox.de

Und ca. 100 andere Möglichkeiten

Hier als Anregung für eigene Beobachtungsprojekte noch ein paar Stichwörter.
Die Jungs könnten:

- Naturphänomene beobachten *(zum Beispiel, welche Aggregatzustände Wasser haben kann)*
- nach Tierchen in einem Tümpel fahnden *(mit Becherlupe und Netz)*
- Sterne am Nachthimmel ansehen *(im nächstgelegenen Planetarium und sich erklären lassen, was sie da sehen)*
- physikalische Phänomene beobachten *(zu Hause, indem sie diverse Versuche anstellen)*
- Baustellen besuchen *(was vor allem für sehr kleine Jungs spannend ist)*
- ein Aquarium besorgen und den Fischen zusehen
- Wale beobachten *(beispielsweise an der Südküste von Australien)*
- Wetter beobachten *(das ist eine wichtige Aufgabe, die vor allem Jungs in den USA, Kanada, Australien, GB, aber auch in Europa wahrnehmen; sie beobachten die Entwicklung von Unwettern und melden sie an die lokalen Behörden: skywarn.eu, www.skywarn.de, www.skywarn.at, www.skywarn.ch).*

Und noch ein paar ausgefallene Ideen:

Planespotting

Wer sich für Flugzeuge interessiert und sich häufig in unmittelbarer Nähe von Flugplätzen herumtreiben will, um startende bzw. landende Flugzeuge zu beobachten und zu fotografieren, der kann ein *„Planespotter"* werden. Wer herausfinden will, wo sich die Planespotter seiner Stadt aufhalten, sollte das nächste Mal beim Starten ganz genau aus dem Fenster sehen und die Stacheldrahtzäune am Rollfeldrand absuchen; er wird mit hoher Wahrscheinlichkeit ein paar Jungs sehen, die auf kleinen Leitern stehen und mit Teleobjektiven jedes Flugzeug fotografieren. Viele Sammler von Flugzeugbildern veröffentlichen ihre Aufnahmen auf einschlägigen Homepages im Internet.

- Ausstattung: Fernglas, Notizblock, Schreibgerät, Fotoapparat mit Teleobjektiv, kleine Trittleiter
- Hot Spots: Flughafen von Amsterdam (hier kommt man besonders nahe an die Rollbahn heran) und Philipsburg, südlicher Inselteil St. Maarten, Niederländische Antillen (wegen des spektakulären Anflugs über dem Strand)
- Homepages: www.airliners.net, www.planespotter.de

Trolleyspotting

Hier gilt es, herrenlose Einkaufswagen u. a. in London zu beobachten und zu fotografieren: *www.trolleyspotting.co.uk, www.flickr.com/groups/trolleyspotting*

Auf manchen Homepages **(z.B. www.planespotter.de)** finden sich nicht nur Unmengen von Fotografien, sondern auch Abbildungen der Safety Cards, auf denen festgehalten ist, was in welcher Notsituation zu tun ist.

Brennnesseln? Schmecken gut!

Dass es in der freien Natur Kräuter gibt, die man essen kann, versteht sich von selbst. Weiter nicht aufsehenerregend. Lustig und spannend wird die Sache erst, wenn man sich auf die Suche nach solchen Gewächsen macht, bei denen man nicht gleich auf die Idee käme, sie zu essen. Hier ein paar empfehlenswerte Pflanzen, durch deren Verzehr man andere Jungs in fröhliches Erstaunen versetzen kann.

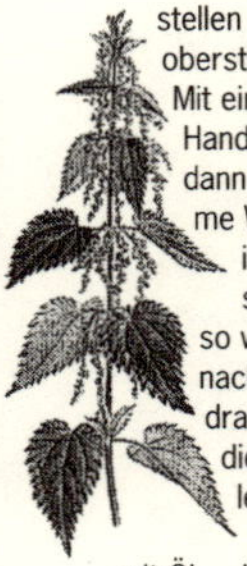

Große und kleine Brennnessel
Klingt ziemlich mutig, die Blätter von Brennnesseln zu essen. Dabei muss man nur wissen, welche man nehmen und was man mit ihnen anstellen soll. Am besten nur die obersten vier Blätter verwenden. Mit einem Tuch oder einem Handschuh abpflücken und dann ein paar Minuten ins warme Wasser legen. Und schon ist das unangenehme Nesselgift verschwunden, das so weh tut, wenn man mit nackten Armen oder Beinen drankommt. Jetzt kann man die Blätter vor den Augen aller essen. Eine andere Variante: kleinschneiden und mit Öl beträufeln. Man kann die Blätter aber auch kurz kochen. Sie schmecken so ähnlich wie Spinat.

Großer Sauerampfer
Davon kann man sowohl die Blätter als auch den Stiel verwenden. Einfach die Blätter abzupfen und roh essen. Schmecken ein wenig säuerlich. Wer sie für ein richtiges Essen verwenden will, kann daraus Suppe oder Salat machen. Auch sehr lecker sind die Stiele. Einfach den Sauerampfer ausreißen und alle Blätter entfernen: Der Stiel ist zwar faserig und zäh, aber es lässt sich bestens auf ihm herumkauen; schmeckt angenehm säuerlich und saftig. Und sieht außerdem gut aus.

Gänseblümchen
Essbar sind die Blüten. Wenn die Knospen noch nicht ganz offen sind, schmecken sie am besten und zwar nach Nüssen. Auch die jungen Blättchen aus dem Inneren der Rosette schmecken ganz wunderbar. Wenn sie erst mal ganz aufgeblüht sind, haben die Blüten einen bitteren Geschmack. Genießbar bleiben sie aber.

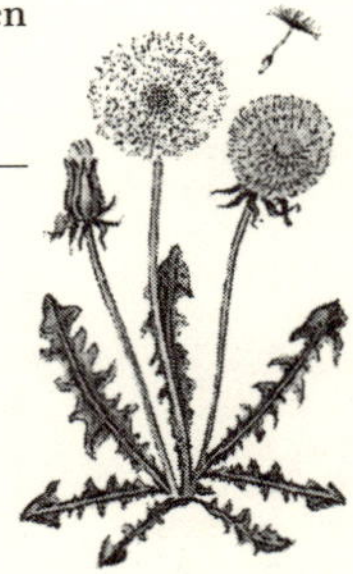

Löwenzahn
Solange die Löwenzahnpflanzen noch ganz jung sind, also im Frühjahr, kann man die Blätter pflücken und daraus einen ganz wunderbaren Salat machen. Später im Jahr werden aus den Blüten des Löwenzahns die bekannten Pusteblumen. Wer ganz genau hinsieht, der kann das tolle Flugsystem entdecken, das der Löwenzahn für seine Samen entwickelt hat: Damit diese sich möglichst gut und weit verbreiten, hängen sie an einem Fallschirmchen, das vom Wind weit weg getragen wird (und das in dem Pixar-Film „Das große Krabbeln" als Transportmittel für Flik dient, die einfallsreiche Ameise).

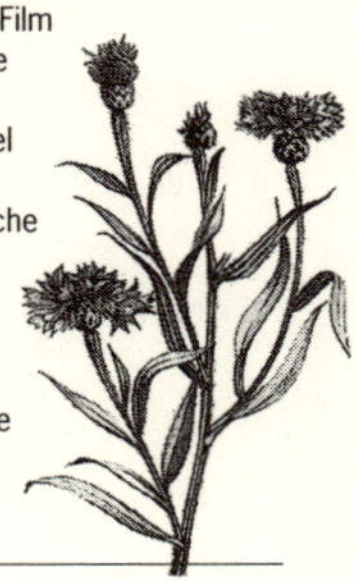

Kornblume
Die Blüte ist genießbar – wie viele andere Blüten auch.

Das kleine Anglerlatein in zehn Lektionen

Erreichen Jungs das Alter von ungefähr sieben, beginnen sie sich aus heiterem Himmel fürs Angeln zu interessieren. Weiß der Himmel, warum. Das Problem: Kaum einer der großen Jungs hat Ahnung von dieser Sache.

Hier ein paar Basics, die es Ihnen leichter machen, die Sache zumindest technisch zu bewältigen, wenn schon nicht emotional.

Mit dem Angeln verhält es sich wie mit vielen weit verbreiteten Hobbys: Es hat eine eigene Binnenkultur entwickelt, die eine eigene Sprache ebenso hervorgebracht hat wie spezielle Kleidung, Ausrüstung, Publikationsorgane und Orte, an denen man sich trifft. Für viele Außenstehende ist diese Kultur abschreckend, weil sie für sie bedeutet: Erst wenn du den ganzen Kram beherrschst, besitzt und liest, gehörst du dazu. Dabei wollen wir nur ein bisschen mit den Jungs angeln gehen – und keinem Club beitreten!

Daher beschränken wir uns an dieser Stelle auf die wichtigsten Informationen. Sie sollen die großen und kleinen Jungs in die Lage versetzen, ihrer neuen Leidenschaft nachzugehen – und sie gegebenenfalls genauso schnell wieder bleiben zu lassen.

1. Lektion: Unfassbarer Papierkram

Leider kann man nicht einfach einen Stock nehmen, eine Schnur samt Haken und Köder dranhängen, sich an den Rand eines Sees setzen und angeln. Vielmehr braucht man in Deutschland in der Regel:

☛ eine Fischerprüfung
☛ einen (Jugend-)Fischereischein
☛ und einen Fischereierlaubnisschein

Tja – da haben wir den Salat! Wie kann eine so einfache Idee, ein bisschen zu fischen, durch einen solchen Wust an Formalitäten verstellt werden? Was ist mit Tom Sawyer und Huckleberry Finn, die einfach hingingen, ein bisschen angelten, die Fische grillten und faul im Gras lagen?

Um die Sache noch ein wenig komplizierter zu machen: Jedes deutsche Bundesland hat sein eigenes Fischereigesetz. Also kommen Sie nicht drum herum, sich zu erkundigen, was geht und was nicht (am besten, Sie wenden sich an die lokalen Verwaltungsbehörden, denn auch in Österreich und der Schweiz sind diese Dinge schön föderalistisch geregelt). Außerdem gibt es noch Zeiten, in denen die Fische geschont werden müssen. Uff! Aber was machen wir nicht alles für unsere Jungs!

Doch die Fischereiszene ist in Bewegung geraten – es gibt erste deutsche Bundesländer wie Brandenburg, die das Angeln ohne Fischerprüfung erlauben; man benötigt nur mehr einen Erlaubnisschein. Benutzt werden darf jedoch bloß eine „Friedfischangel"; mit ihr kann man versuchen, Friedfische (Karpfen, Rotaugen etc.) zu erwischen. Und wer als Gastangler von Profis mitgenommen wird, braucht auch keine Prüfung – bloß einen „Touristenfischereischein". Na ja, es geht ja!

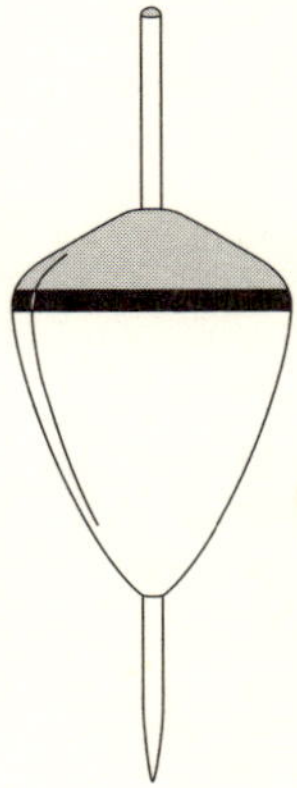

Pose alias Schwimmer

2. Lektion: Wenn's ruckelt, dran ziehen

In unseren Breiten am weitesten verbreitet ist das Angeln mit einer Pose, also einem Schwimmer. Das ist ein längliches Ding, das ca. einen Meter über dem Haken an der Angelschnur befestigt wird und das an der Wasseroberfläche schwimmt *(man kann zwischen Haken und Pose auch mehr Platz lassen; wie viel, hängt vom Fisch ab, auf den Sie Jagd machen wollen).*

Das Anbringen der Pose hat den Sinn, den Haken samt Köder nicht bis an den Grund des Sees oder des Flusses sinken, sondern ihn im Wasser schweben zu lassen. Dann können die Fische besser reinbeißen. Außerdem erkennt man an der Pose, ob eben ein Fisch am Köder knabbert und dass man schnell an der Angel ziehen muss, damit der Fisch am Haken hängen bleibt.

Allein über die Art der Bewegung, in die die Pose gerät, wenn ein Fisch anbeißt, können die Jungs von der Anglerfraktion stundenlang philosophieren. So erzählen sie, dass die Pose manchmal einfach untergeht, dann wieder zur Seite kippt oder sich rasch seitlich bewegt. Je nach Fisch variiert die Sache ganz erheblich. Als Universalgesetz kann gelten: Wenn sich der Schwimmer irgendwie komisch bewegt – ziehen! Oder wie wir Angler gerne sagen: *„den Anhieb setzen!"*

Es gibt natürlich jede Menge Spezial-Posen für Spezial-Fische, aber glücklicherweise auch Universal-Posen; Sie erkennen sie an ihrer zylindrischen oder bauchigen Form. Welche Farbe das

Stöckchen hat, das in der Pose drinnensteckt und mit dem man sie an der Schnur festklemmt *(die sog. Antenne),* ist grundsätzlich egal. Man sollte aber die Farbe des Wassers bedenken und eine kontrastierende Couleur wählen, damit Sie wissen, wo die Musik spielt bzw. der Fisch beißt.

Bachforelle

3. Lektion: Materialkunde

Die Jungs brauchen natürlich auch eine Angel *(Rute),* auf der sich eine Rolle befindet, mit deren Hilfe man die Angelschnur auf- und abwickeln kann. Am besten, Sie gehen in einen Angelshop und lassen sich beraten. Einziger Ratschlag von dieser Stelle aus: Lassen Sie sich nicht durch Fachbegriff-Genuschel verwirren und kaufen Sie was Günstiges. Ihre Jungs werden nicht bis ins hohe Alter Angler bleiben. Jede Wette!

Hecht

4. Lektion: Wen jagen?

Am häufigsten machen Angler, die ihre Posen in Standgewässern unserer Breiten schwimmen lassen, Jagd auf folgende Fische: Aal, Barsch, Blei, Hecht, Karpfen, Plötze, Schleie, Zander. In Fließgewässern heißt das Ziel: die Bachforelle!

Als Orientierung kann dienen: Einfach zu fangende Fische sind Blei, Plötze, Rotfeder, Ukelei und die Karausche – und zwar auch mit einer Angelrute ohne Rolle; der Profi nennt das „Stippfischen". Schwer zu fangen hingegen sind: Aal, Barsch, Hecht, Karpfen, Schleie, Zander, Wels – und das auch nur mit Rolle.

Zander

5. Lektion: Maden und Brot

Um Fische anzulocken, muss an dem Haken natürlich etwas Leckeres dranhängen, das die Fische dazu verführt, reinzubeißen. Sobald das geschehen ist, ruckelt die Pose, und die Jungs können schnell an ihrer Angel ziehen. Wie es dann weitergeht – dazu kommen wir in Lektion 6.

Klassische Köder sind: Teig, Brot, Käfer, Heuschrecken, Würmer (Ohrw., Mistw., Laubw., Tauw.), Schnecken, Maden (Rohrm., Wespenm.), Gemüse (Kartoffeln, Hafer, Weizen).

6. Lektion: Das Töten des Fisches

Wir sind uns relativ sicher, dass die Jungs, die zum Angeln wollen, die Sache mit dem Töten der Fische nicht bedacht haben. Sie stellen sich das irgendwie anders vor. Wie genau, entzieht sich unserer Kenntnis. Eines aber ist sicher: Sie finden das, was der klassische Angler nach erfolgreichem Fang so tut, wenig attraktiv. Der macht nämlich Folgendes:

- den Fisch mit einem Schlag auf den Kopf betäuben *(Eisenstange, Knüppel)*
- dem Fisch ins Herz stechen *(mit einem Fischermesser)* – eine ziemlich schwierige Sache. Die Alternative: der Kehlschnitt; dabei durchtrennt man mit einem Messer die Blutgefäße zwischen Kiemen und Herz
- *Ausnahme:* Aale werden nicht betäubt, sondern die tötet man durch einen Schnitt direkt hinter dem Kopf *(bis zur Wirbelsäule bzw. durch sie hindurch).*

7. Lektion: Doch besser wieder reinwerfen

Angesichts des in Lektion 6 Gesagten erscheint es ratsam, die geangelten Fische wieder ins Wasser zu werfen. Das sagt sich so einfach, dürfte aber für Laien schwer umzusetzen sein, denn der Fisch hat die Eigenart, glitschig zu sein und zu zappeln, was das Festhalten und die Demontage des Hakens ziemlich erschwert. Wie Sie das hinbekommen?

Tja, am besten Sie fragen einen von den Jungs, die Sie schon die ganze Zeit skeptisch ansehen, weil Sie offensichtlich nur deshalb hier am Seeufer stehen, weil Sie Ihren geliebten Jungs einen Gefallen tun wollten.

8. Lektion: Was Fachspezifisches lesen

Wenn Sie nach der Lektüre dieses Beitrags und nach ein paar ereignislosen Nachmittagen am Ufer eines Sees die Lust am Angeln entdeckt haben, sind Sie mit folgenden Printprodukten bestens bedient: *„Fisch & Fang“*, *„Blinker“*, *„Raubfisch“*, *„Rute & Rolle“*.

9. Lektion: Richtig grüßen
Petri Heil! – Petri Dank!

10. Lektion: Was ist eigentlich dran am Angeln?
Gute Frage, denn für Außenstehende besteht dieser ganze Sport darin, stundenlang dazusitzen, aufs Wasser zu starren und abends in Gummistiefeln wieder heimzugehen. Nun, da sind die Angler aber ganz anderer Ansicht. Sie sprechen davon, das Spannende an ihrem Sport sei das Duell zwischen Mensch und Fisch, die ständigen Versuche, das Tier zu überlisten. Daher sei das Angeln, so der Anglerverband Chemnitz, auch *„Ausdruck menschlicher Kreativität"*.

Eine andere, gerne zitierte Quelle ist der britische Autor und Biograf Izaak Walton, der von 1593 bis 1683 lebte und dessen Hauptwerk *„The Compleat Angler" („Der vollkommene Angler oder eines nachdenklichen Mannes Erholung")* im Jahr 1653 erschien. Er soll gesagt haben: *„Kein Leben ist so glücklich und angenehm wie das Leben eines kultivierten Anglers."* Und der US-Autor Washington Irving wiederum meinte: *„Etwas am Angeln beflügelt gewiss die Klarheit der Gedanken";* er lebte von 1783 bis 1859.

Doch wer es ganz genau wissen will, wendet sich am besten an die Jungs, die da vor einem sitzen und mit einer – im Alltag vollkommen unbekannten – Engelsgeduld ihre Angeln ins Wasser halten, obwohl sie ahnen dürften, dass kein Fisch anbeißen wird, weil der notdürftig drangebastelte Brötchenköder schon vor einer halben Stunde davongeschwommen ist.

☛ **Hinweis**
Wer sich im Internet in aller Ruhe die verschiedensten Fischarten ansehen will, der ist auf der wunderbaren **Homepage des Schweizer Kantons Bern** bestens aufgehoben:
www.vol.be.ch/site/home/lanat/fischerei/fischerei-angelfischerei/fischereiangelfischerei_gewaesser-fischarten.htm

Lob der geheimnisvollen Läden

Auf Jungs, die nach seltenen, verbotenen oder überraschenden Dingen suchen, üben gewisse Orte einen ganz besonderen Reiz aus. Nur schade, dass es sie kaum noch gibt. Hier eine kurze Liste von Läden, in denen Jungs fündig werden können.

Ein kleiner Hinweis vorneweg: Hier geht es um Läden, in die Jungs besonders gerne gehen – nicht, weil sie etwas Bestimmtes kaufen wollen, sondern weil all jene Dinge, die sie da sehen sie in andere, fantastische Welten versetzen; oder weil sie hier tun können, was zu Hause manchmal nicht so gerne gesehen ist (etwa ausführlich Comics lesen). Die Chance, Orte wie z. B. die klassischen Gemischtwarenläden zu finden, ist ziemlich gering, während sie vor dreißig Jahren noch an jeder Straßenecke zu finden waren. Aus diesem Umstand zu schließen, ihre geheimnisvolle Aura und ihr ganz typischer Geruch hätten sich überlebt, ist freilich ein Irrtum. Die Jungs sehnen sich nach wie vor nach ihnen.

Scherzartikelladen
Große Jungs, die allen Ernstes künstliche Kotze und Hundehaufen aus Plastik verkaufen, haben sich einen Rest an Unabhängigkeit bewahrt. Den merkt man ihren Läden auch an. Sie sind meist vollgeräumt, unübersichtlich und ein wenig muffig (was genau betrachtet die meisten hier erwähnten Orte auszeichnet). Der klassische Scherzartikelladen liegt in der stillen Seitenstraße einer viel befahrenen Hauptstraße und hat mittlerweile auch Diddelmäuse und Ansichtskarten im Angebot – aber nur zur Tarnung und weil die künstliche Kotze zu wenig Umsatz bringt. Den Laden durchweht eine eigenartige Stimmung aus Anarchie, Kindlichkeit und Schmuddeligkeit.

Zauberbedarf
Wesentlicher Unterschied zum Scherzartikelladen ist die deutlich düsterere Grundstimmung des Zauberladens. Menschen, die mit so sensiblen Gütern wie Zaubertricks handeln, müssen sich mit einer Aura des Geheimnisvoll-Exklusiven umgeben. Denn sie werden nur dann Erfolg haben, wenn sie einerseits genügend Zaubertricks verkaufen, andererseits aber deren *Geheimnisse* vor Unbefugten zu schützen wissen. Daher gibt es in vielen solcher Geschäfte auch eigene Bereiche, vor denen ein Schild hängt: *„Unbefugten ist der Zutritt verboten"*. Welche bessere Projektionsfläche für Fantasien gäbe es als solche Schranken.

Laden ums Eck
Meist schlecht beleuchtete, von schon etwas älteren Jungs betriebene Läden, die neben einer Unzahl von Presse-Erzeugnissen und Zigaretten auch Sammelbildchen aller Arten, Überraschungseier, Kaugummis, Brausebrocken, Eis am Stiel und Papierwaren vertreiben. Interessant an diesem Angebot sind vor allem die Comic-Abteilung und die Chance, einen Blick in die aktuelle Ausgabe des Lieblingshefts zu werfen. Der Zugang zu den Comics wird freilich – vor allem für jugendliche Besucher – von vielen Hindernissen verstellt. So sind Jungs, die *„nur mal schauen"* wollen, von vorneherein verdächtig, weil sie die Absicht, nichts zu kaufen, überdeutlich verraten. Außerdem stecken viele Hefte in Plastikhüllen, weil sich heutzutage keines dieser Printprodukte mehr ohne jene Gimmicks verkauft, deren Erfinder das legendäre Heft *„Yps"* war. So bleibt den Jungs, die sich in die Comic-Ecken vorarbeiten wollen, nur der Weg, erst mal das Vertrauen des Kioskbesitzers zu ▶

Läden, in denen Jungs fündig werden können (Fortsetzung)

gewinnen – sei es durch den kontinuierlichen Kauf von Süßigkeiten oder der Wochenendausgaben für die großen Jungs. Um dann im richtigen Augenblick zu sagen, man wolle *„nur mal schauen"*.

Gemischtwarenladen, altertümlicher Eindeutig zu den aussterbenden Geschäftsgattungen gehören die eigentümergeführten Gemischtwarenläden, in denen es neben Lebensmitteln für den Alltag auch Zeitungen, Getränke, Putzmittel und einfache Haushaltswaren gibt. Sie seien an dieser Stelle nur deshalb erwähnt, weil sie – wenn man sie denn noch findet – die entschiedenste Unterstützung verdient haben. Hingehen, einkaufen – und nach der Phase des Vertrauensgewinns in die Comic-Ecke vorstoßen, um dort *„nur mal zu schauen"*.

Trödelladen
Nur der Vollständigkeit halber: Diese Läden unterscheiden sich fundamental von Antiquitätenläden. Letztere werden von Menschen betrieben, die wissen, welchen Wert ihre Waren haben (derzeit dürften es vor allem Möbel aus den 60er und 70er Jahren sein, die die großen Jungs auf der Suche nach ihrer eigenen Kindheit teuer kaufen). Trödelläden hingegen sind Orte, in denen Wertvolles neben Ramsch, Kunst neben Schrott und Schönes neben Absurdem liegt bzw. steht. Alles in der wunderbarsten Unordnung. Für diese Läden spricht zudem, dass deren Besitzer daran gewöhnt sind, dass Menschen kommen, um sich längere Zeit bei ihnen herumzutreiben. Außerdem gibt es die Chance, Dinge zu entdecken, deren Wert sich bis zum Inhaber nicht herumgesprochen hat und die man daher billig bekommt.

Antiquariat
Diese Geschäfte sind den klassischen Antiquitätenläden vergleichbar: Die Besitzer sind Spezialisten, sie wissen, was sie haben und was es wert ist. Dennoch strahlen diese Läden für alte Bücher eine ganz besondere Stimmung aus. Außerdem findet man in ihnen häufig Exemplare, die seit vielen Jahren nicht mehr verlegt werden, die staubig riechen und wunderbare Illustrationen haben. Und wenn es nicht kostbare Erstausgaben sind, kann man Ausgaben entdecken, die nicht viel kosten. Auch hier wird niemand etwas dabei finden, wenn man sich längere Zeit zwischen den Regalen herumtreibt und sich vom Ort inspirieren lässt.

Theaterfundus
Einige Opern- und Schauspielhäuser sind dazu übergegangen, Bestände aus ihrem Fundus zu verkaufen. Das sind Kostüme und Ausstattungsgegenstände, die in Inszenierungen verwendet wurden, die nicht mehr auf dem Spielplan stehen. Das Tolle an diesen Orten ist, dass man die abenteuerlichsten Dinge findet: Totenkopfmasken, goldene Spiegel, Schatzkistchen, abgehackte Hände, Goldmünzen, Schwerter, Wappen, Flaggen, Landkarten, Hüte, Mäntel und Schuhe. Weil all diese Dinge aber in den Werkstätten der Theater hergestellt wurden und dafür gedacht waren, auf der Bühne gut auszusehen *(aber nicht aus nächster Nähe)*, sind sie meist von geringerer Qualität. Aber was ist schon gegen ein Schwert einzuwenden, das zwar bloß aus Papiermaché gemacht, dafür aber mit beinahe echten Edelsteinen verziert ist?

Spielwarengeschäft, kleines
Die großen Spielwarenläden sehen aus wie Supermärkte: lange Regale, in denen sich entweder die Kartons mit den Autos, den Spielfiguren oder den Verkleidungen stapeln. Hell ausgeleuchtet, exakt geordnet, stets auf dem neuesten Stand. Die kleinen Spielwarengeschäfte hingegen sind ein bisschen wie die Scherzartikel- oder die Trödelläden: Es ist meist ein wenig duster, die Dinge stapeln sich bis an die Decke, über allem liegt unsichtbarer Staub. Und ist man erst in die hinteren Bereiche des Ladens vorgedrungen, hört man die Stimme des Betreibers nur mehr fern und gedämpft. Hier lässt sich wunderbar stöbern, und wenn man keinen großen Lärm macht und nichts durcheinander bringt, kann man sich längere Zeit darin herumtreiben. Ein weiterer Vorteil dieser Läden: Man findet hier oft noch Spielsachen, die in den großen Spielwarenketten längst vergriffen sind. Entweder steht die Sonderedition der Ritterburg immer noch im Regal, als ob nichts wäre, oder aber sie versteckt sich in der zweiten Reihe eines Regals, wo sie versehentlich hingerutscht ist.

Schnell und gefährlich

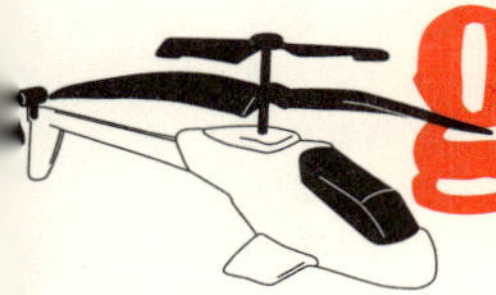

Über die Lust der Jungs an **Bewegung,** ihre Neigung zu gefährlichen und **rasanten Spielen,** den Raum, den man ihnen in jeder Hinsicht gewähren sollte, Orte, an denen das **Abenteuer** wartet, sowie über das richtige Verhalten für den Fall, dass einmal die **Polizei** vor der Türe steht.

Pimp my Bobby-Car

Die Inkarnation der zeitgenössischen Seifenkiste heißt: „Bobby-Car". Nein, nicht gleich murren, dass eine Seifenkiste prinzipiell selbst gebaut sei, während das Bobby-Car industriell gefertigt werde. Stimmt nämlich nur zum Teil. Denn längst schon haben sich rund um den kleinen roten Flitzer jede Menge kleiner und großer Jungs versammelt, um ihn so umzubauen, dass er für richtige Wettrennen tauglich ist.

Wer nach einem Wunderwerk der Ingenieurskunst sucht, das kleinen wie großen Jungs gleichermaßen Spaß macht, landet schnell beim klassischen „Bobby-Car" – einem Rutschauto, das eigentlich für Kinder ab dem zweiten Lebensjahr konstruiert wurde. Mittlerweile haben sich seiner aber auch ausgewachsene Männer bemächtigt. Viele von ihnen basteln an dem 58 cm langen, 30 cm hohen und 38 cm breiten Plastikauto herum, setzen sich anschließend Helm auf, legen Schutzkleidung an und rasen mit bis zu 60 km/h steile Bergstraßen hinunter; dann sehen sie nach, wo auf der Bobby-Car-Weltrangliste sie gelandet sind. Aber alles der Reihe nach.

Erfunden hat das Bobby-Car Ernst A. Bettag, ein deutscher Ingenieur. Dazu musste er freilich erst mal als junger Mann in die USA reisen, um dort im Jahr 1954 eine grundlegende Erkenntnis zu machen: Spielzeug wird in Zukunft aus Kunststoff hergestellt *(und nicht mehr, wie damals üblich, aus Blech).*

Kaum aus Amerika zurückgekehrt, krempelt Ing. Bettag seine Spielwarenfabrik radikal um: Er verabschiedet sich vom Metall, setzt von nun an auf Plastik, nennt seine Firma BIG *(1962)* und lässt ein neues Logo für sie entwickeln: einen Büffel mit roten Hörnern *(1966).*

Gemeinhin steht der Begriff Kunststoff ja für wertloses Zeug, das billig produziert wird und schnell wieder kaputt geht. Als Beispiele, dass das nicht so sein muss, können zwei deutschen Spielwarenfabriken gelten: die Geobra Brandstätter GmbH *(Playmobil)* und die Firma BIG. Beide setzen nämlich auf langlebigen und strapazierfähigen Kunststoff. Herr Ingenieur Bettag hat viele tolle Spielwaren erfunden. Sein größter Erfolg war freilich sein Bobby-Car, das es zum bekanntesten und meistverkauften Kinderrutschauto der Welt gebracht hat. Bis heute wurden mehr als 16 Millionen Stück davon produziert und verkauft.

Erstmals öffentlich präsentiert hat Ing. Bettag sein Bobby-Car im Jahr 1972 auf der Nürnberger Spielwarenmesse. Es besteht aus 1,5 kg robustem Kunststoffgranulat und ist leuchtend rot *(HKS-Farbsystem Nr. 14)*. Die Kinder setzen sich drauf und schieben das Auto mit Hilfe beider Beine vorwärts.

Diese Bobby-Car-typische Fortbewegungsart, die ein wenig nach Watscheln im Sitzen aussieht, soll für die Entwicklung der kindlichen Hüfte sehr förderlich sein; verantwortlich dafür sei die abgespreizte Beinhaltung, so das Urteil von Orthopäden. Ursprünglich entwickelt worden war das Auto, um kleinen Kindern das Laufenlernen zu erleichtern. Daher auch sein besonders niedriger Schwerpunkt, die bequeme Sitzkuhle und das beinahe unzerstörbare Chassis des Spielzeugs.

Weniger gut tut das Bobby-Car den Schuhen der Kinder – vor allem, wenn sie mit dem Gefährt im Freien unterwegs sind. Eifrige Benutzer des Rutschautos erkennt man an den abgeschubberten Schuhspitzen, mit denen ja gebremst wird. Auch die Lärmentwicklung des Autos ist bemerkenswert, bildet doch der Autokorpus im Verein mit den harten Plastikrädern einen idealen Schallverstärker. So gibt es mittlerweile eine Reihe von Accessoires, die diese und andere kleine Mängel ausgleichen sollen: Schuhspitzenschoner, Flüsterräder *(die den Krach nicht wirklich mindern)*, Seile zum Ziehen der Bobby-Cars, lange Stangen mit Fähnchen dran, damit man die Kinder nicht übersieht, sowie Stoßdämpfer für vorne und hinten.

BIG – die Firma, das Logo

Das wirklich Überraschende freilich ist, dass es das Bobby-Car nicht nur kleinen, sondern auch sehr großen Jungs angetan hat. Viele von ihnen konnten sich offensichtlich nie wirklich von ihren Spielzeugen verabschieden und haben nach Wegen gesucht, auch noch im fortgeschrittenen Alter mit dem Rutschauto fahren zu können.

So gibt es mittlerweile einen eingetragenen Verein namens Bobby-Car-Club. Der listet Renntermine sowie die Weltrangliste auf und informiert penibel über das Reglement für Profis, Amateure und Jugend. Darin heißt es beispielsweise, dass Profis mindestens 18 Jahre alt sein müssen und dass es nach oben hin keine Grenze gibt. Zudem kann man nachlesen *(Stand 2007)*: *„Der Start erfolgt aus dem Stillstand, sowie aus dem natürlichen Gefälle der Strecke ohne körperlichen Einsatz, wobei die Vorderkante des Fahrzeuges an der Startklappe (Höhe: 120 mm) anliegen muss, und im Zieleinlauf die Vorderkante des Fahrzeuges entscheidet.*" Es dürfen nur Autos verwendet werden, die von der Firma BIG hergestellt wurden, und außerdem müsse das Car *„mind. vier Räder haben"*.

Bobby-Car im Netz
www.bobbycarclub.de
www.bobbycar-tuning.de.vu
www.bobbycross.de.vu

Erlaubt sind freilich Umbauten, die die Renneigenschaften des Bobby-Cars verbessern und die es den erwachsenen Lenkern leichter machen, das winzige Gefährt beim Abwärtsfahren zu steuern *(beim „Downhillen", wie die Fachleute sagen)*. Kein Wunder also, dass es viele Anleitungen dafür gibt. Auf den einschlägigen Tuning-Homepages findet man Hinweise, wie man die Lenkstange, die Vorderachse, die Hinterachse, die Räder gemäß den geltenden Regeln umbauen bzw. austauschen kann und wie man das Chassis mit Zement ausgießt.

Der aktuelle Geschwindigkeitsrekord, der auf einem klassischen Bobby-Car erzielt wurde, liegt übrigens bei 108,2 km/h und stammt aus dem Jahr 2003. Es gibt also noch einiges zu tun.

Auch Umbauten, die das Bobby-Car für Abfahrten im waldigen Gelände tauglich machen, findet man – samt Fotos von stolzen Besitzern und Freizeittechnikern.

Sitzt doch mal still!

Wenn es eine Ermahnung gibt, die Jungs vor der Pubertät immer wieder zu hören bekommen, dann lautet sie, doch bitte, bitte endlich, nur ein einziges Mal, ruhig zu sitzen, nicht mit dem Stuhl zu kippeln, die Hände stillzuhalten, nicht mit dem Kopf zu wackeln, sich nicht ständig umzudrehen … und dergleichen mehr. Hier die Erklärung, warum Jungs einen unbezähmbaren Drang haben, sich zu bewegen. Sie dient als wissenschaftlich fundierte Ausrede für die klassische Jungshektik. Sie können nämlich gar nicht anders! Und wir sollten sie nicht aufhalten.

Schuld an ihrer ständigen Unruhe ist der einfache Umstand, dass Jungs einen Haufen Muskeln haben: Rund 40 Prozent ihres Körpers bestehen daraus *(das ist fast doppelt so viel wie bei Mädchen).* Und bis all diese Muskeln genauso bewegt werden können, wie es dem Willen der Jungs bzw. ihren körperlichen Notwendigkeiten entspricht, muss der Körper ziemlich viel üben – das heißt: Er muss all diese Muskeln immer wieder bewegen. Unter anderem durch

- das Kippeln auf Stühlen
- das sinnlos erscheinende Herumrennen im Klassenzimmer *(oder noch besser: in einem weitläufigen Wald)*
- das AufeinemBeindurchdenRaum-Hüpfen
- endlose Balgereien inkl. Schrammen
- die Erstbesteigung diverser Bäume und Erdhaufen
- das Herumspringen auf dem elterlichen Bett
- das Werfen von Steinen
- das Herumwuchten von Holzbalken
- das Kämpfen mit Stöcken
- das Aufeinandertürmen von Bausteinen
- und durch ca. 235 weitere, mitunter nervenaufreibende Tätigkeiten, die sich bisweilen schwer mit einem geregelten Unterricht bzw. einem gesitteten Abendessen vereinbar sind.

Sinn all dieser Übungen und Tätigkeiten ist weniger, dass Jungs ihre Energien verbrauchen und ruhiger werden *(das auch)*, sondern vielmehr, dass sie ihr Gehirn und ihre vielen Muskeln synchronisieren. Wer also Jungs nachhaltig daran hindert, sich zu bewegen und sie stattdessen ständig dazu nötigt stillzusitzen, der gefährdet ihre geistige Entwicklung. Echt. Fakt. Bewiesen. Jederzeit nachlesbar. U.a. in dem Buch von Vera F. Birkenbihl mit dem Titel *„Jungen und Mädchen: wie sie lernen“*.

In Bewegung gehalten werden die Jungs von ihrer angeborenen Lust, sich zu bewegen. Diese Lust zu erhalten und ihr Raum zu geben ist eine wichtige elterliche Aufgabe – nicht nur mit der Klage von Kinderärzten im Ohr, seit Jahren säßen immer mehr dicke Kröten vor ihnen, die auf eine lebenslange Karriere als Fettwanst zusteuerten.

Der Übung ihrer feinmotorischen Fähigkeiten wenden sich Jungs erst in der Pubertät zu. Bis sie dann irgendwann nur mehr schwer dazu zu bewegen sind, mal ein bisschen rauszugehen – aber das ist eine andere Geschichte.

Schreib schneller!

Es gibt Fertigkeiten, die uns das Leben leichter machen – und die trotzdem kaum mehr jemand erlernt. Dazu gehört die Kunst, schnell etwas aufzuschreiben – ob nun mit Hilfe eines Computers oder per Hand. Genau betrachtet gibt es keinen einzigen Grund, nicht sofort damit zu beginnen, Stenografie und das *„Zehnfingersystem"* zu erlernen. Außer Faulheit. Aber was sind schon ein paar mühselige Nachmittage, verglichen mit dem Lohn, sein Leben lang einer der Schnellsten zu sein?

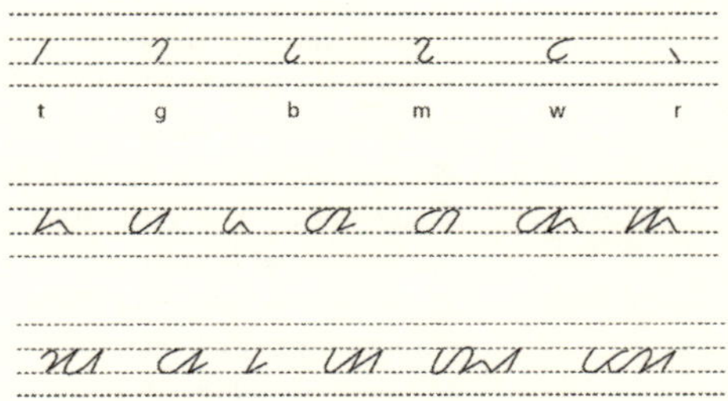

Des Steno-Rätsels Lösung lautet: Teer, Beet, Bär, Wege, Weg, Wetter, Täter/Gebet, Wette, Tee, Bett, begehrt, bewegt

Die geheimnisvolle Kurzschrift

Wer mindestens dreimal schneller mit der Hand schreiben können will, als er das im Moment tut, der lernt am besten, wie man stenografiert. Dazu muss er eine Art Geheimschrift lernen, die die gewohnten Buchstaben bzw. Silben vereinfacht, abkürzt oder durch Symbole ersetzt. Wenn man diese Schrift erst mal beherrscht, gibt es kaum mehr etwas, das man nicht mit Hilfe eines einfachen Bleistifts und eines Notizbuchs festhalten könnte – in einer Schrift, die für die allermeisten Menschen unentzifferbar ist; mit Ausnahme jener Stenografen, die im Parlament sitzen und mitschreiben, was die Abgeordneten vortragen.

Wir wären nicht in Deutschland bzw. Österreich, wenn es nicht eine festgelegte Art der Stenografie gäbe, die *„DEK" („Deutsche Einheitskurzschrift")* – und wenn nicht die Schweiz ihre eigenen Verabredungen hätte. Wer die Kunst des rasend schnellen Schreibens erlernen will, beginnt mit der Verkehrsschrift, nimmt sich dann die Eilschrift und schließlich die Redeschrift vor; die drei Schriften bauen aufeinander auf und werden immer knapper, abstrakter und speediger.

Für jeden Finger die entsprechende Taste – und schon geht es mit dem Tippen flotter voran

Wie sieht die Verkehrsschrift nun aus, die für den Alltag ausreicht? Charakteristisch ist, dass die Selbstlaute nur angedeutet werden, dass Buchstaben wie das Dehnungs-h wegfallen, das *„ck"* vereinfacht wird und dass es keinen Unterschied zwischen Groß- und Kleinschreibung gibt. Eine wichtige Voraussetzung fürs Stenografieren ist, dass man einige Grundkenntnisse in Sachen Wortbildung besitzt, also weiß, was eine Vorsilbe ist, eine Stammsilbe, eine Endung und ein Zwischenlaut. Aber das weiß jeder, der in der Schule nicht vorwiegend mit seinen Pokémon-Karten oder Autoquartetten gespielt hat.

Das Zehnfingersystem

Die meisten von uns bedienen die Tastatur eines Computers bloß mit zwei Fingern: dem linken und rechten Zeigefinger. Dabei müssen wir auch noch auf die Tastatur sehen, um zu wissen, wo sich welcher Buchstabe befindet. Eine ziemlich mühselige Angelegenheit – und dennoch gibt es kaum jemanden, der gelernt hat, wie er deutlich schneller, bequemer, korrekter und ohne ständig auf die einzelnen Buchstaben zu starren, schreiben kann.

Wenn man es aber einmal kann, fliegen die Finger nur so über die Tastatur, und wir sind in der Lage, unsere Gedanken unmittelbar Gestalt werden zu lassen – oder aufzuschreiben, was unser Gegenüber spricht. Wer ein wenig geübt hat, schafft pro Minute mindestens 30 Wörter *(ungefähr 200 Anschläge).*

Der Trick ist, dass man bestimmte Buchstaben mit den entsprechenden Fingern tippt – mit dem linken Zeigefinger beispielsweise R, T, F, G, V, B und mit dem rechten Z, U, H, J, N, M. Alles andere ist Übung. Entsprechende Anleitungen und kostenlose Software *(z. B. „Tipp10")* findet man zuhauf im Internet – inklusive statistischer Auswertung der einzelnen Lektionen.

Platz da für die Jungs!

Tja, früher war manches tatsächlich besser. Da hatten die Jungs zum Beispiel genug Platz – für ihre Treffen mit den Freunden aus der Nachbarschaft, ihre alltäglichen Abenteuer, ihre Erkundungen, ihre Geheimnisse und für die Erholung von ihren Eltern. Heute werden sie ins Auto gesetzt, zur Schule, zum Sport und zu Treffen gefahren, sie werden gecoacht, umhegt, kontrolliert – und wenn die Eltern sie aus dem Blick verlieren, bricht sofort allgemeine Panik aus: „Wo sind die Kerle bloß?" Doch so muss es nicht sein. Wir könnten den Jungs wieder mehr Platz frei räumen für ihre Dinge – es bräuchte bloß ein bisschen Mut. Und zwar elterlichen Mut.

Natürlich: Die Städte werden immer dichter und der Straßenverkehr auch. Daher überlegen es sich verantwortungsvolle Eltern dreimal, bevor sie ihre Kinder nach draußen lassen – mag dieses *„Draußen"* auch aus ein paar kleinen Seitenstraßen bestehen, in denen eine 30-km/h-Beschränkung gilt. Man kann nie sicher sein, ob nicht trotzdem jemand durchrast.

Die Statistiker haben auf den Punkt gebracht, wie radikal sich die Verstädterung und der zunehmende Verkehr auf die Bewegungsfreiheit der Jungs ausgewirkt haben:

- So spielen in großen Städten bereits 65 % der Kinder überhaupt nicht mehr auf der Straße *(in mittelgroßen sind es 46 %).*
- In den vergangenen 30 Jahren ist der *„Streifradius"* von Grundschulkindern von 20 auf vier Kilometer geschrumpft.
- Während es zu Beginn der siebziger Jahre noch völlig normal war, dass die 6- bis 7-jährigen allein oder gemeinsam mit anderen Kindern zur Schule gingen *(92 %, um genau zu sein),* so stapften im Jahr 2000 nur mehr rund die Hälfte auf eigene Faust durch die Gegend.

All das kann natürlich nicht ohne Auswirkungen bleiben – weder für die Jungs noch für ihre Eltern. So war es lange Zeit üblich, seine Kinder warm anzuziehen, ihnen ein paar Ermahnungen *(die beim einen Ohr rein- und beim anderen wieder rausgingen)* sowie ein Jausenbrot einzupacken und sie auf den Weg zur nahen Schule zu schicken. Heute werden die Jungs in einen Kombi gepackt, allmorgendlich zum Unterricht gefahren und nachmittags wieder abgeholt.

Genauso geht es mit den Freizeitaktivitäten der Jungs. Während sie sich früher *(selbst wenn sie in mittelgroßen Städten wohnten)* die Schuhe anzogen, die Jacke überwarfen, *„tschühüs"* riefen und gemeinsam mit ihren Freunden für Stunden im Wald, auf dem Fußballplatz oder dem weitläufigen Schuttplatz verschwanden, sind heute diese Räume einer erfüllten Jungsjugend nicht mehr zu finden – zumindest nicht mehr in dieser Selbstverständlichkeit. Stattdessen ist dieses sich selbst organisierende Erlebnis-Konglomerat aus Abenteuer bestehen, Freunde treffen, gefährliche Dinge machen, Sport betreiben, die Natur entdecken, sich von den Eltern und Geschwistern erholen und faul in der Wiese liegen verschwunden.

Das Resultat: Es wurde zur Aufgabe der Eltern, Ersatz dafür zu schaffen und ein umfangreiches Unterhaltungsprogramm zu organisieren. So bringen wir unsere Jungs zum Toben auf den Spielplatz *(und beaufsichtigen sie dabei)*, für den Sport in den Verein, fürs Musizieren in die Schule, für den Besuch des einen Freundes in den einen Teil der Stadt und für den Besuch des anderen in den anderen. Meist sind diese Verabredungen über viele Bezirke verteilt, sodass Eltern oft das Gefühl haben, Taxiunternehmer* zu sein.

Sollten die Eltern zu diesen Fahr- und Organisationsdiensten keine Lust oder Zeit haben, bleibt den Jungs meist keine andere Wahl, als zu Hause zu sein und sich in den geschlossenen Räumen einen kümmerlichen Ersatz für ihre Sehnsucht nach Weite zu holen: Sie toben durch die Wohnung, spielen mit Computern oder Videokonsolen, sehen stundenlang fern und kommen mit alledem sich selber, den Eltern, den Nachbarn oder den eigenen Geschwistern in die Quere. An schlechten Tagen allen zugleich.

Doch damit nicht genug. Denn die Jungs haben nicht nur keinen Platz mehr, sondern werden auch noch von Müttern und Vätern erzogen, die an *„Elternparanoia"* leiden – so behauptet zumindest der britische Soziologe Frank Furedi. Die Eltern hätten, schreibt er in seinem gleichnami-

* Dieses Herumgefahre zwischen den verschiedenen Orten habe eine „Verinselung" zur Folge, schrieben Hartmut und Helga Zeiher im Jahr 1993: Weil sie die Wegstrecken nicht aus eigener Kraft überwänden und so den Raum eroberten, bekämen die Kinder keine Ahnung vom Großen und Ganzen. Außerdem würden sie immer nur bestimmte Freundschaften schließen („David vom Judo und Marten von der Musik"); es entstünden keine funktionierenden Gruppen, deren Mitglieder sich spontan träfen, sondern die Kinder bewegten sich in einer Welt aus Dates und Meetings – eine Vision, die nur all jenen gefallen dürfte, die ihre Jungs nicht früh genug auf den Ernst des Berufslebens vorbereiten können. Der Verinselungs-These von Zeiher und Zeiher wird in den Forschungen durchaus widersprochen. Unberührt davon bleibt der Befund, dass es mit den sorglosen Ausflügen in eine geheimnisvolle Jungswelt immer öfter vorbei ist.

gen Buch, jedes Vertrauen in ihre erzieherischen Fähigkeiten verloren; es seien keine einzelnen Fragen mehr wie Früheinschulung oder rätselhafte Jungs-Spleens, die ihnen Kopfzerbrechen bereiteten, sondern sie seien aus Prinzip ratlos, ängstlich und desorientiert.

Schuld an dieser beständig mehr Menschen erfassenden Paranoia seien unzählige Kinderspezialisten wie Pädagogen, Ärzte, Familienmitglieder, Politiker und Ratgeber; ihnen zur Seite stünden ein Heer von Journalisten und die gesamte Medienindustrie. Sie alle setzten ein riesiges Verunsicherungswerk in Gang, indem sie uns mit unzähligen, einander widersprechenden Tipps versorgten.

So würden Eltern für jede Phase der Kindererziehung mit Pros und Contras konfrontiert, mit medizinisch abgesicherten Labortests, alternativmedizinischen Verschwörungstheorien, mit Blogeinträgen von Betroffenen, mit Warnungen, Ermahnungen und 10-Punkte-Regeln, die es unbedingt zu befolgen gelte. Dazu kommen jede Menge Horrorszenarien, die stets nur einen Hauptdarsteller kennen: das Kind.

Folgt man dieser Argumentation, so scheint es nur logisch, dass den Eltern ihre Sicherheit restlos ausgetrieben worden ist. Und wenn man doch einmal überzeugt sei, ganz passable Eltern abzugeben, bringe die nächste Horrorgeschichte von einem verunglückten Kind die eigene Sicherheit wieder zum Verschwinden. Das schrieb Furedi 2001, also sechs Jahre bevor Maddie McCann am 3. Mai aus einer Ferienanlage im Süden Portugals verschwand und ins Herz der meisten Eltern die Befürchtung pflanzte, es werde solches demnächst dem eigenen Kinde geschehen.

Dazu kommt, dass Kinder seit Jahrzehnten keine Selbstverständlichkeit mehr sind – weder für die Eltern noch für unsere Gesellschaft. Während sie früher einmal kamen, wann sie wollten *(samt all den Nachteilen, die das für die Frauen hatte)*, sind sie heute zur durchgeplanten Großaktion geworden, die keiner von uns vermasseln will.

All diese Gründe machen es mehr als plausibel, warum sich heute viele Eltern wie Racheengel vor die eigene Haustüre stellen und ihre Jungs daran hindern, die schützende Wohnung zu verlassen. Furedi spricht sogar davon, viele Eltern würden ihre Kinder wie Geiseln halten, weil sie stets bereit seien, das Allerschlimmste anzunehmen. Und wenn es sich gar nicht vermeiden lasse, dass die Kleinen die Wohnung verlassen, würden panische Eltern sie auf Schritt und Tritt überwachen, unterstützt von einer eigenen *„Kindersicherheitsindustrie"*, deren effektivstes Instrument das Handy ist, das jedes Kind ständig erreich- und kontrollierbar macht. *„Helicopter Parenting"* nennt man in den USA diese lückenlose Observation der eigenen Kinder. So weit das Psychogramm zeitgenössischer Eltern, das in einzelnen Details übertrieben klingen mag, allein: Es beschreibt eine Stimmung, die weit verbreitet ist. Das kann freilich nicht bedeuten, dass wir uns häuslich einrichten darin. Es gibt einen Haufen guter Gründe, die Sache anders zu sehen. Der wichtigste: Die Gefahr, dass die eigenen Kinder von fremden Menschen entführt werden oder sexuell missbraucht, ist gering. Wenn sich Kinder vor jemandem fürchten sollten, dann vor den eigenen Leuten, denn über 80% der Sexualverbrechen geschehen innerhalb der Familie, sagt das deutsche BKA. Der böse fremde Mann ist also ungleich öfter Fiktion als Realität.

Heftiger geworden sind freilich der Straßenverkehr und die mit ihm verbundenen Gefahren; hier hat sich in den vergangenen dreißig Jahren viel zum Negativen verändert. Allein die beliebten Stadt-Geländeautos verursachen durch die Höhe ihrer Karosserie schlimmere Verletzungen als gewöhnliche PKWs. Wie man es anstellen könnte, dass unsere Jungs wieder mehr Raum bekommen? Dazu eine kleine, vorläufige Liste von Vorschlägen, manche schwer zu realisieren, manche etwas leichter und von jedem einzelnen zu adaptieren:

- Kinderfreundliche Straßen und verkehrsberuhigte Zonen schaffen.
- Die *„Verinselung"* der Jungswelt aufheben und in jene Stadtviertel umziehen, wo Schule, Wohnung und freie Wildbahn näher beieinander liegen *(nein, das muss keinesfalls einen Umzug in langweilige Vororte bedeuten).*
- Eine innerhalb des Stadtgebiets oder in der Nähe der Stadt gelegene Wochenendbehausung suchen, die den Jungs einen engen Kontakt zur Natur ermöglicht, ohne dafür weit fahren zu müssen.
- Öfter barfuß gehen.
- Nachbarschaftliche Kontakte pflegen.
- Sich selber anspornen und sagen: *„Sei mutig und vertraue deinen Jungs. Die sind selbständig und schaffen vieles alleine!"*
- Die Jungs alleine zur Schule gehen lassen, wenn es irgendwie geht.
- Selber nachdenken, was sich machen ließe, und zum Beispiel hier eintragen.
- ...

Roller, Bobs und Einkaufswagen

Wer schnell und gefährlich leben will, braucht dazu die richtigen Fahrzeuge. Hier eine kleine Revue von Fortbewegungsmitteln jenseits des Fahrrads. Sie alle werden mit Muskelkraft bzw. durch die bloße Schwerkraft angetrieben und sorgen dafür, dass den Jungs der Fahrtwind direkt ins Gesicht bläst – sommers wie winters. Als kleiner Bonus: eine Liste von seriösen Gegenständen, die sich ganz hervorragend zweckentfremdet einsetzen lassen – mit der gebotenen Vorsicht selbstverständlich!

Monsterroller

Tret- und Monsterroller
Betrachtet man die Kindheitsbilder von Jungs, die heute im besten Alter sind, wird man darauf immer wieder ein klassisches Fortbewegungsmittel entdecken: den Tretroller; Fahrräder waren damals nur etwas für privilegierte Leute.
Es muss in den Siebzigern gewesen sein, dass dieses Universalfortbewegungsmittel verschwand – um Ende der neunziger Jahre eine Renaissance zu feiern. Erst einmal freilich unter den großen Jungs. Plötzlich sah man erwachsene Herren im Anzug den Bürgersteig entlangfahren, und zwar auf skateboardartigen Rollern, die zusammenklappbar waren und oft durch Gewichtsverlagerung zu lenken.
Heute verstauben die meisten dieser Fortbewegungsmittel in irgendwelchen Kellern – oder sie sind auf die wahren Jungs übergegangen, die sie jetzt fahren. Dabei haben diese zeitgenössischen Roller einen entscheidenden Nachteil: ihre kleinen und schmalen Räder. Die machen es unmöglich, höhere Kanten gefahrlos zu überwinden, weshalb sie nur sehr beschränkt outdoortauglich sind. Deshalb empfehlen Menschen, die die Unfallstatistiken von Kindern und Jugendlichen überblicken, auch dringend, nur solche Roller zu fahren, die große und breite Räder haben. Am häufigsten führen Unfälle zu folgenschweren Kopfverletzungen, woraus wiederum folgt, dass auch beim Tretrollerfahren ein Helm unverzichtbar ist.
Eine Variante des Business-Rollers für den Herrn im Nadelstreif sind die sogenannten Monsterroller. Sie sind mit dicken und großen Reifen sowie Scheibenbremsen ausgerüstet. Ihr Daseinszweck: rasend schnell irgendwelche Berge runterzudonnern, und zwar gemeinsam mit anderen älteren Jungs. Dann aber ohne Anzug.

Skateboard
Das erste Mal wurde den schon etwas älteren Jungs bewusst, dass ihre allerbeste Zeit vorbei ist, als sie dem ersten jugendlichen Skateboard-Fahrer begegneten.
Wie das Snow- ist auch das Skateboarden vom Wellenreiten abgeleitet – in beiden Fällen entwickelten findige Jungs einen Weg, die Technik aufs Land zu übertragen. Los ging es mit dem Sport in den Sechzigern. Wobei „Sport" ein nicht ganz zutreffender Begriff ist, denn das Skateboarden wird von seinen Liebhabern als deutlich mehr verstanden: als Teil eines Lebensstils, zu dem ein spezifischer Soundtrack und ein ebenso spezifisches Vokabular gehören.

Rollski
Dabei handelt es sich um skiähnliche Bretter, die ungefähr einen halben Meter lang sind und an beiden Enden Räder haben (wahlweise zwei oder vier). Wenn man sich die Dinger angeschnallt hat, sucht man nach einer wenig befahrenen Straße und macht es wie die Skilangläufer. Das Rollski-Fahren ist eine eigene Sportart und paradoxerweise im Internationalen Ski-Verband organisiert. Wo es bergab geht, entfaltet natürlich auch dieses Fortbewegungsmittel einen gewissen „Affenzahn".

Schlitten, Bob und Airboard
Der klassische Holzschlitten mit seiner Sitzfläche aus geflochtenen ▶

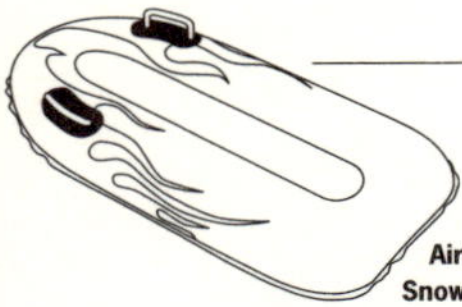

Airboard bzw. Snowbodyboard

Gurten leidet an einer gewissen Trägheit, da seine scharfen und schmalen Kufen im Schnee gerne stark einsinken. Erst auf einem steilen Hang und hartem Schnee kommt man ins Rasen. Dann freilich ist Vorsicht geboten, denn in letzter Zeit hört man immer öfter von schlimmen Unfällen, bei denen Menschen zu Schaden kommen.
Höhere Geschwindigkeiten erreicht man mit bestimmten modernen, aus Kunststoff gefertigten Bobs, die eine deutlich größere Rutschfläche haben – ein sehr gelungener und stabiler Vertreter dieser Gattung ist der „Big-Bobby-Bob" jener Firma, die auch das „Bobby-Car" (siehe Seite 194ff.) herstellt. Doch es gibt jede Menge weiterer Kinderbobs, die dem Anspruch des gehobenen Rasens entsprechen.
Erst seit kurzem gibt es ein schlittenartiges Sportgerät, mit dem man auf präparierten Pisten hohe Geschwindigkeiten erreicht (so um die 100 km/h). Das rund einen halben Meter lange Wunderding heißt „Airboard" (bzw. „Snowbodyboard") und ist ein aufblasbarer Schlitten, auf den man sich drauflegt. Fest hält man sich an den zwei seitlich befestigten Griffen, gebremst wird mit den Füßen oder indem man das Ding querstellt. Helm und Knieschoner sind Pflicht. Zusammengefaltet lässt sich das Board bequem im Rucksack transportieren.

Zweckentfremdete Fahrzeuge

Es gehört zu den Meisterleistungen von Kindern, sich die Welt nach ihren Vorstellungen zu formen – und Dinge, die für das eine gedacht sind, für etwas ganz anderes zu verwenden. Aus dieser Kategorie stammen die folgenden vier Dinge, deren zweckentfremdete Nutzung – darauf sei an dieser Stelle deutlich hingewiesen – nur mit größter Vorsicht erfolgen sollte. Wir werden gleich sehen warum.
Ein Klassiker ist zweifellos der **Plattformwagen**, besser bekannt als Spezial-Einkaufswagen, wie er in Baumärkten, auf dem Bahnhof oder Flughafen oder bei Ikea zu finden ist. Der Plattformwagen zeichnet sich dadurch aus, dass er eine große Ladefläche hat, auf die man sich wie auf einen Roller stellen kann, um damit durch die Selbstbedienungshallen zu kurven. Ja, wir wissen es, das ist im Grunde verboten – aber wo kämen wir hin, wenn Jungs darauf angewiesen wären, sich nur damit zu vergnügen, was das Etikett „erlaubt und ungefährlich" trüge.

Plattformwagen

Ähnlich funktioniert die **Ameise**. Darunter versteht man einen Hubwagen, der drei Räder hat und dazu dient, beladene Paletten ein wenig anzuheben und kurze Strecken zu transportieren. Das Ding hat zwei breite Metallschienen, die vorne durch einen Querträger verbunden sind; sie bilden ein U. An den offenen Enden der Metallschienen sind je ein Rad befestigt; vorne, wo die Lenkstange und der Hebemechanismus befestigt sind, eines. Am besten zweckentfremdet wird die Ameise, wenn man sich in Fahrtrichtung auf eine der beiden Schienen stellt, die Lenkstange zu sich kippt und mit dem freien Fuß anschiebt wie bei einem Roller. Doch Obacht: Die Ameise ist massiv gebaut, also ziemlich schwer und wenn man mit einem ungebremsten Hubwagen in jemanden hineinfährt, bricht man ihm ein paar Knochen. Nur was für Profis also! Logischerweise ist das Lenken von Ameisen in der beschriebenen Form untersagt.
Ähnlich unterhaltsam ist eines jener Hilfsmittel, die Umzugsunternehmen benutzen: **Möbelhunte**. Das sind einfache Bretter mit Gummibeschichtung, an denen vier Räder befestigt sind. Normalerweise werden sie dazu benutzt, schwere Möbelstücke zu bewegen. Es kann sehr kurzweilig sein, einen kleinen Anlauf zu nehmen und sich dann auf einen dieser Möbelhunte zu schwingen, um mit ihm durch die Wohnung zu donnern – oder die Autoeinfahrt hinunter. Doch wiederum Obacht! Die Räder der Möbelhunte sind in alle Richtungen drehbar, das heißt: Man kann das Gefährt kaum steuern, vielmehr dreht und rast es, wohin es will. Das führt immer wieder dazu, dass Wände oder Einrichtungsgegenstände in Mitleidenschaft gezogen werden.
Ein deutlich höheres Ansehen genießen die aufgepusteten **Schläuche von Traktorreifen** (Schlepperreifen). Die sind überall gerne gesehen und lassen sich zu jeder Jahreszeit nutzen: sommers als Schlauchbootersatz und winters als eine Art Bob („snow tube"), der freilich nicht ganz leicht zu steuern ist. Aber wer will es schon bequem?

Schlauch eines Traktorreifens

Riskante Überholmanöver – Crashs inklusive

Jungs welchen Alters auch immer haben eine ausgeprägte Vorliebe für ganz spezifisches Spielzeug. Dazu gehört alles, was schnell und ruppig ist und verspricht, spektakuläre Aktionen zu produzieren – bis hin zum eindrucksvollen Crash. Wer behauptet, Jungs hätten einen natürlichen Hang zu Spielzeug, bei dem es schnell, laut und heftig zugeht, der kann sich auf dreierlei berufen:

- auf die Thesen von Psychologen
- auf die übereinstimmenden Erfahrungen von Eltern und – im Falle etwas älterer Jungs – auf jene von Lebensgefährtinnen
- und auf die Forschungsergebnisse von Pädagogen.

Sie alle behaupten übereinstimmend, dass Jungs – stellt man sie vor die Wahl – einen großen Bogen um Puppen, Pferde und Wollknäuel machen und sich zielgerichtet Autos, Bausteinen und Fluggeräten zuwenden. Ein Grund dafür liege in der grundsätzlich unterschiedlichen biologischen Anlage von Mädchen und Jungs. Während Erstere ihrer Lust an Sprache folgten und entsprechendes Spielzeug dafür wählten, suchten Jungs nach Möglichkeiten, ihrer Freude am Wettkampf und am raumgreifenden Agieren nachzugehen.

Die große Frage, die bei diesem wie verwandten Themen mitschwingt, lautet natürlich: Ist das bevorzugte Spielen mit der Puppe oder dem Auto Ursache oder Ausdruck geschlechtsspezifischer Eigenarten? Die Ergebnisse der Forschung lassen darauf schließen, dass die Prägung von Rollen stärker von anderen Dinge beeinflusst wird *(u. a. von Konventionen und Medien)* als durch das rasante Bewegen eines Indoor-Helikopters.

Zu den Klassikern von Jungs-Spielzeug, das diesem Hang zur Schnelligkeit, Gefahr und zum Wettkampf folgt, gehören folgende Dinge *(die sich daher auch auf den meisten Wunschzetteln finden bzw. die man jederzeit an Jungs verschenken kann).*

Die Carrera-Rennautobahn
Deutscher Klassiker der Slot-Rennbahnen; groß geworden in den sechziger Jahren *(„Carrera 132 Universal")*, nach einer Krise in den Achtzigern heute wieder erfolgreich. Unvergesslich die Wettrennen gegen die Jungs aus der Nachbarschaft, nachdem Vater ächzend die Bahn aufgebaut hat.

So toll die klassischen Bahnen mit ihren rumpelnden, fehleranfälligen Analog-Autos auch sein mögen, so spannend sind die neuen Digital-Rennbahnen wie zum Beispiel die *„Carrera Digital 132"*. Hier können bis zu sechs Rennautos in einer Spur fahren *(jedes einzeln steuerbar, überholt wird mit Hilfe von Spurwechsel-Schienen)*, man kann deren Höchstgeschwindigkeit und Bremsverhalten programmieren sowie den Autos maximale Tankfüllungen zuweisen, so dass es zu echten Boxenstopps kommt, um mal vom Xenon-Licht der Automodelle ganz zu schweigen. Schöne Erinnerungen – wunderbare Gegenwart!

☛ **Selbst gemachte Flitzer**
Neben all den zeitgenössischen Dingern sei an dieser Stelle auf zwei Spielzeuge verwiesen, die mit einfachen Mitteln selbst zu bauen sind.

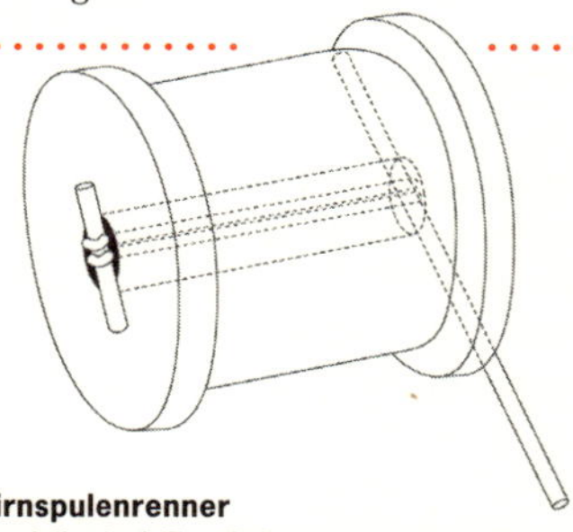

Orangenpapier-Vehikel
Es ist von geradezu zenartig reduzierter Form.
Materialbedarf: Ein Papier, mit dem Orangen eingewickelt sind *(bzw. ein ca. 10x10 cm großes Stück Seidenpapier)*, eine kleine Orange
❶ Alle vier Ecken des Papiers zu kleinen Zipfelchen drehen. ❷ Papier über die Orange stülpen. ❸ Orange in Bewegung setzen – und schon rollt das Papier wie von unsichtbarer Hand bewegt über den Parkettboden.

Zwirnspulenrenner
Materialbedarf: Eine Zwirnspule, mehrere kurze Gummibänder, ein ca. 2 cm langes Holzstäbchen, ein ca. 10 cm langes Holzstäbchen
❶ Die Gummibänder durch das Loch in der Zwirnspule fädeln ❷ Die Gummibandenden auf der einen Seite durch das kurze, auf der anderen Seite durch das lange Holzstäbchen fixieren. ❸ Die Spule festhalten und das lange Holzstäbchen so lange drehen, bis die Gummibänder in sich verdreht sind. ❹ Spule auf den Boden setzen – loslassen *(langes Holzstäbchen zeigt zum Jungen)*. Schon schnurrt die Rolle unter den nächsten Schrank.

Hot-Wheels-Autos und -Bahnen
Neben Matchbox die zweite Jungs prägende Spielzeugautomarke. Sie feierte im Januar 2008 ihren 40. Geburtstag und lud sechs prominente Autodesigner ein, spezielle Hot-Wheels-Modelle zu entwerfen. Hersteller ist Mattel, der wegen seiner Produktion in China immer wieder ins Gerede gekommen ist. Neben klassischen Modellen gibt es unzählige bizarre Designs. Ihnen allen gemein ist, dass sie besonders gut rollen, weil ihr Miterfinder *(und Mattel-Mitbegründer)* Elliot Handler es leid war, die lahmen Modellautos seiner Enkel durchs Wohnzimmer zu schieben. Seit den späten sechziger Jahren sind, laut Mattel, rund drei Milliarden Autos produziert worden.

Um die kleinen Autos *(Maßstab meist 1:64)* im richtigen Ambiente rasen lassen zu können, bietet Mattel viele Rennbahnen samt Beschleunigern an, die etwa in Form von Totenköpfen oder Geisterburgen gestaltet sind.

Ferngesteuerte Autos
Waren diese Autos früher einmal nur mittels eines Lenkrädchens zu steuern, das durch eine Metallwelle mit dem Fahrzeug verbunden war, so gibt es heute einen unübersehbaren Riesenmarkt für Autos, die man mittels Funk über weite Flächen oder durch matschiges Terrain lenken kann. Allein der Umstand, dass seriöse deutsche Elektronikläden eigene Abteilungen für ferngesteuerte Autos unterhalten, zeigt, dass die Grenze zwischen Jungs *(groß)* und Jungs *(klein)* fließend ist.

Unter sehr vielen anderen Firmen bietet Lego solche Autos für kleinere Jungs an; ihre Bausätze zeichnen sich dadurch aus, dass sie robust sind und sich immer wieder umbauen lassen. Ein eigenartiges Phänomen freilich ist, dass solche Autos erst brennend ersehnt werden, um dann bald unbeobachtet in einer Ecke zu verstauben. Muss noch untersucht werden.

Gar nicht mehr untersucht werden muss, ob große Jungs Spaß an solchen Autos haben. So finden sich im Internet viele Angebote für rund 25 cm große Elektroautos, die mit 4wheeldrive, High-Grip-Reifen und Frontrammern ausgestattet sind; sie sollen sich bestens für das Absolvieren von Rennstrecken eignen, die auf langen Konferenztischen zwischen Kaffeetassen, Gläsern und Papierstapeln aufgebaut wurden – so ein Online-Statement, das vom Vorstandsmitglied eines großen deutschen Energiekonzerns stammen soll. Der Slogan der einschlägigen Homepage lautet denn auch vollkommen korrekt: *„The difference between men and boys is the price of their toys!"*

Indoor-Helikopter und -Flugzeuge

Eine relativ junge Erscheinung sind jene Fluggeräte, die nur in geschlossenen Räumen verwendet werden können, da sie voller miniaturisierter Technik stecken. Das Unterhaltsame an den nach dem Aufladen rund fünf Minuten flugtauglichen Kleinstfliegern ist, dass man sie bequem vom Stuhl aus steuern und mit ihnen – bei einiger Übung – die wunderbarsten Kunststücke vollbringen kann.

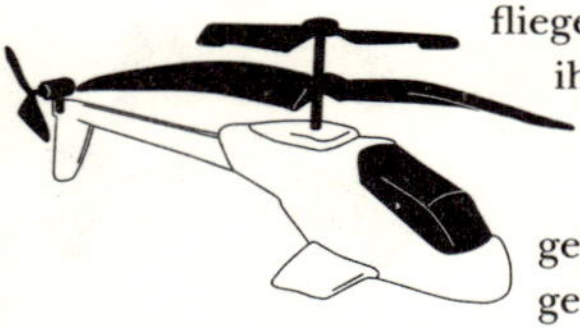

Indoor-Helikopter

Neben Carrera-Rennautobahnen und Spielkonsolen gehören diese kleinen Flieger zweifellos zu jenen Spielzeugen, um die zwischen großen und kleinen Jungs die heftigsten Verteilungskämpfe ausbrechen. Ebenfalls nicht weiter verwunderlich ist, dass es von der Modellbaufirma Graupner veranstaltete *„Office Cups"* gibt, bei denen große Jungs zeigen können, was sie in den Mittagspausen ihrer Jobs gelernt haben.

Rückzieh- und Aufziehautos

Dabei handelt es sich um die klassische Variante des elektrobetriebenen ferngesteuerten Autos. In der Regel werden diese Autos dadurch in Gang gesetzt, dass man sie fest auf den Boden drückt, gegen die Fahrtrichtung zurückzieht und sie dann loslässt. Im Idealfall rasen sie dann kerzengerade quer durch den Raum *(auch in diesem Zusammenhang hört man von Meisterschaften am Arbeitsplatz).* Eine stabile Variante bietet seit kurzem Playmobil an – mit dem zusätzlichen Vorteil, dass die verschiedenen Modelle miteinander kombiniert werden können, was zu stundenlangen Tuning- und Verfremdungssitzungen führt, bis endlich der ultimative Raser fertig ist.

Hauptsache schnell!

In manchen Momenten kommt es Jungs ausschließlich auf die Spitzengeschwindigkeiten an, die sich bei einer Sportart erreichen lassen. Hier eine kleine Tabelle als erste Entscheidungsgrundlage, in welche Richtung es gehen könnte. Sämtliche Angaben sind Annäherungswerte und wie stets bei solchen Tabellen Anlass für detailverliebte Debatten, die hiermit eröffnet seien.

km/h	Sportart
350	Formel 1
300	Fallschirmspringen
250	Gokart
230	Wasserski
220	Speedbike
160	Radrennen
140	Ski
140	Bob
130	Snowboard
110	Inlineskating
100	Skateboard
90	Windsurfen
86	Cat-Segeln
84	Surfen
60	Eisschnellauf
60	Galopprennen
40	100- bzw. 200-Meter-Lauf
15	Flossenschwimmen
15	Gehen

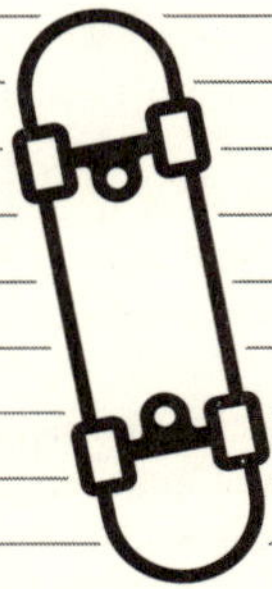

km/h	Ball-Sportart
290	Badminton
280	Golf
230	Tennis
200	Squash
180	Fußball
180	Eishockey (Puck)
170	Tischtennis
100	Handball

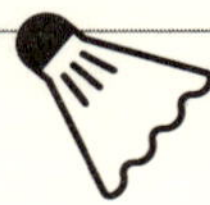

Hier spricht die Polizei!

Im Leben eines jeden Jungen kommt der Moment, in dem es an der Türe klingelt und draußen steht – die Polizei. Und zwar nicht, weil sie Bußgeld fürs Falschparken kassieren will, sondern weil sie einer strafbaren Handlung nachgeht.

Hier ein paar Handreichungen für den Fall, dass Sie der Vater des Jungen sind – oder selber der Junge, nach dem gefahndet wird. Diese Tipps beruhen auf Empfehlungen des Baden-Württembergischen Innenministeriums. Und das muss ja wissen, was Polizeisache ist.

Erste Maßnahme!

- Wie alt ist der Junge, nach dem die Polizei fragt?
- Ist der Junge unter 14 Jahre alt, kann kein Strafverfahren gegen ihn eingeleitet werden. Er gilt als Kind. Nach seinem Namen und Geburtsdatum freilich können die Herren in Uniform fragen.
- Ist der Junge zwischen 14 und 18, wird es ernst für ihn. Er muss wissen, was er tut – und wird daher auf der Basis des Jugendstrafrechts beurteilt.
- Noch ernster wird es für Jungs zwischen 18. und 21. Lebensjahr. Hier hängt es vom Einzelfall ab, ob der Richter noch das Jugend- oder schon das Erwachsenenstrafrecht anwendet.

Nur keine Aufregung! Und wenn, erst im richtigen Augenblick. Wenn Jungs nur ein einziges Mal etwas anstellen bzw. das Einschreiten der Polizei mit ein paar Kinkerlitzchen provoziert haben, dann dürfen Sie – mit dem Segen der Polizei – behaupten: *„entwicklungsbedingt"*. Der junge Mann will nämlich gerade in Erfahrung bringen, wer er ist; Teil seiner Suche nach der eigenen Identität ist es, Grenzen zu testen und sie (beabsichtigt oder unabsichtlich) zu überschreiten.

Seien Sie kooperativ – und sagen Sie den Polizisten, was sie wissen wollen! Auch wenn die Jungs (gesetzlich gesehen) noch als Kinder gelten sollten, muss die Polizei etwas unternehmen, sobald sie von einer Straftat erfährt. Dann werden die Beamten bei Ihnen an der Haustüre klingeln und Folgendes herausfinden wollen:

- Wie der Junge heißt und wie alt er ist.
- Wie sich die fragliche Sache abgespielt hat; was der Junge dabei für eine Rolle gespielt hat; wer außerdem dabei war.
- Ob Sie als Eltern den Eindruck erwecken, mit der Erziehung des Jungen überfordert zu sein (wenn ja, wird der Staat sich in dessen Erziehung einmischen).
- Und schließlich werden die Polizisten alles mitnehmen, was gestohlen ist oder tatrelevant erscheint.

Daran erkennen Sie, dass es richtig ernst wird!

Auf Schlimmeres gefasst machen sollten Sie sich, wenn die Polizei

- Ihre Wohnung durchsucht.
- Ihren Jungen näher befragt.
- Ihren Jungen mit zur Polizeiwache nimmt.
- Ihren Jungen, so er als Jugendlicher gilt, erkennungsdienstlich behandelt, also Fotos von ihm macht sowie Fingerabdrücke und eine Speichelprobe von ihm nimmt.

Dann hat die Polizei nämlich den Eindruck gewonnen, dass sie es mit einem schwerwiegenden Vorfall zu tun hat.

Wenn sich außerdem herausstellen sollte, dass Jugendliche und/oder Erwachsene in die Sache involviert sind, wenn der Geschädigte einen Strafantrag gestellt hat und wenn Sie als Eltern Ihre Fürsorgepflicht verletzt haben, dann kommt es zur Strafanzeige, und die Mühlen der Justiz beginnen zu mahlen. ▶

Und so kann die ganze Sache enden

- Ist der Junge unter 14 Jahre alt, geschieht ihm offiziell gar nichts. Es ist freilich empfehlenswert, ihm eine private Gardinenpredigt zu halten oder die Spielkonsole einzuziehen und ihm den Ernst der Lage klarzumachen – je nach Schwere der Angelegenheit.
- Zwischen dem 15. und 18. Lebensjahr kann der Junge seitens des Gerichts folgenderweise bestraft werden: durch Erziehungsmaßnahmen wie z. B. Arbeitsstunden, Anti-Gewalt-Training, Täter-Opfer-Ausgleich; „Zuchtmittel" wie z. B. Verwarnungen, Wiedergutmachung des Schadens, Entschuldigung, Arbeitsstunden sowie Arrest (bis zu vier Wochen); eine Jugendstrafe bei schweren Taten oder im Wiederholungsfall, und zwar nur dann, wenn erkennbar ist, dass der Jugendliche auf eine kriminelle Karriere zusteuert.

Sinn all dieser Strafen ist es – darauf weist die Polizei in ihrer Informationsschrift mit dem Titel *„Was nun?"* deutlich hin –, die Jungs zu erziehen, und zwar in der Hoffnung, dass sie geläutert werden. Eine Hoffnung, die in den allermeisten Fällen gerechtfertigt sein dürfte.

Hochklettern und runter-fallen

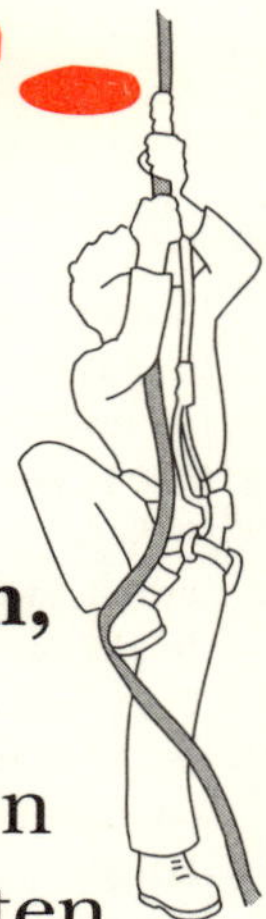

Über die Freude der Jungs an immer neuen **Herausforderungen,** den richtigen Umgang mit **Miss-erfolgen,** den zunehmenden Wahn vieler Eltern, ihre Kinder vom ersten Lebensjahr an mit **Wissen** vollzustopfen, sowie die Kunst, vom **Zehnmeterbrett** zu springen bzw. die Sache stilvoll bleiben zu lassen.

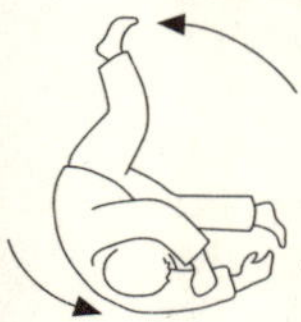

Von großen und nicht ganz so großen Erfolgen

Jungs lieben Herausforderungen. Sie wollen sich beweisen und sollen es auch. Alles ist bestens, solange sie schaffen, was sie sich vorgenommen haben. Die Probleme beginnen meist, wenn sie dabei Rückschläge erleiden. Schnell verlieren sie die Lust an weiteren Abenteuern. Wenn es so weit kommt, heißt es: Augen auf und dem Misserfolg ins Auge gesehen. Denn alles, was schiefgeht, hat nicht nur seine guten Seiten, sondern gehört zu einem erfüllten Jungsleben dazu.

Jungs beginnen recht früh, ihr eigenes Tun unter dem Blickwinkel zu betrachten: *War ich damit erfolgreich? Oder ist es schiefgegangen?* Vom dritten Lebensjahr an entwickeln sie Gefühle wie Stolz oder Scham, mit denen sie ihre Person und ihr Tun bewerten.

Solange alles gutgeht und die Jungs mit ihren Unternehmungen Erfolg haben, läuft alles bestens. Sie fühlen sich gut, und – was noch wichtiger ist – sie sind motiviert, weiterzumachen, Neues auszuprobieren, mutig zu sein.

Zu Krisen kommt es erst, wenn die Jungs glauben, es sei ihnen etwas danebengegangen, bzw. wenn sie tatsächlich scheitern. Ob es nun schlechte Zensuren in der Schule sind, ein verlorenes Pokémon- oder Fußballspiel, der Absturz vom Baum oder verunglückte Basteleien: Misserfolge lösen in Jungs unangenehme Gefühle aus: Scham, Niedergeschlagenheit, Entmutigung und Angst – Angst vor dem Ausgelachtwerden, der Missbilligung der Eltern, vor Strafen, vor weiteren Misserfolgen.

Weil wir Menschen die Angewohnheit haben, alles Unangenehme zu vermeiden, versuchen viele Jungs nach Misserfolgen einen großen Bogen um riskante Projekte zu machen. Sie ziehen sich zurück, quälen sich widerwillig zur nächsten Herausforderung, werden ängstlich und stellen das Abenteurertum ganz ein.

Hier beginnt die wirklich wichtige Aufgabe der großen Jungs, den kleinen in dieser Sache nicht nur beizustehen, sondern ihnen ein paar grundsätzliche Dinge nahezubringen. Das beginnt damit, dass Eltern ihre Jungs nach einem Misserfolg keinesfalls entmutigen dürfen *(„Na, typisch!“ – „Das musste ja so kommen!“ – „Das war ja wohl gar nichts!“).* Vielmehr geht es darum, gemeinsam mit den Kleinen nach den Ursachen des Misserfolgs zu suchen; sie zu ermutigen, es wieder zu versuchen, und ihnen die dafür nötigen Wege und Mittel zu zeigen.

Und noch viel wichtiger ist es, den Jungs dabei Folgendes klarzumachen:

- Misserfolge sind keine Ausnahmen, sondern sie sind ein Bestandteil unseres Lebens.
- Alle haben Misserfolge *(auch wenn niemand es gerne zugibt).*
- Es geht also nicht darum, wie man Misserfolge vermeiden kann *(das geht gar nicht),* sondern darum, was man aus ihnen lernt *(dazu sind sie da).*
- Misserfolge haben nichts mit unserem Wesen *(unserem Charakter, unserer Persönlichkeit)* zu tun, sie geben darüber keinerlei Auskunft bzw. dürfen unser Selbstbild nicht berühren.
- Vielmehr sollten wir Misserfolge als unsere Freunde betrachten *(und nicht als Feinde):* Sie helfen uns, es beim nächsten Mal besser zu machen. Und zwar die Sache und unsere Herangehensweise.
- Es gibt kein objektives Gesetz, das bestimmt, was wir als Misserfolg zu sehen haben und was als Erfolg. Es liegt vielmehr oft in unserem persönlichen Ermessen, wie wir was bewerten.

So hängt es zum Beispiel davon ab, mit wem wir uns vergleichen. Wenn wir uns ausschließlich an den Allerbesten orientieren, können wir uns systematisch klein machen *(wenngleich es sehr motivierend ist, sich Großes vorzunehmen, man darf es nur nicht übertreiben).* Das Gleiche gilt auch umgekehrt.

Manche Dinge, die erst wie ein Misserfolg erscheinen, stellen sich später als Glücksfall heraus. Ein berühmtes Beispiel: Ein Forscher wollte einen tollen Kleber erfinden, brachte aber nur Zeug zustande, das ein bisschen klebte und dann wieder abging. Später dann wurde ein Riesenerfolg draus. Er hatte nämlich die kleinen, gelben Post-its erfunden!

Weil es so wichtig ist, sei noch einmal darauf hingewiesen: Eine der wichtigen Aufgaben der großen Jungs bei Misserfolgen der kleinen Jungs ist es, ihnen möglichst viel von dem hier Beschriebenen nahezubringen. Auch wenn es beim ersten Versuch nicht klappt – aufgeben gilt nicht. Denn viele werden merken, dass sie selber gewisse Probleme damit haben, Misserfolge auf die beschriebene Weise zu sehen und zu behandeln. Aber es ist nie zu spät, das in Angriff zu nehmen. Die Jungs warten!

So klettert man senkrecht hoch – z. B. einen Baum

Solange der Aufstieg nicht zu steil ist, findet sich immer ein Weg nach oben. Doch was tun, wenn es senkrecht hoch geht? Da helfen nur ein starkes Seil, diverses Zubehör und ein paar Tricks, die man sich von Baumkletterern abschauen kann.

Hier sind sie – freilich erst mal für die mehr theoretische Beschäftigung mit dem senkrechten Hochklettern. Wer es professionell lernen will, kommt nicht umhin, sich mit ein paar großen Jungs zusammenzutun, die das schon können.

Materialien für den senkrechten Aufstieg

- dünnes Seil plus Sandsäckchen *(ca. 6 m lang, ca. 0,5 cm stark)*
- dickes, tragfähiges Aufstiegsseil *(ca. 6 m lang, ca. 1 cm stark)*
- 1 Karabiner
- Klettergurt *(auch „Hüft-“ bzw. „Sitzgurt“ genannt)*
- Reepschnur *(ca. 2 m lang; das ist eine dünne Sicherungsschnur)*
- sehr stabile Schuhe

1. Schritt

Wer auf einen hohen Baum klettern will, muss erst einmal ein Aufstiegsseil über einen starken Ast hängen. Um das zu erreichen gibt es zwei Wege:

- Man nimmt das dünnere Seil, knotet an dessen Ende ein Sandsäckchen
- wer kein Säckchen zur Hand hat, kann auch einen Franziskanerknoten in das Ende des Seils machen *(siehe Seite 162)*, der erfüllt denselben Zweck, nämlich das Seilende schwerer zu machen
- dann das Sandsäckchen samt Schnur *(bzw. dessen geknotetes Ende)* über einen dicken Ast werfen
- sobald das geschafft ist, das dicke Seil mittels Schotstek *(siehe Seite 163)* mit dem dünnen verknoten
- das dicke Seil hochziehen, bis dessen beide Enden nebeneinander zu Boden hängen
- an diesem Doppelseil erfolgt nun der Aufstieg in den Baum

2. Schritt

- den Klettergurt anlegen *(er besteht aus zwei Bein- und einer Hüftschlaufe, die miteinander verbunden sind; vorne am Bauch befindet sich die Anseilschlaufe, vgl. die Abb. links oben auf der Seite gegenüber)*
- die Reepschnur wird nun mittels eines Prusikknotens um die beiden herabhängenden Seile geschlungen und befestigt. Das sieht dann so aus:

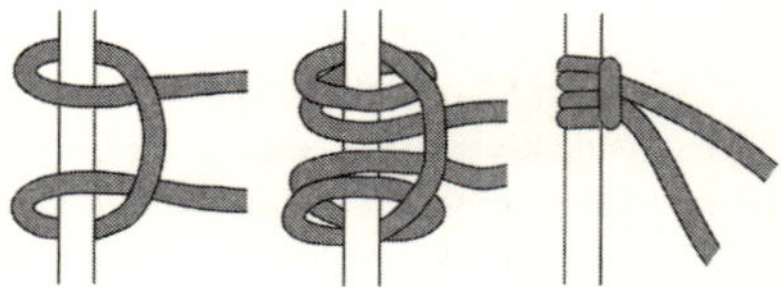

- am anderen Ende der Reepschnur einen Achtknoten schlingen. Das geht so:

- anschließend den Achtknoten mittels eines Karabiners an der Anseilschlaufe des Klettergurts befestigen *(vgl. die Abb. rechts oben auf der Seite gegenüber)*

Klettergurt fürs Senkrecht-Hochklettern

So sieht es aus, wenn die Reepschnur mittels Achtknoten und Karabiner am Klettergurt befestigt wurde

3. Schritt

Jetzt wird es mit dem Aufstieg auf den Baum langsam ernst.

■ mit beiden Händen beide Seile unter dem Prusikknoten umfassen

■ beide Beine anziehen und die Sohle des einen Fußes auf das Seil stellen (1)

■ mit dem Spann des anderen Fußes dagegen pressen (2)

■ indem man das Seil zwischen den beiden Füßen eingeklemmt hat, bekommt man nun Halt. Hochschieben kann man sich, indem man die Beine durchdrückt (3)

■ während dieser Aufwärtsbewegung den Prusikknoten nach oben schieben.

■ der Prusikknoten hat den Vorteil, dass er sich verschieben lässt, sobald er nicht mehr belastet wird

■ nun wieder die Beine anziehen und die Sohle des einen Fußes auf das Seil stellen

■ mit dem Spann des anderen Fußes dagegen pressen

■ Beine durchdrücken und Prusikknoten nach oben schieben

Die Reepschnur ist zur Sicherung da: Wenn man abrutscht und nach unten zu fallen droht, zieht sich der Prusikknoten zu, und man hängt im Klettergurt. Aber wie eingangs gesagt: Diese Anleitung hat eindeutig theoretischen Charakter und soll jedem zeigen, was er können muss, wenn er behauptet: *„Ich klettere senkrecht einen Baum hoch!"*

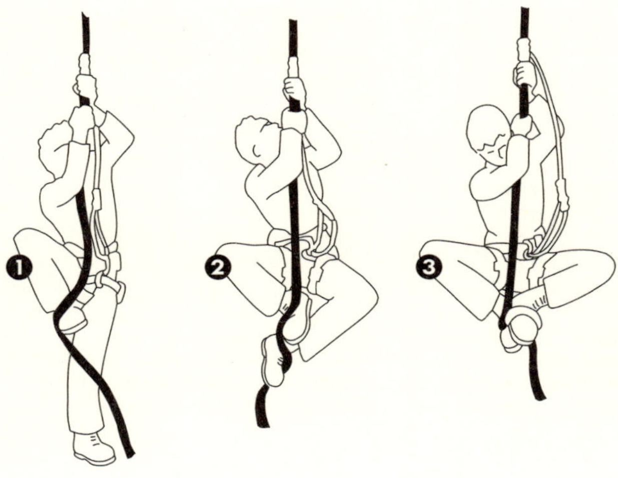

Entnommen sind diese Anweisungen einem Dokument des „United States Department of Agriculture. Forest Service. Technology & Development Program"

So baut man einen Flaschenzug

Kräftig zu sein ist nicht nur eine Frage von Muskeln, sondern auch von Intelligenz. Wer zum Beispiel das richtige Hilfsmittel besitzt, der kann ganz alleine Gegenstände hochheben, die schwerer sind als er selber. Er braucht dazu bloß ein Wunderding namens *„Flaschenzug"*.

Wer plant, ein Baumhaus zu bauen, oder wer da oben für Nachschub sorgen will – der braucht unbedingt einen Flaschenzug. Damit kann man nämlich mit wenig Kraft schwere Dinge in luftige Höhen transportieren – kleine Jungs inklusive. Selber einen zu bauen ist spannend und gar nicht schwer. Außerdem lernt man dabei auch noch den Trick kennen, mit dem so ein Flaschenzug funktioniert.

☛ Bauanleitung Flaschenzug

Material

■ 2 Latten *(50 cm lang, 4 x 4 cm stark)*
■ starkes und glattes Seil *(die Länge nach der Faustregel errechnen: 6 x die Höhe, die man überwinden will plus 2 Meter; das heißt: 2 Meter Höhe = 14 Meter Seil bzw. 3 Meter Höhe = 20 Meter Seil)* ■ 10 Ösenschrauben *(5 mm stark und 8 cm lang)* ■ Holzbohrer *(4 mm; für den Handbetrieb)*

1. Schritt

■ in beide Holzlatten je drei Löcher bohren *(ca. 2 cm tief)*
■ in diese Löcher die Ösenschrauben reindrehen *(dazu einen Schraubendreher oder ein Stöckchen durch die Ösen schieben, dann geht es leichter)*
■ die Ösen müssen im rechten Winkel zu den Latten stehen

2. Schritt

■ die beiden Latten in 30 cm Abstand nebeneinander auf den Boden legen
■ die Schnur an der äußeren Öse einer Holzlatte festbinden *(siehe Kapitel „Acht wichtige Knoten und wozu sie dienen", Seite 162 f.)*
■ anschließend die Schnur abwechselnd durch die Ösen der beiden Latten ziehen

3. Schritt

■ jetzt muss man den Flaschenzug bloß noch an einen Baum hängen
■ dazu muss man auf der oberen Latte zwei Löcher reinbohren und zwei Ösenschrauben anbringen
■ zwei starke Seile durch die beiden Ösen ziehen und die Latte an einem starken Ast festbinden
■ um Lasten hochziehen zu können, an der anderen Latte nach demselben Muster wieder zwei Ösenschrauben reindrehen
■ an denen können die Lasten befestigt werden.

Kleine Zusatzinformation *für alle, die es genau wissen wollen: Gleichgültig, ob der Flaschenzug so aussieht wie der oben beschriebene oder ob er auf Rollen läuft – sie alle funktionieren nach demselben Grundprinzip, nämlich wie ein Hebel. Mehr dazu rechts.*

Und so sieht der fertige Flaschenzug aus:

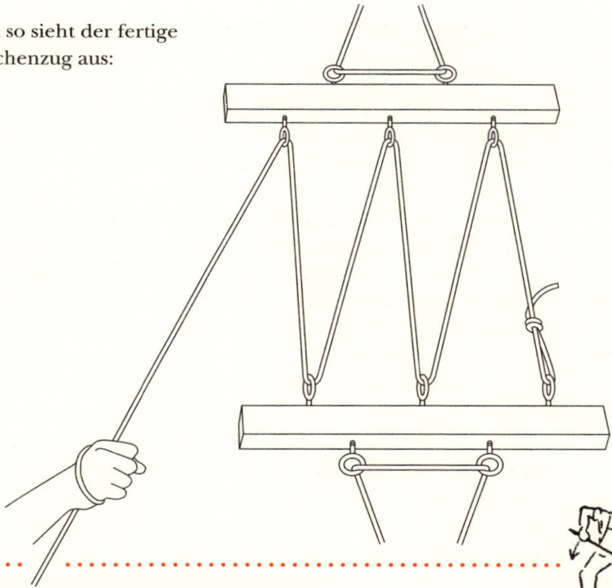

☛ Das Geheimnis der Hebelwirkung

Ein Hebel ist normalerweise eine Stange, mit der man schwere Dinge aufheben kann: Man steckt sie unter das Ding, legt einen Klotz als **Stützpunkt** darunter und drückt am längeren Arm der Stange nach unten.

Und schon schafft es auch ein kleiner Junge, ein Ding hochzuheben, das er ohne einen Hebel keinen Millimeter bewegen könnte. Das funktioniert deshalb, weil er sich durch den Einsatz des Hebels für das Bewegen der Last **mehr Zeit** nimmt und einen **längeren Weg** in Kauf nimmt – also gleichsam das Gewicht des Dings nicht auf einmal hochzuheben versucht, sondern in kleinen Raten und in einer längeren Zeit. Bildlich gesprochen zerlegt so ein Hebel ein schweres Ding in **handliche kleine Stücke,** die man bequem bewegen kann – um den Preis, dass man viel öfter zwischen dem Ausgangspunkt und dem Ziel des Dings hin- und herlaufen muss *(nur wer das ganze Ding auf einmal schultern kann, hat es mit einmaligem Hin- und Hergehen geschafft).* Beim Flaschenzug ist der Hebel keine Stange, sondern ein langes Seil, auf das das Gewicht gleichsam verteilt wird; um die Last hochzuheben, muss man einige Zeit an der Schnur ziehen, bis sie sich langsam, aber stetig nach oben bewegt.

Nieder mit den Stützrädern!

Fürsorgliche Papas glauben, ihren Jungs etwas Gutes zu tun, wenn sie ihnen zum Erlernen des Fahrradfahrens Stützräder montieren. Nett gemeint – aber großer Unfug. Leider werden Stützräder im Handel noch immer empfohlen.

Hier eine kurze, definitive Erklärung, warum man es den Jungs damit schwerer macht als ohne.

Stützräder sind nicht deshalb großer Mist, weil sie Anfänger davor bewahren, mit dem Fahrrad umzukippen. Sie sind Mist, weil sie den Jungs etwas vollkommen Falsches beibringen.

Stützräder werden ja gerne als Hilfsmittel angepriesen, mit dem Jungs das Fahrradfahren lernen könnten. Sie würden ihnen dabei helfen, das Gleichgewicht zu halten, bis die Papis dann eines Tages die lästigen Dinger abnehmen und die Jungs von nun an radeln könnten wie die Supersportler. Das ist leider Quatsch. Denn alles, was man beim Fahren mit Stützrädern lernt, ist: das Fahren mit Stützrädern. Und das unterscheidet sich fundamental vom klassischen Fahrradfahren. Um sicher durch die Kurven zu kommen, müssen die Jungs ihr Fahrrad nach außen kippen. Nur so bekommt es Kontakt mit dem äußeren Stützrad. Kaum haben die Jungs ihr Rad solcherart stabilisiert, rauschen sie sicher um die Ecke. Wenn sie das lange genug machen, geht ihnen dieses Aus-der-Kurve-Hinauslegen in Fleisch und Blut über. Beim klassischen Fahrradfahren hingegen geht es darum, sich in die Kurve hineinzulegen. Was sie fürs Fahrradfahren also lernen müssen, ist, die Scheu davor abzulegen. Außerdem gehört der eine oder andere Sturz ganz einfach dazu – aus erzieherischen Gründen (Stichwort: Selbsteinschätzung).

☛ Tipp

Wer seinen Jungs etwas Gutes tun will, der sollte Folgendes machen:

■ Ihnen eines dieser wunderbaren *(aber leider teuren)* Laufräder z. B. von Like a Bike kaufen. Diese Räder werden bloß mit den Beinen angetrieben; sie haben den großen Vorteil, leicht und schön zu sein, so dass man sie gerne überallhin mitnimmt.

■ Mit ihnen lernen die Jungs auf einfache Weise, worauf es beim Radfahren ankommt: aufs Gleichgewicht! *Erst gehen sie nur und schieben das Rad mit den Füßen an, dann kommen die ersten kurzen gerollten Strecken, dabei gewinnen sie ein Gefühl fürs Gleichgewicht und Sicherheit, bis es schließlich richtig zur Sache geht).*

■ Vom ersten Tag an: **Sturzhelm nicht vergessen!**

■ Sinnvoll frühestens ab drei Jahren.

■ Mit diesem Rad die Jungs so lange fahren lassen, bis sie definitiv zu klein dafür sind. Anschließend auf ein Jungsfahrrad umsteigen – und dabei zusehen, wie sie sich draufsetzen und losfahren, als hätten sie nie etwas anderes gemacht.

Kleines Survivalkit für Abenteurer auf Reisen

Endlose Autofahrten, monotone Flüge, ereignislose Zugfahrten, bleierne Schiffspassagen: Manche Reisen wollen kein Ende nehmen, weshalb unsere Jungs vor Langeweile vergehen. Hier einige Hilfsmittel, die die Zeit vertreiben helfen und Sätze wie „Wann sind wir endlich da?" seltener werden lassen. Das effektivste Mittel gegen Langeweile auf Reisen sind natürlich technische Geräte. Wer diese Empfehlung zu radikal findet, dem sei in Erinnerung gerufen: Für Jungs stellen sich Stunden als kleine Ewigkeiten dar; denken Sie an Ihre eigenen Fahrten zu Oma aufs Land. Lange Fahrten sind keine Zeitfenster, die pädagogischen Zwecken dienen, sondern sie müssen überwunden, geschlossen bzw. möglichst schnell abgehakt werden. *(Die Symbole beziehen sich auf die Einsatzmöglichkeiten der Empfehlungen, die Sterne auf deren Qualität.)*

iPod

★★★★★

Längere Zeit für die Erstellung der iPod-Playlisten einplanen und bei mehreren Jungs die entsprechende Anzahl an Geräten mitnehmen; die jeweiligen Playlisten dann strategisch einsetzen. Sie sollten bereithalten:

- eine Hochkultur-Playliste *(„Sagen des klassischen Altertums", „Till Eulenspiegel" etc.)*
- eine Trash-Playliste *(„Die drei ???", Hörspielfassungen von „Cars", „Shrek" etc.)*
- eine Chill-out-Playliste *(sanfte Musik, Lieder mit „Pettersson und Findus", Mitsinglieder)*
- eine Fernreisen-Playliste *(Rufus Beck liest „Harry Potter" und zwar alle sieben Bände hintereinander)*

Radio

★

Mit einem Autoradio kann man die jeweiligen lokalen Kindersendungen empfangen; sie bieten freilich oft nervtötende Mischungen aus Kinderliedern, Hörspielen und Popsongs. Weniger empfehlenswert, weil stark von der Programmgestaltung abhängig.

DVD-Player, tragbare

★★★★★

Diese Abspielgeräte haben einen kleinformatigen Bildschirm, auf dem die Jungs ihre Lieblings-DVDs sehen können. Kopfhörer nicht vergessen! Nicht bedingungslos empfehlenswert, weil zu viel technisches Gerät für zu wenig Leistung *(siehe iPhone und Computer)*

Videospielkonsolen, tragbare

★★★★★

Absolut wirksames Ewigkeiten-Überbrückungs-Gerät. Die aktuelle Auswahl beschränkt sich auf zwei Modelle:

- Nintendo DS
- PlayStation Portable

Vor allem die Nintendo DS ist sehr erfolgreich; es gibt viele Spiele, auch pädagogisch wertvolle wie z. B. „Dr. Kawashimas Gehirn Jogging", Schachprogramme, Wortschatztraining, Sudokus. Man sollte sich aber nichts vormachen: Gefragt sind „New Super Mario Bros.", „Mario Kart DS" oder „Mario Party DS", sämtlich Spiele, bei denen es um *hit and run and race* geht *(näheres dazu im Kapitel „Kämpfen und spielen" auf Seite 102)*. Bei der Neuanschaffung gleich das Zubehörset mitkaufen *(ist ja auch schon egal)*, denn darin befindet sich u. a. ein Kopfhörer. ▶

iPhone

★★★★★

Wer ein iPhone besitzt, sollte sich ernsthaft überlegen, es den mitreisenden Jungs zur Verfügung zu stellen, denn es bietet jede Menge unterhaltsame Angebote wie z. B. Spiele, Filme, Fotosammlungen, Musik, Navigationsfunktion und Google Earth *(also Luftbildansichten der Erde, die das Große und Ganze ebenso zeigen wie das eigene Haus samt davor geparktem Privatauto)*. Ein Angebot, das nur im Inland empfehlenswert ist – sonst wird es sehr teuer.

Computer

★★★★★

Die raumgreifende Variante des iPhone ist ein Laptop, auf dem sich neben den klassischen Attraktionen *(Musik, Filme, Hörbücher, Fotos, Spiele)* auch anderes machen lässt wie malen, Texte schreiben und in Weltkarten stöbern.

Spiele, klassische

★★★

Es müssen selbstverständlich nicht unbedingt High-Tech-Geräte eingesetzt werden, um Jungs eine gewisse Zeitlang zu unterhalten. Es gibt auch ein paar konventionelle Spiele, die die Jungs eine Weile bei Laune halten.

- Magnetspiele *(aufklappbare Boxen mit Magnetfiguren; Schach; Dame)*
- Magnetmaltafeln *(mit einem Metallstift kann man Bilder malen, die durch einen Handgriff wieder entfernbar sind)*
- „52 witzige Spiele für das Flugzeug" *(Kartenserie, wird demnächst um weitere Verkehrsmittel ergänzt)*
- Micro-Spielwelten von Playmobil *(buchgroße Boxen, in denen sich kleine Szenen plus Spielzeug befinden: Hafen, Bauernhof, Flughafen)*
- Bandolino *(querformatige Wissensspiele, bei denen man die richtigen Antworten durch ein Band markieren muss; auf der Rückseite können die Jungs selber überprüfen, ob sie richtig liegen)*

Bücher, klassische

★★★★★

Mit den Jungs gemeinsam das hauseigene Regal abschreiten und eine Mischung aus Favoriten und nun-mal-langsam-fälligen Büchern auswählen. Bücher eignen sich natürlich deutlich besser für Zug, Schiff und Flugzeug, wenngleich es ein inniges Familienerlebnis sein kann, wenn der Beifahrer vorliest und sowohl die Jungs wie der Fahrer zuhören. Doch Obacht! Keine zu intensive Lektüre wählen, da der Lenker sich konzentrieren muss.

CD- / DVD-Player

★★★/★★★★★

Alle modernen Autos sind mit einer Musikanlage ausgestattet, bei der man meist einstellen kann, aus welchen Lautsprechern die Musik oder das Hörbuch kommt: nur aus den vorderen, aus den vorderen und hinteren zugleich oder nur aus den hinteren Lautsprechern.

Um der zigten Wiederholung des „Piraten der Karibik"- oder „Die drei Musketiere"-Hörspiels zu entgehen, empfiehlt es sich dringend, die vorderen Lautsprecher vollkommen abzuschalten und nur die hinteren zu aktivieren. Es ist erstaunlich, wie weit entfernt plötzlich Jack Sparrow und D'Artagnan die Degen ziehen und ihre Gegner zum Duell fordern. Man kann vorne sogar ein kleines Gespräch führen!

Noch besser ausgestattete Autos besitzen kleine Bildschirme, die auf den Rückseiten der Nackenstützen montiert sind und die von einem DVD-Player gespeist werden. Solcherart ausgerüstet, kann man eine längere Fahrt durch kinoartige Vorführungen höchst attraktiv gestalten.

Beschäftigungstherapien

Nur bedingt zu empfehlen sind hingegen Spiele wie:

- Automarken zählen
- Kennzeichen raten
- Kofferpacken

(Einer fängt an: „Ich packe in meinen Koffer eine Zahnbürste" – der Nächste legt was dazu, muss aber immer auch die zuvor gesagten Dinge aufzählen.)

Das hat einen einfachen Grund: Sie sind sowohl für die Jungs wie die Eltern bereits nach kurzer Zeit langweilig. Und Sie befinden sich genau dort, wo Sie begonnen haben: bei Jungs, die fragen, ob man denn endlich da sei.

Wie man es schafft, gut hinzufallen

Aufrecht durch die Welt laufen ist einfach. Ob man sich und seinen Körper beherrscht, zeigt sich erst, wenn man stürzt. Daher sollte jeder Junge wissen, wie er gut hinfällt – und dabei vermeiden kann, sich zu verletzen.

Jeder, der eine der vielen asiatischen Kampfsportarten trainiert, lernt genau das. Denn oft besteht die beste Verteidigung darin, vor dem anderen zurückzuweichen oder sich fallen zu lassen.

So verschieden diese Sportarten *(Judo, Jiu-Jitsu oder Aikido)* auch sein mögen – es lassen sich daraus eine Reihe von Regeln ableiten, die jeder beherzigen sollte, der die Kunst des richtigen Fallens lernen will. Dabei gilt es prinzipiell, jene Kräfte möglichst schonend umzulenken, die bei unglücklichen Stürzen für Verletzungen sorgen; zudem sollte man darauf achten, besonders leicht verwundbare Körperteile wie den Kopf oder die Wirbelsäule zu schützen.

Die japanischen Schriftzeichen für Judo: „Ju“ (oben) steht für „Sanftheit“ und „do“ für „Weg“. Judo bedeutet also „sanfter Weg“ bzw. „Weg des Nachgebens“.

Konkret bedeutet das:

- Keinesfalls versuchen, sich mit den Armen abzustützen – dabei tut man sich richtig weh.
- Stattdessen beim Hinfallen immer versuchen, über den Rücken abzurollen – und zwar nicht über den Kopf wie beim Purzelbaum, sondern über eine Schulter und die Körperseite *(Details siehe nächste Seite)*.
- Kinn auf die Brust drücken, um den Kopf und die Wirbelsäule in Sicherheit zu bringen.
- Tief ausatmen! Das führt dazu, dass man einen runden Rücken macht, den Kopf senkt und die Muskeln anspannt. Außerdem ist die Lunge im leeren Zustand weniger empfindlich gegen Verletzungen und Schläge.
- Beim Aufkommen mit der flachen Hand und dem Unterarm auf den Boden schlagen – das kann man zum Beispiel bei den Judokämpfern beobachten; sie tun es, um die Wucht des Aufschlags zu mildern.

Das Nach-vorne-Fallen

- Einen Arm und eine Schulter nach vorne schieben, so dass sie eine Art Rad bilden, über das man den Körper abrollen kann
- Nun über die vorgeschobene Schulter abrollen; dadurch schont man die Wirbelsäule
- Ausatmen ■ Kopf auf die Brust
- Finger zum Körper drehen *(ansonsten bricht man sie sich leicht)*

Das Nach-hinten-Fallen

- Mit einer Hand nach dem Boden tasten – über diese Schulter nach hinten rollen
- Ausatmen ■ Kopf auf die Brust
- Mit dem anderen Arm und der flachen Hand auf den Boden schlagen

Das Seitwärts-Fallen (nach rechts)

- Rechtes Bein und die dazugehörige Schulter zur linken Körperseite drehen.
- Linkes Bein einknicken und auf die Seite fallen lassen – während des Fallens das linke Bein wieder ausstrecken.
- Mit dem linken Arm auf dem Boden abschlagen – ihn dabei unbedingt gestreckt lassen und nicht abwinkeln.

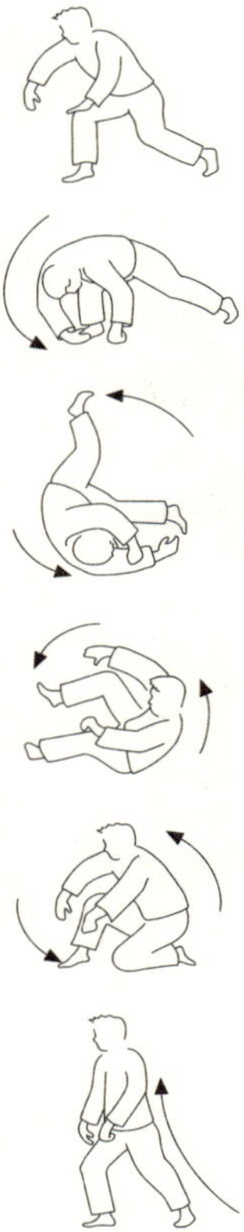

So fällt man richtig nach vorne hin – ohne sich wehzutun

☛ Stürzen beim Skaten

Manchmal kann es beim Skaten ratsam sein, freiwillig zu stürzen – beispielsweise, um einen Zusammenstoß zu verhindern. Der verläuft freilich nur dann glimpflich, wenn man die vorgeschriebene Schutzkleidung trägt *(Knie-, Ellbogen- und Handgelenkschützer, Helm)*.

- Gleichzeitig auf beide Knie fallen lassen.
- Mit dem Po fest auf die beiden Skates setzen – und sitzen bleiben.
- So weiterschlittern, bis man zum Stillstand kommt.
- Wenn man nach vorne geschleudert wird, mit den Handflächen zusätzlich bremsen – Finger in die Höhe strecken, Po auf den Skates lassen.

Kleine, aber bestimmte Polemik gegen die Frühförderung

Eltern wollen nur das Beste für ihre Jungs. Das ist gar keine Frage. Die Frage aber lautet: Was ist dieses „Beste"? Für die einen besteht es darin, ihren Jungs eine möglichst unbeschwerte Kindheit voller spannender Herausforderungen zu ermöglichen. Für die anderen darin, die Jungs möglichst früh mit Wissen vollzustopfen. Sie sollen ja rasch klug werden und erfolgreich und reich.

Selbst Papis, die es mit der eigenen Schulkarriere nicht so genau genommen haben, werden zunehmend von einem schlechten Gewissen geplagt: *„Sollte ich nicht mehr für unsere Jungs tun? Klavierunterricht? Englisch ab einem Jahr? Vielleicht ist der Junge hochintelligent, und ich habe es nicht bemerkt? Tennis müsste auch noch sein, wegen des Ausgleichs!"* Jeder Papi kann diesen seit Jahren lauter werdenden inneren Monolog mitsprechen.

Dieses schlechte Gewissen kommt nicht von ungefähr. Es ist vielmehr Ausdruck einer allgemeinen Stimmung, die sich mit folgenden Sätzen zusammenfassen lässt:

- Die **ersten Jahre** der kindlichen Entwicklung sind entscheidend! Was die Jungs jetzt nicht lernen, können sie später nicht mehr nachholen!
- Nur so holen die Jungs einen uneinholbaren **Vorsprung** raus!
- Die **Gehirnforschung** zeigt ja, wie wichtig das mit den Synapsen ist! Die müssen vernetzt werden!
- Wer heutzutage nicht **fließend Englisch** spricht, hat schon verloren!
- Die Arbeitsplätze werden immer weniger – **nur die Besten** werden überleben!
- Die Jungs sind heute **ganz anderen Anforderungen** ausgesetzt als wir – darauf müssen wir sie vorbereiten!
- Spielen? Vergeudung wertvoller Zeit. Die Kleinen sollen möglichst früh was **Sinnvolles** lernen!

Hergestellt und verbreitet wird diese wabernde Stimmung durch Zeitungsartikel ebenso wie Internetforen, TV-Beiträge und die unzähligen Gespräche, die wir mit den Papis und Mamis anderer Jungs führen. *„Was, Ihrer kann noch nicht das große Einmaleins? Unsere hat schon vor einem halben Jahr …"* – *„Wir sind jetzt im Ruderclub; jeder weiß, dass hier die Beziehungen fürs Leben geknüpft werden."* – *„Nein, am Dienstag können wir nicht, da ist Klavierunterricht. Am Freitag? Tennis! Und gleich danach Chinesisch-Lektion."*

Der beste Indikator dafür, dass sich immer mehr Eltern immer mehr Gedanken darüber machen, wie sie ihre Jungs mit Wissen versorgen könnten, ist das wachsende Angebot an Firmen, die die frühkindliche Förderung zum Geschäft gemacht haben. So bietet zum Beispiel FasTracKids International, Ltd. – ein 1988 in den USA gegründeter, mittlerweile auf Franchisebasis international agierender Laden – ein hirnforschungserprobtes Programm an; es richtet sich an Kinder von zwei bis neun Jahren und umfasst zwölf Unterrichtsfächer von Astrologie bis Technologie.

Noch früher geht Helen Doron an die Sache heran: Bei ihr gibt es bereits Early-English-Kurse für drei Monate alte Babys. Und eine Firma namens www.babyplus.com wendet sich sogar an Ungeborene – mit einem *„pränatalen Erziehungs-System"*. Die zentrale Aussage der Homepage: *„Ihre Gebärmutter – das ideale Klassenzimmer"*. Natürlich wissenschaftlich belegt, dass solcherart bearbeitete Föten später klüger und erfolgreicher sind! Dagegen nehmen sich Angebote wie Babyschwimmen und Geigelernen im Vorschulalter geradezu fahrlässig spät aus.

Zwischenfrage: Was soll bloß so schlecht daran sein, Jungs möglichst früh zu fördern?

Kurze Antwort: prinzipiell gar nichts, klar! Natürlich entwickeln sich Kinder, die in einer liebevoll-aufmerksamen Umgebung aufwachsen, die sie mit stets neuen Impulsen versorgt, bestens – obwohl auch solche erfolgreich sein können, die all das entbehren. Das Problem beginnt, wenn aus der Frühförderung der Jungs ein generalstabsmäßig geplantes und ideologisch überfrachtetes Riesenunternehmen gemacht wird – getrieben von der elterlichen Panik, jeder Spielenachmittag sei verplemperte Zeit. Hier ein paar schlagkräftige Gegenargumente:

- Durch das ständige Geraune um die **Hirnforschung** und deren revolutionäre Erkenntnisse, hat sich die Vorstellung durchgesetzt, Eltern könnten das Gehirn ihrer Jungs konkret formen. Man müsse nur ganz bestimmte Übungen machen, und schon sei alles bestens. Diese Ansicht ist vollkommener Unsinn! **Das Gehirn ist kein Muskel,** den man trainieren kann wie einen Oberarm; vielmehr ist Lernen ein ungleich komplexerer Vorgang, der auf vielerlei Wegen vor sich geht.
- **Frühkindliches Lernen braucht viel Zeit** und vollzieht sich nicht in Form von Lektionen, sondern im Spiel, im Versuch, im Abschweifen, im Handeln, im Irrtum und im *(scheinbaren)* Nichtstun. Spielen sei *„der Hauptberuf eines jeden Kindes, das dabei ist, die Welt um sich herum, sich selbst, Geschehnisse und Situationen, Beobachtungen und Erlebnisse im wahrsten Sinn des Wortes zu begreifen"*, bringt es der angesehene Pädagoge Martin R. Textor in seinem Online-Handbuch zur Kindergartenpädagogik sehr schön auf den Punkt *(www.kindergartenpaedagogik.de).*
- Entgegen vielen Behauptungen existieren **keine gesicherten wissenschaftlichen Beweise,** dass frühkindliche Intensivprogramme nachhaltige Auswirkungen auf die spätere geistige Entwicklung hätten.
- Ob Kinder **klug oder nicht ganz so klug** sind, wird auch durch die **Vererbung** mitentschieden *(die Fachleute sind sich bloß nicht ganz einig, zu welchem Prozentsatz die Umwelt und zu welchem die Anlagen schuld sind).*
- Die Angebote vieler Frühbildungs-Unternehmen haben mitunter **unangenehme Nebenwirkungen:** Durch die starke Zuwendung wird das Ego der Jungs im Übermaß gefördert; wenn sie dann in den Kindergarten, die Vorschule oder die Grundschule kommen, müssen sie sich erst mühsam daran gewöhnen, dass sie Teil einer lernenden Gruppe sind und keine Einzeldarsteller mehr.
- Noch mehr **Bücher und noch mehr intelligentes Spielzeug führen nicht zu noch intelligenteren Jungs** – auch wenn es so zu sein scheint, weil kluge Jungs in der Regel viele Bücher haben und lesen. Es ist vielmehr umgekehrt! Bücher sind nicht die Ursache für Klugheit, sondern deren Ausdruck. Das heißt: Kluge Jungs bekommen Bücher geschenkt, weil sie schon klug sind. Ungleich wichtiger hingegen ist der soziale Hintergrund: Wer aus bildungsnahen Schichten stammt, der kann gar nicht anders, als daran zu partizipieren. Schlechter sieht es für die Jungs aus bildungsfernen Familien aus.

Womit wir uns langsam der Frage zuwenden: Was rumort da eigentlich in uns, wenn wir uns von der herrschenden Hysterie um die Frühförderung unserer Jungs anstecken lassen *(und sie an andere weitergeben)?*

Hier ein paar Vermutungen

- Wir sitzen einem **kollektiven Irrtum** auf und schaffen es nicht, kühlen Kopf zu bewahren.
- Wir projizieren unsere **Wünsche und Befürchtungen** auf Jungs – sie sollen erledigen, wozu wir zu faul und/oder zu unbegabt waren.
- Wir spüren den kalten Hauch einer **globalisierten Wirtschaft** und schließen daraus, die einzige Chance sei es, unsere Jungs mit Wissen vollzustopfen, um sie fit für die Zukunft zu machen.
- Ganz im Hintergrund unseres Kopfes sitzt die nagende Angst, wir Angehörige des Mittelstandes könnten **sozial absteigen.** Und dagegen versuchen wir uns unbewusst zu stemmen, indem wir unsere Kinder den **privaten Bildungseinrichtungen** aushändigen. Sie sollen die Jungs fördern – und uns damit die Angst nehmen.
- **Wir sind heute nicht mehr so selbstverständlich Eltern wie noch vor einigen Jahrzehnten.** Ganz im Gegenteil. Die Gründung einer Familie ist heute eine Option unter mehreren. Daher haben sich die Anforderungen an uns Eltern massiv erhöht: Wir sind heute viel mehr für das Ach und Weh unserer Kinder zuständig. Das Resultat: Wir fühlen uns stark **„unter Druck“** gesetzt. Das ist nicht bloß eine Behauptung, sondern das Ergebnis einer aktuellen Studie *(Februar 2008)* im Auftrag der Konrad-Adenauer-Stiftung. Ob es um die Bildung der Kinder geht, deren Erziehung, die finanzielle Lage der Familie oder deren Vereinbarkeit mit dem Beruf – lauter Aufgaben, die einerseits erfüllt werden müssen, bei denen aber vielfach die verbindlichen Maßstäbe, die Solidarität anderer Eltern und die nötige Unterstützung durch die Gesellschaft und die Politik fehlen. Kein Wunder also, dass wir Eltern – aus einer breiten bürgerlichen Mitte stammend, wie die Studie schreibt – hektisch nach Wegen suchen, diesem Druck nachzugeben. Indem wir beispielsweise unsere Kinder **möglichst früh und effektiv zu fördern** versuchen.
- So sind wir – ohne es zu wollen – zu Vertretern der herrschenden **Doping-Gesellschaft** geworden, in der die irrige Ansicht herrscht, alles

sei machbar: die Intelligenz unserer Jungs *(durch Frühförderung),* das jugendliche Aussehen *(Botox)* und die ewige Schönheit *(Schönheits-OPs).*

Was dagegen hilft?

- Wir sollten daran denken, dass wir mit einem Wust an Erwartungen und Aufgaben zu kämpfen haben, die unseren Eltern noch fremd waren. Allein das zu wissen, wirklich zu verstehen und immer wieder **mit anderen Eltern darüber zu sprechen,** hat eine ungemein erleichternde Wirkung. Es geht den meisten so! Und wer darüber spricht, macht einen ersten Schritt in die Entspanntheit.
- Gegen die Angst vor dem sozialen Abstieg hilft nur ein **Blick in den Spiegel** – dann haben wir die Chance zu erkennen, was uns da antreibt. Und dann können wir erkennen, dass die Jungs nicht dafür zuständig sind, sie uns zu nehmen.
- Wir sollten uns klarmachen, dass die Förderung und die Bildung unserer Jungs **kein Wettlauf** ist, der keine Umwege erlaubt. Ganz im Gegenteil: Lernen und Erkennen bestehen nicht selten daraus, dass man **Umwege** nimmt, sich Ruhe gönnt und Zeit verplempert.
- Auf einen Teil der Klugheit unserer Jungs haben wir ohnehin keinen Einfluss – sie ist ihnen gegeben. Oder eben nicht. Schuld daran sind die **Erbanlagen,** die sie mitbringen. Wo man sich deswegen beschweren kann, entzieht sich unserer Kenntnis.
- Alle Angebote, die versprechen, bereits im **Mutterleib** für die Entwicklung der kindlichen Intelligenz zu sorgen, sind mit Vorsicht zu genießen.
- Es gibt nicht nur eine Phase, in der wir besonders lernfähig sind, sondern drei: während der frühkindlichen Phase, während der Adoleszenz, unser Leben lang. Es besteht also **keinerlei Grund zur Hektik.**
- Die Jungs spielerisch zu fördern, sie von übermäßigem TV- und Videospielkonsum fernzuhalten, ist hingegen vollkommen richtig.

Aber, Hand aufs Herz: All das haben wir doch immer schon gewusst, oder? Das einzige Problem sind wir selber und unsere mangelnde Entspanntheit.

So springt man vom Zehnmeterbrett

Der Zehner im Schwimmbad – im Leben aller Jungs kommt der Moment, in denen sie sich dieser Herausforderung stellen wollen bzw. müssen. Was tun? Wie sie meistern? Oder umgehen?

Hier ein paar Tipps für die richtige Sprungtechnik, zur Überwindung der Angst und zum stilvollen Rückzug.

Das wirklich Unangenehme am Zehnmeterbrett ist, dass es von unten deutlich weniger hoch erscheint als von oben. Das verführt viele dazu, vollmundig anzukündigen: *„Da springe ich locker runter!"* Das ist keine gute Idee. Vielmehr ist empfehlenswert:

- **Erst einmal einen kleinen Höheneignungstest machen.** Also: erst auf den Dreier klettern, dann auf den Fünfer und schließlich auf den Zehner. Runterschauen. Wer dann immer noch darauf beharrt, von ganz oben herunterzuspringen, sollte Folgendes berücksichtigen:
- **Technische Details:** Ein 30 Kilogramm schwerer Körper beschleunigt bei einem Sprung vom Zehner auf ca. 50 km/h – mit dieser Geschwindigkeit taucht man ins Wasser. Der freie Fall dauert rund eine Sekunde. Die Mindesttiefe des Beckens muss 4,5 Meter betragen.
- **Keinen Kopfsprung vom Zehner!** Die Gefahr, sich zu überschlagen, ist zu groß. Auch keine Arschbomben! Das Eintauchen ins Wasser bei einer Sprunghöhe von zehn Metern wäre zu schmerzhaft.
- Stattdessen einen **Fußsprung** machen.

So überwindet man sich

Wer sich prinzipiell davor fürchtet, vom Zehner zu springen, sollte es bleiben lassen. Es gibt zwar spezielle Angstüberwindungs-Trainings, aber wozu sollten die gut sein? Der Spaß am Abenteuer ist, dass die Angst groß, aber nicht übergroß ist und man noch handlungsfähig bleibt. Alles andere ist Leicht- und Unsinn.

■ Um sich zu überwinden, braucht ein Mensch zwischen 12 und 15 Sekunden. Das heißt: Das klassische *„Zähle jetzt bis drei und dann geht es los“* ist eindeutig zu kurz gegriffen. Man sollte sich also Zeit geben, bis man sich dazu entschließt zu springen.

■ Langsam bis 12 zählen – und dann den Entschluss fassen (welchen auch immer).

☛ Der Fußsprung

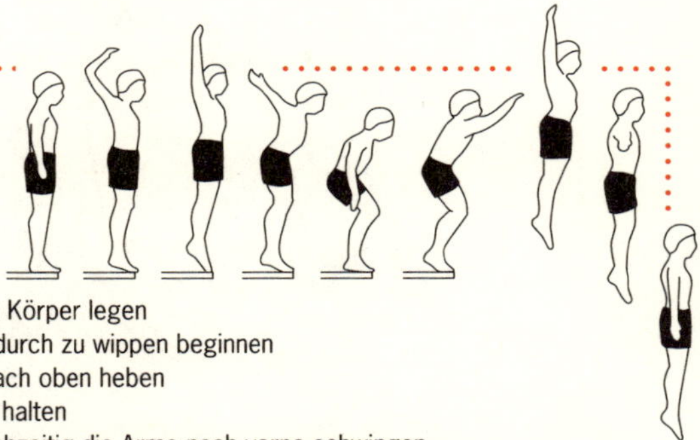

■ Auf die äußerste Kante des Sprungbretts gehen
■ die Zehen müssen an die Kante stoßen
■ beide Arme seitlich an den Körper legen
■ Fersen hochheben und dadurch zu wippen beginnen
■ die beiden Arme seitlich nach oben heben
■ Oberkörper stets aufrecht halten
■ in die Knie gehen und gleichzeitig die Arme nach vorne schwingen
■ sobald das Sprungbrett zurückfedert – beide Beine strecken und Arme nach oben
■ Körper strecken, angespannt halten und Arme seitlich an den Körper legen
■ die Fläche, mit der man das Wasser berührt, muss möglichst klein sein
■ kurz vor dem Eintauchen ins Wasser Mund schließen und heftig durch die Nase ausatmen, damit kein Wasser in die Nase schießt.

So gibt man das Unternehmen auf

Es ist vom Temperament des verhinderten Turmspringers abhängig, auf welche Weise er sich zurückziehen will. Hier ein paar Varianten:

■ *„Ich bin doch nicht blöd und springe hier runter!“*
■ *„Au, jetzt habe ich mir doch tatsächlich den Fuß verknackst und kann nicht springen!“*
■ *„Ich habe es mir anders überlegt und werde doch nicht springen. Keine Lust.“*
■ *„Ich und springen? Ich wollte nur die Aussicht genießen.“*
■ *„Wo bin ich?“*

Und so sieht ein klassischer Salto aus

… am besten vom 1-Meter-Brett.

Kindlich sein und erwachsen werden

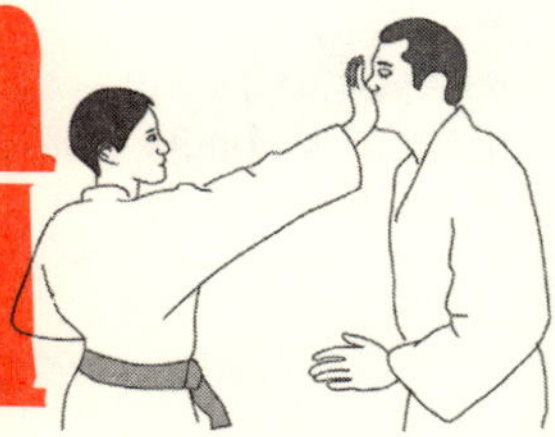

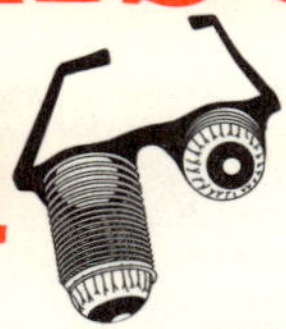

Über die Kunst, sich mit kindlichem **Spiel und Nonsens** bestens zu unterhalten, über Sätze, die Jungs hassen, weil sie dafür schon zu groß sind, über große Jungs, die sich standhaft **weigern, erwachsen zu werden,** und die Notwendigkeit, ein paar **vernünftige Dinge** zu lernen.

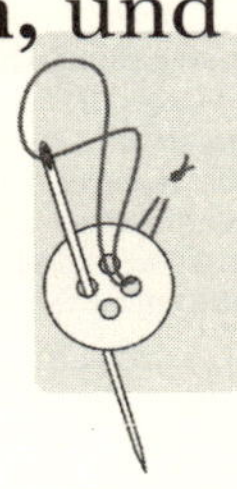

Pure, kindliche Vergnügen

Die Welt der großen Jungs ist ernst, schwierig zu verstehen und voller Gefahren. Wo bleiben die puren, kindlichen Vergnügen, denen jeder doppelte Boden und jede Ernsthaftigkeit fehlen? Hier sind sie. Eine kleine Liste des Nonsens, an dem große wie kleine Jungs ihre Freude haben.

Sumoringen für Dünne
Sumoringer sind dick und schwer. Wem die äußeren Bedingungen für diese japanische Kampfsportart fehlen, der kann sich einfach helfen. Dazu zieht er sich ein gut gepolstertes Sumoringerkostüm an, in dem er sich kaum bewegen kann. Und schon ist er gerüstet für einen Kampf der besonderen Art, bei dem es darum geht, seinen Gegner aus einem Kreis zu drängen oder ihn aus dem Gleichgewicht zu bringen. Vergessen Sie nicht, Salz mitzubringen, das die japanischen Ringer traditionellerweise vor dem Kampf verstreuen, um den Kampfplatz zu reinigen. Muss aber nicht unbedingt sein.

Tischfußball mit lebenden Menschen
(Body Soccer/Menschen-Kicker). Jeder kennt das klassische Tischfußball: Es besteht aus einem Tisch, der mit einem Rahmen eingefasst ist; darin eingelassen sind acht Metallstäbe, an denen kleine Fußballmännchen befestigt sind. Durch das geschickte Drehen an den Stäben versucht man, den Ball ins gegnerische Tor zu befördern. Ähnlich funktioniert Tischfußball mit echten Menschen: Insgesamt zehn Menschen (fünf pro Mannschaft) halten sich an sechs Stangen fest und kicken den Ball herum – bis er im Tor ist.

Rodeo auf mechanischen Stieren
Beim Bullriding setzt man sich auf einen künstlichen Bullen und versucht, sich möglichst lange im Sattel zu halten. Was zunehmend schwieriger wird, weil der Automatenstier immer bockiger wird und unmotiviertere Bewegungen macht. Runterstürzen macht aber nichts, weil rundherum weiche Luftmatratzen liegen.

Slotcar-Rennen
Slotcars sind hierzulande besser unter dem Namen ihres Herstellers Carrera bekannt. An vielen Orten gibt es riesige Slotcar-Anlagen, wo sich die großen und kleinen Jungs Wettrennen liefern können, die sie zu Hause mit ihren kleinen Rennbahnen nicht annähernd realisieren könnten. Das pure Vergnügen wird dadurch getrübt, dass es Meisterschaften im Slotcar-Rennen gibt. Aber davon darf man sich nicht beeindrucken lassen.

Spider-Man gegen Superman
Für diese Kampfart leiht man sich dicke, wattierte Anzüge im entsprechenden Superhelden-Design (samt Kopfschutz), zieht sie sich an, begibt sich auf eine weiche Wiese und kämpft gegeneinander, bis einer aufgibt. Oder keiner mehr Lust hat. Durch das Volumen und die Weichheit der Kostüme keine Verletzungsgefahr.

Bobby-Car-Wettrennen
Erwachsene bauen Bobby-Cars so um, dass sie für Wettrennen geeignet sind. Details dazu im Unterkapitel „Pimp my Bobby-Car“ auf Seite 194 ff.

Wasserbomben aus dem Fenster werfen
Um Menschen zu erschrecken oder sich einfach am Klang zerplatzender Wasserbomben zu erfreuen, muss man nichts weiter machen, als aus Papier einen passenden Würfel zu falten, ihn mit Wasser zu füllen und zur Tat schreiten. Und so geht's *(siehe Kasten nebenan).*

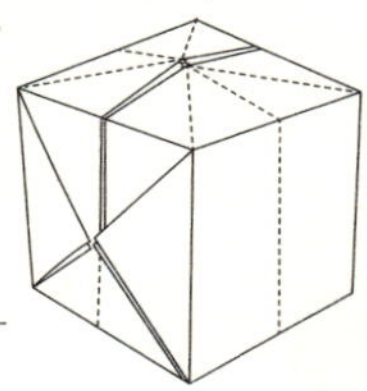

☛ Bauanleitung Wasserbomben aus Papier

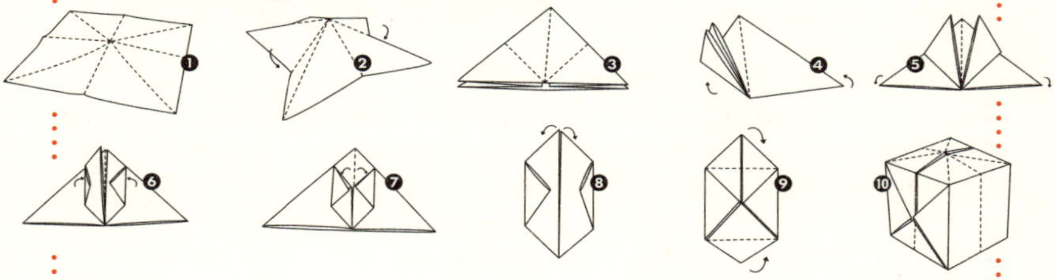

Vorbereitung

❶ Nehmen Sie ein quadratisches Blatt *(Schreibmaschinenpapier zuschneiden)* zur Hand. Falten und entfalten Sie es nun kreuz und quer – es müsste am Ende so durchgefaltet aussehen wie in der Abbildung. So weit, so einfach.

❷ Falten Sie nun zwei gegenüberliegende Außenseiten des Blatts so nach innen, dass sie in der Mitte aufeinandertreffen. Anschließend die obere Blatthälfte über die untere falten.

❸ Das Ergebnis müsste so aussehen.

❹ Nehmen Sie nun die linke und rechte untere Spitze des vor Ihnen liegenden Papiers und falten Sie sie zur oberen Spitze und wieder zurück.

❺ Das Ergebnis sieht so aus.

❻ Nun die beiden Spitzen exakt zur Mitte falten.

❼ Nun wird es wirklich schwierig: Klappen Sie die beiden Papierspitzen von oben nach unten – und legen Sie sie nicht unter die beiden darunter befindlichen Dreiecke, sondern stecken Sie sie in sie hinein *(in die Tasche, die das gefaltete Papier bildet)*. Das wird nur dann klappen, wenn Sie die Papierspitzen ein wenig umknicken, sonst passen sie nicht in die Taschen hinein. Fummeln Sie so lange herum, bis Sie es geschafft haben. Geht ja.
Die beiden heruntergeklappten Papierteile sind vollkommen in den Papiertaschen verschwunden. Bravo! Aber nicht zu früh freuen, denn nun müssen Sie die ganze Angelegenheit auf der anderen Seite wiederholen.

❽ Also: Drehen Sie Ihr Papierdreieck um und wiederholen die Schritte 4 bis 7. Zwischendurch verzagt? Denken Sie an die Wasserbombe, die gleich aus dem zweiten Stock fliegen wird! Wenn Sie alles richtig gemacht haben, sieht das Ergebnis schließlich so aus. Gleich ist es geschafft!

❾ Zweimal an den angegebenen waagrechten Linien falten – und wieder auffalten. Nun jene der beiden Spitzen des gefalteten Kunstwerks suchen, die offen ist – und kräftig hineinpusten. Mit ein bisschen Geduld und Gefummel wird sich ein Würfel entfalten. Geschafft! Wenn der Würfel noch etwas unförmig wirkt, ein wenig an ihm rummodellieren, bis er gut aussieht.

❿ Jetzt kommt das Wichtigste: Durch jenes Loch, durch das Sie eben gepustet haben, Wasser einfüllen *(mit einer Spritze oder einem kleinen Trichter)*. Idealerweise gleich in der Nähe jenes Fensters, aus dem Sie die Wasserbombe werfen werden, um Wasserspuren quer durch die Wohnung zu vermeiden.

Anmerkung: *Wer weniger Freude am Basteln hat, kann natürlich auch einfach Luftballons kaufen und mit Wasser füllen. Wie auch immer: Für die Folgewirkungen Ihres Wasserbombenabwurfs übernehmen wir keinerlei Haftung! Das Einzige, auf das Sie sich rausreden könnten: Wir hätten Sie auf die Idee gebracht! Das vielleicht.*

Drei prima Witze zum Weitererzählen

Jungs lieben Witze. Phasenweise vergeht kaum ein Tag, an dem sie nicht mit ein paar neuen aus der Schule nach Hause kommen. Hier drei weitere, die sie weitererzählen können.

1. Ein Apfel hängt am Baum. Und hängt und hängt und hängt.
Kommt eine Birne vorbeigeflogen. Sagt der Apfel: *„He, Birne, du kannst doch gar nicht fliegen!“* Darauf die Birne: *„Doch, ich bin doch die Birne Maja!“*
Quelle: L.A., 4 Jahre

2. Treffen sich zwei Eisbären in der Wüste. Sagt der eine zum anderen: *„Muss es hier kalt gewesen sein – bei dem ganzen Sand, der hier rumliegt!“*
Quelle: A.A., 7 Jahre

3. Angela Merkel, George W. Bush, der Papst und ein kleiner Junge sitzen in einem Flugzeug. Kommt der Pilot in die Kabine gerannt und ruft: *„Das Flugzeug stürzt gleich ab. Leider gibt es nur noch drei Fallschirme. Hier sind sie. Tschüss!“* Sagt es und springt mit seinem Fallschirm aus der Maschine. Angela Merkel hüpft auf, nimmt einen Fallschirm, schnallt ihn sich um und sagt: *„Ich bin eine wichtige Politikerin. Ich muss überleben. Tut mir leid!“* Weg ist sie.

George W. Bush hüpft auf und sagt: *„Ich bin der schlaueste Mann der Welt. Ich kann nicht sterben, die Welt braucht mich!“* Weg ist er. Darauf der Papst: *„Nimm du den letzten Fallschirm, mein Junge. Ich bin alt und habe schon so viel erlebt. Jetzt kann es zu Ende gehen mit mir!“* Darauf der kleine Junge: *„Das muss es gar nicht. Lass uns beide abspringen – der schlaueste Mann der Welt hat sich eben meinen Schulranzen umgeschnallt.“*

Quelle: G.G., 10 Jahre

Sätze, die Jungs gar nicht gerne hören

Eine Feststellung, die kleine Jungs über viele Jahre hinweg immer wieder machen, lautet sinngemäß, sie seien schon groß und keine Kinder mehr. Sie dient der Selbstbehauptung und lässt sich leicht nachvollziehen. Provoziert wird sie durch Sätze, die die kleinen Jungs immer wieder zu hören bekommen. Oft von ihren Müttern – zu Recht, wie diese meinen. Hier ein paar dieser Sätze:

Angebote

„Komm, ich helfe dir dabei!"
„Ich kämme dir mal die Haare!"
„Ich begleite dich noch bis ins Klassenzimmer."

Aufforderungen

„Setz doch mal diese süße Pudelmütze auf!"
„Könnt ihr, bitte, euer Zimmer aufräumen?"

„Nicht zu hoch auf den Baum klettern!"
„Komm, gib mir ein Abschiedsküsschen!"
„Gib der Tante mal die Hand!"
„Stelle, bitte, deinen Teller in die Spülmaschine!"
„Kannst du mal dieses Hemd/diese Hose anprobieren?"

Aussagen/Ankündigungen

„Siehst du süß aus in dieser Jacke!"
„Du musst dringend zum Friseur!"

„Heute gibt es Gemüse!"
„Als ich so groß war wie du, hat es das nicht gegeben!"
„Ist das nicht zu gefährlich?"
„Du bist doch kein Baby mehr!"
„Du benimmst dich wie ein Mädchen!"
„Das schaffst du nie alleine!"
„Diesen Pullover hast du jetzt aber auch schon zwei Wochen an!"
„Es tut überhaupt nicht weh!"
„Davor muss man doch keine Angst haben!"

Beschränkungen/Verbote

„Dafür bist du schon zu groß!"
„Zeit, schlafen zu gehen!"
„Nein, für das Computerspiel bist du noch nicht alt genug."
„Diesen Film darfst du erst in drei Jahren sehen."

Befehle

„Heute werden die Haare gewaschen."
„Sitz doch mal still!"
„Wasch deine Hände/Füße!"
„Putz dir die Schuhe ab!"
„Ellbogen vom Tisch!"
„Zieh deine Handschuhe an!"
„Zieh dich wärmer an!"

Redundante Klagen

„Wie oft muss ich das noch sagen?"
„Das habe ich schon tausendmal gesagt!"
„Das kann doch nicht wahr sein!"
„Hörst du mir überhaupt zu?"
„Wie schaffst du es, immer die Hosen an den Knien kaputtzumachen?"
„Wie lange willst du dir noch diese doofen Comics ansehen?"
„Musst du deine Schmutzwäsche immer auf den Boden werfen?"

Ein paar Dinge, die den Jungs später einmal von Nutzen sein können

Nur damit wir uns nicht missverstehen: Es soll hier keinesfalls darum gehen, kluge Tipps in Sachen Frühförderung zu geben.

Vielmehr gibt es hier ein paar Hinweise, welchen Details eines Jungslebens wir ein wenig mehr Aufmerksamkeit schenken könnten – weil es sich auf die eine oder andere Weise lohnt.

Ein Musikinstrument beherrschen. Davon können Jungs mehrfach profitieren, selbst wenn es sich dabei um Alphörner bzw. Triangeln handelt *(wenngleich sich deren Imponierfaktor in Grenzen halten dürfte)*. Zum einen fördert Musikunterricht nicht nur die intellektuelle Entwicklung der Jungs, wie das Hans G. Bastian in seiner berühmten Langzeitstudie an Berliner Grundschulen herausgefunden hat *(Musikerziehung und ihre Wirkung, Schott 2000)*, sondern auch deren Konzentrationsfähigkeit, ihre emotionale Stabilität und das schöpferische Denken. Die Studie wurde zwar massiv überinterpretiert *(nach dem Motto „Mozart macht klug")*, aber selbst wenn man sie vorsichtig auf ihren Nutzen hin untersucht, bleiben viele Gründe für das Credo: Ein Instrument zu lernen ist auf keinen Fall verkehrt! Ein anderer Vorteil des Instrumentenstudiums liegt darin, dass man sich anderen Menschen gegenüber auf nichtverbale Art mitteilen, für romantische Stimmung sorgen oder auch den Alleinunterhalter geben kann. Jeder Junge auf dem Weg zur Klavier- oder Gitarrenlehrerin sollte sich ab und zu vorstellen, wie er bald in der eigenen Band spielen wird; wie man eine gründet, davon mehr auf Seite 113ff.

Viele lateinische Vokabeln beherrschen. Dieser Ratschlag muss in den Ohren vieler Jungs ziemlich fies klingen, das ist klar. Gleichwohl macht sich ein solider lateinischer Wortschatz ziemlich bald bezahlt – schon allein deshalb, weil man mit seiner Hilfe viele Fremdwörter entschlüsseln kann. Oder weil man beim Besuch in romanischen Ländern immer irgendetwas versteht, auch wenn man die Sprache gar nicht beherrscht. Oder weil einem der Arzt mit seinen Fachausdrücken keine Angst mehr einjagt, weil man weiß, dass Detumeszenz nichts Lebensbedrohliches ist, sondern – ganz im Gegenteil – die gute Nachricht, dass die Schwellung *„de"* *(ab)* *„tumere"* *(schwellen)*, also abschwillt.

☛ Einen Knopf annähen.

Es ist überraschend, welch winzige Angelegenheiten ältere Jungs hilflos aussehen lassen. Ein abgerissener Knopf zum Beispiel! Wir sind in der Lage, komplizierte technische Apparate zu programmieren oder ein paar gediegene Löcher in die Wand zu bohren für den coolen Sechziger-Jahre-Wandverbau aus der eBay-Versteigerung – aber ein vom Lieblingshemd abgerissener Knopf zwingt uns in die Knie. Muss nicht sein. Und so geht das mit dem Knöpfeannähen. Üben, sooft es geht – und die kleinen Jungs dabei zuschauen lassen.

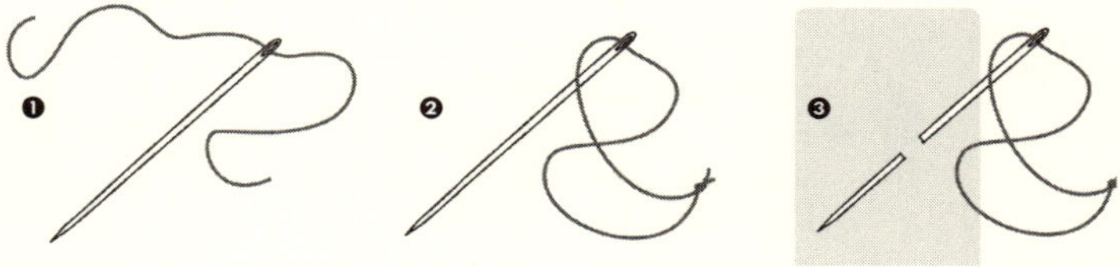

■ ca. 25 cm Faden in passender Farbe besorgen ■ in eine Nähnadel fädeln und die Enden verknoten (1, 2) ■ die alte Einstichstelle am Hemd suchen ■ vom Inneren des Hemdes zu nähen beginnen (3)

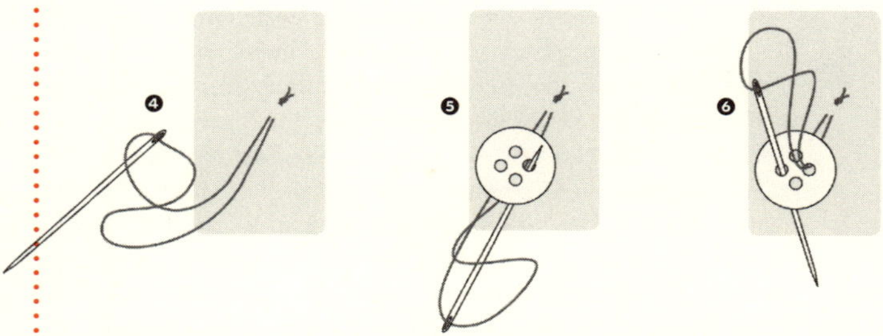

■ Faden bis zum Anschlag durchziehen (4) ■ Knopf auffädeln (5) ■ Nadel durch das zweite (der meist vier) Knopflöcher und in die zweite alte Einstichstelle führen (6) ■ mit dem dritten und vierten Loch weitermachen ■ die Nadel dreimal durch jedes Knopflochpaar führen (Fäden sollen parallel liegen) ■ Knopf keinesfalls zu eng ans Hemd nähen (sonst gibt es später Probleme bei der Bedienung) ■ zum Schluss den Faden vom Kleidungsinneren zwischen Stoff und Knopf durchstechen und ein paar Mal um die Fäden wickeln, die den Knopf festhalten – und den so entstandenen Knäuel mit Nadel und Faden durchstechen (dreimal) ■ überflüssigen Fadenrest abschneiden. Fertig!

Mittag
von Theodor Fontane

Am Waldessaume
träumt die Föhre,/
am Himmel weiße
Wölkchen nur;/
es ist so still, daß
ich sie höre,/
die tiefe Stille der
Natur.

Rings Sonnenschein
auf Wies' und
Wegen,/
die Wipfel stumm,
kein Lüftchen
wach,/
und doch, es klingt,
als ström' ein
Regen/
leis tönend auf das
Blätterdach.

Ein paar Gedichte auswendig können oder ein paar Lieder. Schon wieder so eine eigenartige Sache. Gedichte! Auswendig! Wozu soll das gut sein? So gefragt: zu gar nichts! Man macht nicht schneller Karriere, wenn man *„John Maynard"* von Theodor Fontane auswendig kann. Oder welche von Robert Gernhardt. Aber es gibt Situationen, in denen man jemandem gerne ein Gedicht vortragen würde oder ein einfaches Lied vorsingen. Weil der vielleicht traurig ist. Oder weil man ihm gefallen will. Oder weil man ihm zeigen will, dass man Freude am Leben hat. Ja, solche eigenartigen Gründe gibt es – und wir sind sicher, dass wirkliche Jungs das nicht nur respektieren, sondern verstehen.

Irgendetwas gut spielen können. Tennis zum Beispiel. Oder Fußball. Oder Badminton. Oder Basketball. Oder Schach. Sind irgendwo andere Jungs, die man nicht kennt und die man vielleicht gar nicht versteht, weil sie eine fremde Sprache sprechen, gibt es einen Anknüpfungspunkt. Und Anknüpfungspunkte sind im Leben immer gut.

Einige Speisen kochen können. Es soll immer noch Jungs geben, die ihre erste eigene Wohnung beziehen, ohne in der Lage zu sein, zumindest ein einfaches Abendessen zu kochen. Zum Beispiel ein klassisches Kartoffelpüree, für das man nun wirklich nicht mehr braucht als Kartoffeln, Butter, Milch, Salz, Pfeffer und Muskatnuss *(und für ganz Raffinierte ein bisschen Wasabi, also japanischen Meerrettich)*. Oder ein paar Nudeln mit nichts als Knoblauch *(gehobelt oder sehr fein geschnitten)* und frischen Tomaten. Wenn nämlich kleine Jungs ein bisschen in der Küche helfen und Schnitzel machen lernen oder Couscous mit Gemüse, dann haben sie es einfach besser und wissen sich zu helfen.

Auch so können Nudeln aussehen. Dann heißen sie „Rotelle"

Hier zum Beispiel kann man im Internet ein bisschen schmökern: www.effilee.de *(lauter Jungs, die Spaß am Kochen und am Leben haben)*. Oder einfach auf Seite 108ff. weiterlesen. Da gibt es ein paar einfache Rezepte fürs gemeinsame Kochen mit Papi oder dem besten Freund.

Von Pupskissen und aufklebbarem Hundekot

Kindlich *(und kindisch)* sein zu können ist nicht nur eine Frage des Alters und der Geisteshaltung, sondern auch eine Frage der richtigen Ausrüstung. Nachfolgend finden Sie eine kleine Liste von Klassikern, die es jedem möglich machen, seine Umgebung zu überraschen. Erhältlich im gut sortierten Fachhandel *(siehe auch Seite 191f.: „Lob der geheimnisvollen Läden“).*

Pupskissen
Pfannkuchengroßes Gummikissen mit einer solcherart geformten Öffnung, dass jeder, der sich daraufsetzt, ein lautes Pupsgeräusch produziert; wird entweder unter einem Sitzkissen verborgen (Vorsicht: Pupsgeräusch wird gedämpft!) oder dem Opfer kurz vor dem Hinsetzen untergeschoben. *Unverzichtbarer Bestandteil jeder ernstzunehmenden Sammlung. Wird auch in Form von P.-Pfeifen, P.-Sprays oder Furztrompeten angeboten.*

Künstlicher Rotzfaden
Aus hellgelbem Kunststoff geformter Rotzfaden, den man sich vorsichtig in eines der beiden Nasenlöcher steckt (Vorsicht: nicht unbeabsichtigt die Nase hochziehen!). *Für feinsinnige Anwender, die die dezente Provokation lieben und warten können.*

Plastikkotze
Täuschend echte Plastik-Nachbildung von Erbrochenem, deren Naturalismus dadurch gesteigert wird, dass der Betrachter Reste konkreter Speisen zu erkennen glaubt. *Für Situationen, in denen nur die stärksten Mittel greifen. Als sanftere Alternative bietet sich die Plastik-Nachbildung eines geschmolzenen Eises am Stil an; auf ein teures Sofa gelegt, verfehlt es seine Wirkung nicht.*

Hundekot
Diesen Artikel gibt es in verschiedenen Modellen. Einmal als „stand alone“-Applikation, also als klar erkennbares Häufchen, das man an beliebigen Orten auslegen kann. Genauso effektvoll ist jenes Modell, das man sich unter die Schuhsohle klebt, so dass es so aussieht, als sei man eben in einen frischen Haufen getreten oder habe die Rache der Giggler auf sich gezogen (siehe: Roddy Doyle, „Das große Giggler-Geheimnis“, Omnibus TB). *Kann auf zweifache Weise eingesetzt werden: als Mittel, um auf das ungelöste Problem des städtischen Hundekots hinzuweisen; oder als Verhöhnung von Designerwohnungsbesitzern.*

Würfelzucker mit Inhalt
In Würfelzucker versteckte Plastikfliegen bzw. -spinnen. Nachdem sich der Zucker aufgelöst hat, schwimmt plötzlich Ungeziefer im Kaffee. (Vorsicht: begrenzte Einsatzmöglichkeiten bei allen Kaffeesorten, die mit geschäumter Milch serviert werden – Ungeziefer könnte unentdeckt bleiben!) *Für Kleinkünstler, die die überschaubare Intervention lieben. In vielen Varianten verfügbar (als Käferkeks, Spinnenkaffeemilch und Insekteneiswürfel).*

Brillen, Ohren, Zähne
Um das eigene Aussehen etwas zu verfremden, gibt es eine Reihe erfolgversprechender Hilfsmittel. Sie reichen von Brillen, die die Augen übernatürlich groß erscheinen lassen (sog. Doofie-Brillen) bzw. aus denen an Spiralfedern befestigte Glotzaugen fallen („Goofy Droopy“-Brillen), bis hin zu riesenhaften Gummiohren und Perücken mit rotem Irokesenschnitt. Ebenfalls beliebt sind aufsteckbare Draculazähne (manche Modelle leuchten in der Dunkelheit) bzw. sogenannte Austin-Powers-Zähne (verursachen einen eher unintelligenten Gesichtsausdruck) sowie schwarze Farbe, mit der man sich einzelne Zähne bemalen kann, um eine Lücke vorzutäuschen. *Für alle, die lieber auf eigene als auf fremde Kosten ihren Spaß und ihre Freude an Hässlichkeit haben.*

Woran kleine Jungs erkennen, dass sie größer werden

Die Frage, wann aus kleinen Jungs große werden, lässt sich oft nicht so genau beantworten – vor allem wenn es um Seele, Gefühle und Psyche geht. Sucht man hingegen nach anderen Bewertungsgrundlagen, herrscht deutlich größere Klarheit. Hier eine kleine Liste juristischer, biologischer, psychologischer, motorischer und sozialer Kennziffern.

Alter (Jahre)	Was geschieht
1	Jungs bilden die ersten Wörter; sie sprechen in Einwortsätzen, wobei ein Wort die gesamte Situation beschreibt; „Papi" bezeichnet nicht nur die konkrete Person, sondern kann auch eine Aufforderung bedeuten („Papi, bring mir das Fläschchen").
	Lernen zu laufen; ganz bequeme Jungs lassen sich bis 1,5 Jahren Zeit damit.
2	Formulieren die ersten Fragesätze („Is das?").
	Trotzphase beginnt und damit Formulierungen wie „Will nicht!" bzw. unkontrollierte Wutanfälle.
3	Lernen Laufrad zu fahren.
	Beginnen, die Wörter mit jener Bedeutung anzuwenden, die ihnen auch Erwachsene geben.
	Legen langsam die Windeln ab; jeder Junge hat sein eigenes Tempo.
	Die hohe Zeit der Fantasie beginnt (bis 6); großer Erfindungsreichtum, Freude an Märchen.
4	Lernen Rad zu fahren; Kinder sollten mindestens 105 cm groß sein.
	Verreisen das erste Mal mit der Kita-Gruppe für mehrere Tage ohne Eltern; nachher kommen die Jungs merklich reifer zurück.
	Sie lügen; ein Zeichen für intakten Gefühlshaushalt.
5	Beherrschen erstes, einfaches Schwimmen (Kraulen).
	Können das erste Mal selbständig für eine Nacht bei Freunden übernachten.
	Trotzphase endet; Jungs erlernen die Fähigkeit des Verhandelns.
	Entwickeln eine Vorstellung von Besitz; sie verstehen, dass man nicht einfach nehmen kann, was einem gefällt.

Alter (Jahre)	Was geschieht
6	Erlernen das Brustschwimmen, weil sie nunmehr die Fähigkeit zu koordiniertem Bewegungsablauf haben.
	Dürfen alleine ins Kino gehen; Vorstellung muss bis 20 Uhr beendet sein.
	Können das erste Mal für ca. eine Stunde alleine zu Hause bleiben; das ist keine gesetzliche Erlaubnis (die gibt es nicht), sondern die Empfehlung von Pädagogen; entscheidende Voraussetzung: Die Jungs müssen telefonieren können und wissen, dass alle gefährlichen Geräte und Dinge wie z. B. der Herd und Zündhölzer tabu sind.
7	Genießen keinen freien Eintritt mehr in Museen, Bädern etc.; auch keinen kostenlosen Transport mehr in U- und S-Bahnen.
	Werden minimal geschäftsfähig, das heißt: Sie dürfen von ihrem Taschengeld kaufen, was sie wollen („Taschengeldparagraph"); vom Geld der Eltern nur dann etwas, wenn diese einwilligen.
8	Können die erste mehrtägige Reise ohne Eltern unternehmen; es sollte aber eine vertraute Bezugsperson dabei sein; nicht länger als eine Woche.
	Dürfen auf der Straße Fahrrad fahren (bislang nur auf dem Bürgersteig).
	Sind beschränkt geschäftsfähig, das heißt: Sie können mit Zustimmung der Eltern ein eigenes Konto eröffnen; Experten empfehlen ein eigenes Konto ab 12 Jahren.
10	Jungs müssen gehört werden, sollen sie nach einem anderen Religionsbekenntnis als bislang erzogen werden.
13	Kleinere Jobs sind erlaubt (z. B. Zeitung austragen); Bedingungen: täglich maximal 2 Stunden; die Hausaufgaben dürfen nicht leiden; nicht zwischen 18 und 8 Uhr.
ca. 13	Kinderkrankheiten wie Masern, Mumps, Röteln und Windpocken beginnen weniger harmlos zu verlaufen.
	Das Rechnen verlagert sich in eine andere Hirnregion – auf Genauigkeit und Geschwindigkeit von Problemlösungen wirkt sich das allerdings nicht aus.
	Die Erholungszeiten nach körperlicher Anstrengung beginnen sich zu verlängern.
14	Der Besuch von Kinos ist erlaubt (bis 22 Uhr).
	Unumschränkte Religionsmündigkeit beginnt; Jungs dürfen aus der bisherigen Religionsgemeinschaft austreten und/oder einer anderen beitreten; sie können sich selbständig vom Religionsunterricht abmelden (Ausnahmen: Bayern, Saarland).
ca. 14	Die Pubertät beginnt (Bartwuchs, Stimmbruch etc.).
	Die Toleranz der Umwelt, wenn sich Jungs nicht jungstypisch verhalten, nimmt ab.
	Werden nicht mehr kostenlos in der Bahn befördert (bislang war das so, wenn sie gemeinsam mit Eltern bzw. Großeltern unterwegs waren).

Alter (Jahre)	Was geschieht
16	Das Heiraten ist erlaubt (unter folgenden Bedingungen: künftiger Ehepartner ist 18, Einverständnis des Familiengerichts liegt vor).
	Jungs können den Führerschein Klasse S erwerben (Leichtkraftfahrzeuge = Miniautos, Quads bis 350 kg Leergewicht, 50 cm^3 Hubraum bzw. 4 kW Leistung und einer Höchstgeschwindigkeit von 45 km/h).
	Sie dürfen in der Öffentlichkeit Zigaretten rauchen.
	Sie dürfen offiziell Alkohol kaufen und trinken, aber nur: Bier, Wein, Sekt (keinen Schnaps).
	Der Besuch von Kinos, Discos und Kneipen ist erlaubt (bis 24 Uhr).
	Können Mitglied in einer politischen Partei werden.
	Das Schlafbedürfnis beginnt sich zu reduzieren.
18	Die Jungs werden volljährig.
	Sie sind geschäftsfähig; das heißt, sie können unter anderem ihr Konto überziehen (Obacht: Die Banken räumen Jugendlichen gerne großzügig Dispositionskredite ein).
	Sie dürfen offiziell Schnaps kaufen und trinken.
	Sie dürfen offiziell alleine verreisen.
	Sie sind strafmündig (siehe dazu auch das Unterkapitel „Hier spricht die Polizei!", Seite 212 ff.)
	Sie bekommen das aktive Wahlrecht.
	Sie dürfen heiraten.
	Es sind endgültig alle Videospiele und Spielfilme erlaubt.
ab 20	Der Alterungsprozess setzt schleichend ein – unter anderem beginnt die Hirnsubstanz zu schrumpfen.
bis 21	Das Wachstum endet – Jungs kennen nunmehr exakt ihre Schuhgröße.
	Der Geschmackssinn beginnt langsam nachzulassen – Jungs haben 8.000 Geschmacksknospen, Erwachsene nur 2.000.
	Das Erinnerungsvermögen lässt nach – und damit u. a. die Höchstleistungen beim Memory-Spielen.

So verteidigt man sich selbst

Es gibt Situationen, in denen es von Vorteil ist, wenn schon etwas ältere Jungs wissen, wie sie sich gegen Gleichaltrige verteidigen können, die ihnen wirklich Böses wollen.

Am wichtigsten ist dabei, brenzlige Situationen möglichst schnell entschärfen zu können. Doch auch für den absoluten Notfall sollten die Jungs gerüstet sein und wissen, wie man körperlicher Gewalt begegnet. Wer wissen will, was er seinen kleinen Jungs mit auf den bisweilen gefährlichen Weg geben soll, der kann sich an Michael Korn orientieren, dem Bundesjugendreferenten des Deutschen Ju-Jutsu-Verbandes. Er hat ein Büchlein geschrieben *(„Selbstverteidigung für Kinder und Jugendliche", Pietsch Verlag),* in dem er anschaulich zeigt, wie man Gewalt verhindern und sich in Notfällen verteidigen kann.

Das kann man tun, um eine Situation zu entschärfen und Konflikte zu vermeiden

- Den eigenen Gefühlen vertrauen und Situationen aus dem Weg gehen, die einem gefährlich erscheinen.
- Selbstsicher und bewusst auftreten: Das hilft dabei, die eigenen Wünsche und Bedürfnisse durchzusetzen, weil die anderen deutlich darauf reagieren.
- Immer ernst und konzentriert bleiben: Das zeigt den anderen, dass sie es mit einem entschlossenen Gegenüber zu tun haben, mit dem man nicht nach eigenem Ermessen verfahren kann.
- Auf eine gerade Körperhaltung achten: Kopf hoch, Schultern nach hinten, gerade stehen, Beine beim Stehen nicht überkreuzen. Diese Haltung strahlt Selbstbewusstsein aus.
- Blickkontakt herstellen: Man sollte seinem Gegenüber direkt in die Augen schauen, das signalisiert ebenfalls Selbstbewusstsein; dem Blick des anderen standhalten.
- In klaren, verständlichen Sätzen und mit lauter Stimme sprechen: *„Ich will nicht, dass du mit mir kämpfst!"* oder *„Lass das sein!"* oder *„Lass mich in Ruhe!"*. Das macht dem anderen klar, dass er vor jemandem steht, der weiß, was er will.

- Möglichst ruhig atmen – obwohl das wegen der Aufregung sicher nicht ganz leicht ist. Dennoch dran denken und es versuchen.
- Dem anderen nicht zu nahe kommen bzw. ihn nicht zu nahe kommen lassen: Distanz schaffen und sie einhalten. Fremden sollte man nicht näher als einen Meter kommen; bei vertrauteren Menschen ist auch weniger angemessen; nur enge Freunde dürfen einem 45 Zentimeter nahe kommen.
- Weggehen – wenn es sich machen lässt; und zwar ruhig und gefasst.

Das kann man tun, wenn die Situation dennoch eskaliert

- Selbstverteidigung beginnt im Kopf: Man sollte sich auf verschiedene Situationen einstellen, um sich dann in einer Notwehrsituation mit aller Kraft und Entschlossenheit wehren zu können.
- Stets an sich selber denken und an die Folgen, die die ganze Situation für einen selber haben kann – nicht an jene für den Angreifer! Das mindert die eigene Entschlossenheit, und man kommt ins Grübeln.
- Die beste Waffe ist der eigene Körper: die Hand (Handballen, Faust, Finger, Handkante), die Arme (Ellenbogen), die Beine (Füße, Knie), der ganze Körper (Kratzen, Beißen, Spucken). Messer hingegen und andere gefährliche Gegenstände keinesfalls mitnehmen. Sie sind als Selbstverteidigungsmittel ungeeignet, können einem abgenommen und gegen einen selbst verwendet werden.
- Wenn es denn sein muss, hier mögliche Angriffspunkte: Die Nase lässt sich durch Handkantenschläge und Handballentechnik (siehe unten) schmerzhaft attackieren. Der Unterkiefer lässt sich mit Ellenbogen-, Knieschlägen oder Handballentechnik (siehe unten.) schmerzhaft attackieren. Kehlkopf, Augen, Ohren, Halsgrube, Genick, Hals, Solarplexus, kurze Rippen, Genitalien, Oberschenkel, Schienbein, Fußspann.

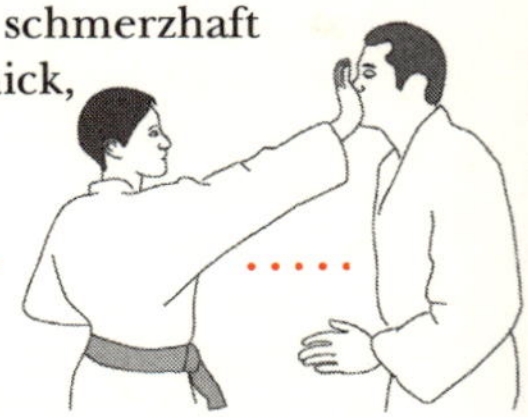

☛ **Selbstverteidigung: Der Handballenstoß**

■ die Hand anspannen ■ die Finger ausstrecken und möglichst weit nach hinten strecken, also in Richtung Arm ■ mit dem Handballen auf das Kinn des anderen zielen ■ kurz vor dem Auftreffen des Handballens die Hand ruckartig nach hinten abwinkeln ■ die Finger sollen im Moment des Auftreffens eng aneinanderliegen und leicht nach vorne gebeugt sein.

Wann es Zeit wird, erwachsen zu werden

Das Wunderbarste daran, Jungs zu haben, ist für uns Papis ja, dass wir mit ihnen all das unternehmen können, was wir selbst als kleine Jungs gerne gemacht haben und als Erwachsene dann bleiben ließen: angeln, Kanu fahren, Baumhäuser bauen, Waffen basteln, Quatsch machen, die Natur entdecken. Und noch besser daran ist, dass wir gemeinsam mit unseren Jungs all jene Dinge nachholen können, die wir damals nie bekommen haben oder die es erst heute gibt: tagelang in Vergnügungsparks unterwegs sein, Videogames spielen, TV-Serien gucken, Roboter programmieren, Bobby-Car-Wettrennen veranstalten, Carrera-Rennautobahnen bauen und Panini-Bilder sammeln.

So kann man immer wieder Papis dabei beobachten, wie sie, mit ihren Söhnen spielend, selber zu kleinen Jungs werden – ein herzerwärmender Anblick, denn so haben wir uns das von den eigenen Vätern immer gewünscht. In den vergangenen Jahren jedoch haben viele Wissenschaftler wie beispielsweise der britische Soziologe Frank Furedi beschrieben, dass es immer mehr Männer über 30 gibt, die sich einfach weigern, erwachsen zu werden *(siehe Kasten nächste Seite)*.

Das bedeutet: Die früher einmal recht klar gezogene und auch erkennbare Trennlinie zwischen den Großen und den Kleinen verwischt zunehmend. Die Jugend dauert immer länger, das Erwachsensein beginnt immer später. Wenn man sich auf älteren Fotos die Väter der heutigen großen Jungs ansieht, dann erblickt man dort ernst dreinblickende 25-jährige, die bereits erste Kinder hatten und berufstätig waren. Niemand wäre auf die Idee gekommen, sie für noch nicht erwachsen zu halten. Heute hingegen spricht man davon, dass jemand erst mit 30, 35 reif und erwachsen sei.

Dass diese Behauptung auf viele zutrifft, beweist ein sehr erfolgreiches Magazin, das in München erscheint. Es heißt *„Neon“*, und als Leitidee (und zeitweise auch als Heft-Untertitel) dient ihm der Satz *„Eigentlich sollten wir erwachsen werden.“* Was übersetzt so viel bedeutet wie: Wir sollten – aber wir haben überhaupt keine Lust dazu. Knapp 200.000 Erwach… quatsch, große Kinder kaufen das Heft jeden Monat, und rund 700.000 lesen es.

Der amerikanische Psychologe Dan Kiley hat für das Syndrom, unter dem Männer leiden, die nicht erwachsen werden können, in den achtziger Jahren einen Begriff geprägt, der sehr bekannt geworden ist. Er nannte es das „*Peter-Pan-Syndrom*". Es zeichne sich aus durch einen Mangel an Verantwortung, das Ignorieren geltender Regeln, das Aufschieben von Aufgaben, fehlende Selbstdisziplin, Tagträumereien, ständige Suche nach Freunden, wechselnde Beziehungen, Macho-Gehabe, Angst vor dem Verlust der Selbständigkeit, Selbstverliebtheit, Chauvinismus und einiges mehr.

Es kann hier nicht um eine umfassende Analyse dieser Art großer Jungs gehen. Wichtig sind vielmehr die Schlüsse, die wir daraus ziehen. Zum Beispiel diesen: Sosehr wir unsere kleinen Jungs auch schätzen und wie eng

☛ **Hier eine kleine Checkliste**

Daran erkennt man große Jungs, die nicht erwachsen werden wollen.

☛ Sie ziehen immer später bei ihren Eltern aus: Von den fünfziger bis zu den achtziger Jahren hat sich ihr durchschnittliches Nestfluchtalter von 22 auf 26 erhöht; das von Mädchen hingegen von 20,5 auf 21,5. Mit Ende 20 leben noch 27% der Jungs zu Hause, von den 30- bis 34-jährigen immer noch 10%. Die Zahl der 25-jährigen Jungs, die bei ihren Eltern leben, hat sich von 1972 bis 2005 von 20% auf 29% erhöht (Mädchen wohnen deutlich seltener zu Hause).

☛ Sie leben in ihrer eigenen Kindheit, indem sie deren Accessoires (Spiele, Musik, Klamotten) sammeln, kaufen und konsumieren.

☛ Sie schauen bevorzugt Jungs-TV-Serien („SpongeBob") und Kinderfilme (von „Toy Story" über „Die Unglaublichen" bis hin zu „Shaun das Schaf").

☛ Sie spielen lieber mit der PlayStation oder dem Nintendo, als sich für Politik zu interessieren.

☛ Sie lesen gerne Bücher, die eigentlich für kleine Jungs gedacht sind (das berühmteste Beispiel sind die „Harry Potter"-Bände, die ein neues Genre begründet haben, die „All age books", also die altersübergreifenden Bücher).

☛ Sie verzichten lieber auf eine berufliche Karriere als auf ein gutes Leben.

☛ Sie lieben es, in den Tag hinein zu leben, zu träumen und wenig Verantwortung zu übernehmen.

☛ Sie haben lieber Spaß, als unangenehme Pflichten zu erledigen.

☛ Sie lassen sich immer länger Zeit damit, feste Beziehungen einzugehen und eigene Kinder zu haben.

sie uns auch ans Herz gewachsen sein mögen – sie sind die Kleinen und wir die Großen! Und daraus ergeben sich ein paar Pflichten:

- **Wir sollten uns nicht nur als Spielkameraden und Kumpel begreifen,** sondern in den entscheidenden Momenten als Väter – also als Erziehungsberechtigte und Rollenmodelle der Jungs. Auch wenn es zweifellos angenehmer ist, die Bauanleitung eines komplizierten Bionicle-Monsters umzusetzen, als sich durch den Dschungel der Erziehungsratschläge zu wühlen oder nach einem stressigen Tag im Job noch geduldig bei den Hausaufgaben zu helfen.
- Zu den eher unpopulären Aufgaben gehört es, **den Jungs klare Grenzen zu setzen** und auch dafür zu sorgen, dass sie sie einhalten: So lange darf abends aufgeblieben werden, dann aber ab ins Bett! Ferngesehen wird jeden zweiten Tag, und dann nur eine halbe Stunde. Doch ebenso wichtig ist es für uns, zu wissen, wann es mit dem Grenzenziehen vorbei ist.
- Wer sich davor scheut, den Jungs **klar erkennbar als erwachsener Mensch mit entsprechender Autorität gegenüberzutreten,** der enthält ihnen Lebenswichtiges vor und lässt sie mit ihrem Bedürfnis allein, gegen die Großen zu kämpfen und sich an ihnen zu messen. Wer jedes Detail der Lebensführung mit den Kleinen debattiert, der erzieht kleine Egomanen, die mit der Verteilung der familiären Rollen durcheinanderkommen *(„Ich muss nur ein bisschen schreien, und schon macht Papa, was ich will!")* und sich in Gruppen schlecht zurechtfinden.
- Jungs lernen unter anderem dadurch, dass wir ihnen vorleben, was uns wichtig ist und wie wir die Rolle als Männer verstehen. **Das Vorbild zählt viel.** Wer also von guten Tischmanieren spricht, sollte sie selber einhalten; wer den Jungs das leise Sprechen nahebringen will, sollte dabei nicht brüllen; wer von den Jungs respektiert werden will, sollte respektvoll mit ihnen umgehen; wer Entscheidungsfreude und Tatkraft erwartet, sollte sie seinen Jungs konkret vorleben.
- **Jungs brauchen verlässliche, berechenbare und treue Gegenüber.** So müssen wir uns an Verabredungen mit ihnen halten, auch wenn wir dafür einen wichtigen Termin zu verschieben haben. Ausreden gelten nicht. Das Versprechen, abends um sechs die Ritterburg zu Ende zu bauen, gilt. Und selbst wenn die Jungs Mist gebaut haben und

wir ihnen das auch nachdrücklich klarmachen, müssen sie merken, dass wir hinter ihnen stehen und sie lieben.

☛ Jungs dürfen launisch sein und emotional labil. Ihr Gefühlsleben ist für sie eine komplexe Angelegenheit, das sie erst kennen- und beherrschen lernen müssen. Für Väter geht es dagegen darum, den Kleinen stets **das Gefühl von Sicherheit zu geben** – auch wenn beruflich der Hut brennt oder die häuslichen Finanzen wackelig sind. Das sind keine Themen für kleine Jungs. Das geht sie ebenso wenig an wie Probleme zwischen den Großen. Wer sie mit solchen großkalibrigen Problemen befasst, überfordert sie massiv.

☛ Wir sollten darauf achten, dass wir in der Öffentlichkeit als **die erwachsenen Männer auftreten, die wir sind** – und nicht versuchen, durch Kleidung und Benehmen den Kleinen ihren Platz streitig zu machen. Das finden sie peinlich, und es lässt sie fragen, wer hier eigentlich wer ist. Die Großen müssen anders sein als man selber! Nur so können sie das nötige Selbstverständnis entwickeln.

☛ Und schließlich sollten wir darüber nachdenken, **wie das mit unseren Vätern war und ist.** Was wir an ihnen toll fanden und finden, was weniger. Wenn wir das nämlich mit der nötigen Ernsthaftigkeit betreiben, erkennen wir vielleicht, nur deshalb ewig kleine Jungs bleiben zu wollen, weil wir das in unserer eigenen Kindheit nie durften. Erst dann können wir rechtzeitig gegensteuern – denn dafür, dass wir unsere kleinen Jungs als Heilmittel gegen persönliche Kränkungen missbrauchen, sollten sie uns viel zu kostbar sein. Und sind sie uns auch zweifellos!

Druck und Bindung: Freiburger Grafische Betriebe
ISBN 978-3-88897-535-6